JOHN LUKACS
DIE GESCHICHTE GEHT WEITER

John Lukacs

DIE GESCHICHTE GEHT WEITER

Das Ende des zwanzigsten Jahrhunderts und die Wiederkehr des Nationalismus

Aus dem Englischen
von
Friedrich Griese

List Verlag
München · Leipzig

Die Originalausgabe erschien 1993 unter dem Titel
The End of the Twentieth Century
and the End of the Modern Age
im Verlag Ticknor & Fields (Houghton Mifflin), New York.

ISBN 3-471-78057-2

Satz: Compusatz GmbH, München
Druck und Bindung: Wiener Verlag, Himberg

Dieses Buch ist
Michael von Moschzisker
gewidmet

INHALT

I
DAS ENDE DES ZWANZIGSTEN JAHRHUNDERTS

Das zwanzigste Jahrhundert ist jetzt beendet. Es war ein kurzes Jahrhundert. Es dauerte fünfundsiebzig Jahre, von 1914 bis 1989. Die zwei Hauptereignisse dieses Jahrhunderts waren die beiden Weltkriege. Sie waren die gewaltigen Gebirge, die seine gesamte Landschaft überragen. Die Russische Revolution, die Atombombe, das Ende der Kolonialreiche, die Errichtung kommunistischer Staaten, die Vorherrschaft der beiden Supermächte, der Vereinigten Staaten und der Sowjetunion, die Teilung Europas und Deutschlands – das alles waren Folgen der beiden Weltkriege, in deren Schatten wir gelebt haben. Bis jetzt.

Das neunzehnte Jahrhundert dauerte neunundneunzig Jahre, von 1815 bis 1914, vom Ende der Napoleonischen Kriege bis zum Beginn des Ersten Weltkriegs. Das achtzehnte Jahrhundert dauerte hundertsechsundzwanzig Jahre, vom Beginn der Weltkriege zwischen England und Frankreich (zu denen auch der Amerikanische Unabhängigkeitskrieg gehörte) bis zu deren Ende bei Waterloo. Das siebzehnte Jahrhundert dauerte hundertundein Jahr, von der Vernichtung der spanischen Armada im Jahr 1588 (zu ihren gewichtigen Folgen gehört die Errichtung eines geeinten Frankreich) bis 1689, dem Jahr nach der sogenannten Glorreichen Revolution in England, als an Stelle Spaniens Frankreich zur Hauptgefahr für England wurde.

Damals, vor dreihundert Jahren, war selbst der Begriff »Jahrhundert« *(century)* kaum bekannt. Er taucht laut *Oxford English Dictionary* im Jahr 1626 erstmals im englischen

Sprachgebrauch auf. Vor der Mitte des siebzehnten Jahrhunderts bezeichnete *century* die Zenturie, eine Heeresabteilung von hundert Mann im alten Rom. Erst danach wurde es mehr und mehr im Sinne von einhundert Jahren benutzt.

Das war eines der Symptome für den Beginn unseres modernen Geschichtsbewußtseins. Ein anderes Symptom war die Schöpfung der Begriffe »alt« und »modern«. Vor dreihundert Jahren bürgerte sich die Epocheneinteilung in Altertum, Mittelalter und Neuzeit ein. (Diese Begriffe tauchen beispielsweise um 1680 bei den zweitrangigen deutschen Chronisten Hornius und Cellarius auf). Im Jahr 1689 war also in den Augen des einen oder anderen das Mittelalter vorüber, doch daran, daß die Weltordnung des siebzehnten Jahrhunderts zu Ende gegangen sei, dachte niemand. Auch im Jahr 1815 war keinem bewußt, daß die atlantischen Weltkriege zwischen England und Frankreich an ihr Ende gekommen waren. Was alle, Freunde wie Feinde der Französischen Revolution, beschäftigte, war die Aussicht auf künftige große Revolutionen. Zwar hat es nach 1815 Revolutionen gegeben, doch was an der Geschichte des neunzehnten Jahrhunderts vor allem auffällt, ist die Tatsache, daß es neunundneunzig Jahre lang keine Weltkriege gab. Dieser Tatsache hat das Jahrhundert seinen außergewöhnlichen wirtschaftlichen Aufschwung und seine Fortschritte zu verdanken.

Wir wissen, daß das zwanzigste Jahrhundert vorüber ist. Daß wir dies wissen, beruht teilweise auf der Entwicklung unseres Geschichtsbewußtseins, das von allgemeinen Geschichtskenntnissen wohlweislich unterschieden werden muß. In dieser Entwicklung – und nur in ihr – ist möglicherweise das wichtigste Element der Geschichte unserer Mentalitäten zu sehen.

Offiziell wird das zwanzigste Jahrhundert am letzten Tag des Jahres 2000 enden. Doch die wirklichen Wendepunkte (und Wendepunkte sind etwas anderes als Meilensteine) im Leben von Zivilisationen, Nationen und Individuen fallen nicht mit den runden Jahreszahlen zusammen. Im übrigen ist die Geschichte nicht aus einem Guß – die Wendepunkte sind nichts Absolutes. Schon vor 1914 deuteten viele Anzeichen unübersehbar darauf hin, daß die zu Zeiten von Viktoria und Eduard VII. herrschende Ordnung auseinanderfiel. Andererseits haben sich viele der physischen und geistigen Gewohnheiten des Mittelalters über das siebzehnte Jahrhundert hinaus erhalten. Das Ende des zwanzigsten Jahrhunderts ist nichts Absolutes. Die Schatten der beiden Weltkriege sind noch nicht verschwunden. Aber sie weichen zurück – sie überragen nicht länger die historische Landschaft. *Deshalb* kann man mit einer gewissen Berechtigung sagen, daß das zwanzigste Jahrhundert vorüber sei.

Juni 1989. *»Wir müssen uns der gefährlichen Versuchung bewußt sein, die Geschichte hauptsächlich vom Standpunkt der Gegenwart aus zu betrachten, zugleich müssen wir uns aber auch der Tatsache bewußt sein, daß das, was wir gegenwärtig wissen, unausweichlich unser Bild der Vergangenheit mitbestimmt.« Heute schrieb ich diesen Satz nieder – er gehört zu dem Buch, an dem ich gegenwärtig arbeite. Es ist keine sonderlich tiefschürfende Bemerkung, doch hat der Satz eine gewisse Bedeutung für meine gegenwärtige Situation.*

Ich bin ein teilnehmender Historiker und kann nicht umhin, mir über die gegenwärtigen Ereignisse Gedanken zu machen. (Wissen ist weder objektiv noch subjektiv – diese kartesianische Unterscheidung ist sowohl irreführend als auch überholt. Unser Wissen ist unausweichlich an Personen und Teilnehmer gebunden.) Goethe hat einmal sinngemäß gesagt, das A und O jeglicher literarischen Betätigung sei die Wiedergabe der Welt um uns herum durch die Welt in uns. Es ist gewiß eine »literarische Betätigung«, wenn man Geschichte schreibt, doch beziehen sich Goethes Worte sowohl auf die Geschichtsforschung als auch auf das Geschichtsbewußtsein. Wegen dieses Bewußtseins bin ich Historiker und nicht Romanschriftsteller geworden.

Im Augenblick denke ich nicht an das Werk, an dem ich derzeit schreibe. Ich bin mir nicht nur dessen bewußt, daß das zwanzigste Jahrhundert vorüber ist, sondern ich weiß es. Die Beweise dafür häufen sich, ich sehe sie förmlich so etwas wie eine geschlossene Ordnung annehmen. Beim Abendessen spreche ich darüber mit S. Sie hört mir aufmerksam zu, ist aber an den von mir angeführten Einzelheiten nicht sonderlich interessiert. Frauen haben den meisten Männern ein bestimmtes Wissen voraus: daß es auf Begriffe (im Unterschied zu Wörtern) im Grunde nicht ankommt, daß Beschreibungen mehr sagen als Definitionen, daß das Allgemeine, was immer es auch sei, im Besonderen enthalten ist. Sie findet es aufregender, wenn ich sage, daß es die Berliner Mauer bald nicht mehr geben wird.

(Einige Monate später fiel die Mauer. Viele, darunter ganze Staatsregierungen, waren überrascht. Dabei war es doch zu erwarten.)

Ich bin ein Mensch des zwanzigsten Jahrhunderts. Mein Leben weist eine furchtbare zeitliche Symmetrie auf. Geboren wurde ich zehn Jahre nach 1914, dem eigentlichen Beginn des zwanzigsten Jahrhunderts. 1989 bin ich fünfundsechzig, und ich weiß, daß es vorüber ist. Das verschafft mir eine gewisse Perspektive, aber auch nicht viel mehr. Ich war fünfzehn, als der Zweite Weltkrieg ausbrach, und dann kamen die entscheidenden Jahre, die auch meine geistige Entwicklung bestimmten. Ich hoffe, daß Gott mir nochmals fünfzehn Jahre gewährt. Wenn es dann soweit ist, werden meine Perspektiven kaum noch von Belang sein.

Manche meinen, das zwanzigste Jahrhundert sei vorüber, weil der kalte Krieg vorüber ist. Diese Vorstellung sagt jenen zu, in deren Augen die gesamte Geschichte des Jahrhunderts von dem 1917 beginnenden Kampf zwischen Demokratie und Kommunismus bestimmt ist, als deren Verkörperung die Vereinigten Staaten und die Sowjetunion aufgefaßt werden. Das ist eine falsche Sicht. Das zwanzigste Jahrhundert begann mit einem Knall, im Jahr 1914, dem Urknall, von dem aus gesehen die Russische Revolution 1917 nur eine unter mehreren Folgen war. Die entscheidende politische Kraft des zwanzigsten Jahrhunderts war der Nationalismus, nicht der Kommunismus.

Ich habe eine Schwäche für Koinzidenzen. Ich bin 1924 geboren, sieben Tage nach Lenins Tod und zwei Tage vor dem Tode Woodrow Wilsons. Diese ephemeren Protagonisten des frühen zwanzigsten Jahrhunderts gehörten ihren Ideen und ihrer Persönlichkeit nach zum neunzehnten Jahrhundert. 1914, als das zwanzigste Jahrhundert begann, waren ihre Ansichten über die Welt bereits überholt. Der scheinbare Triumph ihrer Ideale während der sehr kurzen Zeitspanne, in der die beiden als Architekten zweier konkurrierender Weltordnungen erschienen, war nicht ganz folgenlos, aber auf längere Sicht spielten sie keine Rolle. Die Idee, die Welt könne für die Demokratie gesichert werden (womit eigentlich gemeint war, daß die Demokratie die Welt sicher machen würde), war kurzsichtig und verblendet. Gleiches gilt für den internationalen Kommunismus. 1989, am Ende des zwanzigsten Jahrhunderts, liegt das auf der Hand, doch schon 1914, als es gerade begann, war das offenkundig.

1914 mußte der Marxismus einen gewaltigen Schlag einstekken, von dem er sich nicht wieder erholte. Marx sowie seine Anhänger und Nachfolger, darunter Lenin, glaubten, die Klassen seien bedeutendere Realitäten als die Nationen (Marx hatte den Nationen überhaupt keine Beachtung geschenkt, er verwechselte sie mit Staaten), sie glaubten, die Gedanken und Überzeugungen der Menschen würden vom ökonomischen Motiv bestimmt. Das genaue Gegenteil war der Fall. 1914 hatte ein deutscher Arbeiter mehr mit einem deutschen Fabrikbesitzer als mit einem französischen Arbeiter gemein. Für französische, britische oder amerikanische Arbeiter und ihre Chefs galt dasselbe. Überall und besonders in Deutschland schmolz der internationale Sozialismus in der Hitze der nationalistischen Aufwallung dahin. Doch schon zwei Jahre zuvor hatte der junge Mussolini entdeckt, daß er in erster Linie Italiener und erst danach ein Sozialist war. (*Er* war, im Todesjahr von Marx geboren, ein Mann des zwanzigsten Jahrhunderts.) Es gab 1917 eine kommunistische Revolution in Rußland, aber was Lenin erreichte, war nicht eine internationale Revolution. Rußland zog sich vielmehr aus Europa zurück. Um den Bürgerkrieg in Rußland zu überstehen, mußte Lenin den internationalen Kommunismus über Bord werfen. Er behauptete die Herrschaft, doch die Sowjetunion blieb das einzige kommunistische Land der Welt. In allen anderen Ländern scheiterten die Revolutionsversuche der Kommunisten. Bis nach dem Zweiten Weltkrieg gab es außer der Sowjetunion keinen einzigen kommunistischen Staat auf der Welt (na ja, vielleicht noch die Äußere Mongolei, die, an die Sowjetunion angrenzend, ein ihr höriger »Staat« war). Dann wurden in Osteuropa kommunistische Staaten errichtet, aber nicht durch Revolutionen oder weil der Kommunismus bei den Völkern Anklang gefunden hätte. Sie verdankten ihre Entstehung dem nationalen Sieg Rußlands über Deutschland, in dessen Gefolge Rußland den größten Teil Osteuropas besetzte.

Auch Wilson meinte 1914, der Ausbruch des Krieges in Europa sei etwas Reaktionäres, eine Folge der überholten politischen und sozialen Ordnung der Alten Welt. Er irrte, denn es waren der Nationalismus und die Demokratie, die diesen Krieg zu einem so entsetzlichen Gemetzel werden ließen. Dies war nicht mehr ein Krieg zwischen traditionellen Heeren traditioneller Staaten. Ganze Nationen fielen übereinander her, kämpften bis zum bitteren Ende, was jeden Kompromißfrieden unmöglich machte. Nach dem Krieg war Wilson bei der Mehrheit seiner Landsleute unten-durch; schon Jahre vor seinem Tod war er, wie Lenin, ein gebrochener Mann, und das nicht nur physisch, und seine Idee von dem Krieg, der allen Kriegen ein Ende machen sollte, erwies sich als ein ebenso jämmerlicher Fehlschlag wie der Völkerbund.

Dabei waren – Ironie der Geschichte – die Ideen dieses bläßlichen Präsidenten, der ein bekennender Presbyterianer war, weit revolutionärer als die des radikalen Bolschewisten von der Mittleren Wolga. Die von Wilson propagierte Idee der nationalen Selbstbestimmung trug dazu bei, daß 1918 ganze Imperien auseinanderbrachen. Gerade diese Idee der nationalen Selbstbestimmung zerstört etwas mehr als siebzig Jahre später einige jener Staaten, die Wilson mit zu errichten half, so Jugoslawien und die Tschechoslowakei. Sie hat außerdem die Struktur der Sowjetunion zerstört, der Erbfolgerin des alten Russischen Reiches. Der Kommunismus ist tot, aber die nationale Selbstbestimmung ist sehr lebendig.

Was wir jetzt erleben, ist – ganz im Gegensatz zur Auffassung derer, die im kalten Krieg das zentrale Ereignis der Geschichte des zwanzigsten Jahrhunderts sehen – nicht nur das Ende der Teilung Europas, die 1945 stillschweigend in Jalta akzeptiert worden war. Die ganze politische Geographie Europas, die 1919, in den ersten Jahren des historischen Jahrhunderts, in Versailles geschaffen wurde, beginnt sich zu verändern.

Das zwanzigste Jahrhundert ist vorbei, und 1917 liegt jetzt sehr weit zurück. In Rußland sind es nicht mehr Stalin und der Stalinismus, die auf Ablehnung stoßen, sondern der Leninismus und Lenin. In einem geringeren, bislang allerdings nicht klar erkennbaren Ausmaß gilt dies auch für Wilsons Ideen in den Vereinigten Staaten.

Es war eine Tragödie für Rußland, daß sein großer konservativer Staatsmann Stolypin 1911 ermordet wurde, und es war eine Tragödie für die Vereinigten Staaten, daß Theodore Roosevelt, ihr populärster Führer, 1912 von der republikanischen Partei um die Nominierung als Präsidentschaftskandidat betrogen wurde. So kam es, daß Amerika 1914 nicht von ihm regiert wurde, sondern von Woodrow Wilson, mit dem

Ergebnis, daß es Wilson war und nicht Roosevelt, der die Ideologie des amerikanischen Internationalismus im zwanzigsten Jahrhundert bestimmte – denn nicht nur Franklin Roosevelt, sondern auch Herbert Hoover sowie John Foster Dulles, Richard Nixon und Ronald Reagan waren erklärte Anhänger der Wilsonschen Idee. Allerdings rücken jetzt, 1992, viele Amerikaner von der Idee der nationalen Selbstbestimmung ab, denn sie erkennen, daß der Zerfall von Staaten mit unabsehbaren, möglicherweise endlosen Gefahren verbunden ist. Daß man sich nun mit schlechtem Gewissen aus dem Wilsonschen Internationalismus davonstiehlt, ist etwas Neues. Ob es von nachhaltiger Wirkung sein wird, vermag ich nicht zu sagen.

Wenn es lange gedauert hat – fast ein ganzes Jahrhundert –, bis der Kommunismus und der Wilsonianismus ihre Anziehungskraft eingebüßt haben, so liegt das nicht an einer diesen Ideen innewohnenden Stärke. Es lag daran, daß man sich in diesem demokratischen Jahrhundert allem äußeren Anschein zum Trotz nur sehr schwer von alten Ideen zu lösen vermochte. Ich verweise nur auf die Intellektuellen in aller Welt, die nicht fähig oder willens waren, ihre Vorliebe für den Marxismus zu revidieren oder aufzugeben, obwohl sein Scheitern seit langem immer mehr mit Händen zu greifen war. Es war typisch für dieses Jahrhundert, daß so viele Menschen nicht bereit waren, ihre Meinung zu ändern, und das nicht nur in der Politik. Vor siebzig Jahren galten nicht nur Marx, sondern auch Darwin, Freud, Picasso, Strawinsky und Einstein als die überragenden geistigen Köpfe unserer Zeit. Fünfzig oder sechzig Jahre später hat sich an dieser Einschätzung nichts geändert, für die meisten von ihnen bis heute nicht. Man vergleiche diese Unbeweglichkeit mit der vermeintlichen Schwerfälligkeit des neunzehnten Jahrhunderts. Was für ein Unterschied zwischen Goethe und Nietzsche, Scott und Wilde, Chateaubriand und Ibsen, Rossini und Debussy, ganz zu schweigen von Wagner...

Wagner lebt weiter. Nicht anders der Nationalismus, der massenhafte Nationalismus, das zentrale politische und soziale Phänomen des zwanzigsten Jahrhunderts. Seine radikalste Verkörperung war Hitler, der in seiner Kompromißlosigkeit, seinen Ideen und seiner Entschlossenheit, diese umzusetzen, unnachgiebiger und radikaler war als alle anderen berühmten Revolutionsführer, etwa Lenin, Stalin oder Mao.

Es muß einem schon zu denken geben, wenn es am Ende dieses Jahrhunderts praktisch nirgendwo mehr überzeugte Kommunisten gibt, nicht einmal im Bereich der Sowjetunion, wo es nur noch ein Häuflein ist und die übriggebliebenen Parteikader sich als bloße nationalistische Bürokraten entpuppen. Nazis und Hitlerbewunderer gibt es dagegen noch immer, und es sind nicht nur die kläglichen Reste einer älteren Generation, sondern neue Anhänger, junge Männer und Frauen, teils offen, teils heimlich. Und es gibt sie nicht nur in Deutschland und Österreich, sondern in vielen Ländern der Welt.

Wir sollten freilich ihre Zahl und ihren Einfluß nicht übertreiben – aus vielen Gründen, darunter auch die Tatsache, daß Hitler selbst zum zwanzigsten Jahrhundert gehörte, nicht aber zu einer dauerhafteren oder größeren Formation. Es mag sein, daß wieder ein größeres Deutschland entsteht, es mag sein, daß der Nationalsozialismus in neuen Spielarten wiederersteht, aber nicht mehr in den von Hitler geprägten Formen.

Dennoch: Wenn die beiden Weltkriege die Gebirgsketten waren, die die Landschaft des zwanzigsten Jahrhunderts dominieren, dann waren die Jahre 1940–41 der Gipfel dieser Gebirgsketten. Damals war Hitler sehr nahe daran, den Zweiten Weltkrieg zu gewinnen, näher als Deutschland in den Jahren 1914 oder 1918. Man stelle sich nur die Konsequenzen vor, wenn er tatsächlich gewonnen hätte! In einem gewissen Sinne lief vieles von dem, was das zwanzigste Jahrhundert bestimmte, vor 1940–41 folgerichtig auf Hitler hinaus. In diesem Sinne war das, was das Jahrhundert von 1941 an mit sich brachte, weitgehend eine Folge des Zweiten Weltkrieges, den er allein begonnen hatte und der bis zu seinem Ende von seiner Präsenz bestimmt war.

II
DER REVOLUTIONÄR

Im März 1989 besuchte ich Hitlers Geburtsort.

Die Stadt Braunau, in der Adolf Hitler vor hundert Jahren geboren wurde, liegt abseits der großen Touristenströme, abseits der Autobahn München–Salzburg–Linz–Wien. Sie liegt im Innviertel, einem Gebiet des Landes Oberösterreich, das auch vor dem Bau der Autobahn kaum Anziehungspunkte für Touristen bot, die sich messen könnten an den anmutig schimmernden Seen weiter im Süden, an deren Gestaden sich der Fremdenverkehr im neunzehnten Jahrhundert zu einer Einkommensquelle der Österreicher entwickelt hatte. Rund siebzig Kilometer nördlich von Salzburg und hundertzwanzig Kilometer östlich von München gelegen, ist Braunau auf zweispurigen Landstraßen von beiden Städten aus in gut zwei Stunden Fahrt zu erreichen. Zwischen München und Simbach, der deutschen Grenzstadt am anderen Ufer des Inn, verkehren ein paar Bummelzüge. Früher fuhren sie bis nach Braunau.

Es ist auch dieser relativen Abgeschiedenheit zu verdanken, daß Braunau von den stürmischen Verwüstungen des Zweiten Weltkrieges und von den nicht so stürmischen, sondern eher endemischen Verwüstungen der modernen Architektur verschont geblieben ist. 1874, drei Jahre nachdem Hitlers Vater als Zollbeamter nach Braunau gezogen war, wurden viele der Holzhäuser des Städtchens durch einen Brand vernichtet. Doch die meisten Häuser Braunaus sind aus Stein und stehen noch immer in engen Reihen um den Hauptplatz der Stadt, auf dem der Wochenmarkt abgehalten wird. In manchen Seitenstraßen sind sie unregelmäßig gegeneinander versetzt. Viele der Gebäude stammen aus dem siebzehnten und achtzehnten Jahrhundert, einige sind noch älter. Braunau hat zwei ausgesprochene Sehenswürdigkeiten zu bieten. Die eine besteht in den Überresten des Stadtwalls (Braunau war jahrhundertelang Festungsstadt), der von einigen baufälligen Häusern und verfallenen Gärten gekrönt wird, während sich in den Ritzen der grauen, steinernen Befestigungsanlagen hier und da Sträucher angesiedelt haben. Die andere bemerkenswerte Aussicht geht von dem weiträumigen Marktplatz aus nach Osten, denn der östliche Rand ist unbebaut und bildet einen sanften Abhang. Der Blick geht auf eine grünbraune Hügellandschaft, über der sich ein ungewöhnlich weiter Himmel dehnt. Doch die heitere Anmut dieses Bildes liegt in der Ferne, während in die engen Gassen von Braunau und den kleinen Platz um seine Kirche mit ihrem hohen, spitz aufragenden Turm nur selten ein Sonnenstrahl vordringt. Eine vielleicht etwas ungewöhnliche Kombination: Braunau ist zugleich schön und düster.

Das Düstere geht von den dunklen Häusern aus, die mit ihrem vorspringenden Teil auf massigen Stützpfeilern ruhen. In ihrem äußeren Eindruck spiegelt sich die Geschichte dieser Stadt mit den verwickelten Loyalitätsverhältnissen ihrer Einwohner wider. Heute bildet der Inn die Grenze zwischen Österreich und Deutschland, aber das war nicht immer so. Jahrhundertelang war Braunau eine bayerische Grenzstadt zu Österreich. 1706 war es der Brennpunkt eines Bauernaufstandes gegen die Habsburger. Immer wieder wechselte die Oberherrschaft zwischen den bayerischen Wittelsbachern und den kaiserlich-österreichischen Habsburgern. In Braunau vollzog sich 1810 im festlichen Rahmen die Übergabe von Napoleons neuer Braut, der Erzherzogin Marie Louise, aus ihrem österreichischen an ihr französisches Gefolge. Während seiner Feldzüge gegen Österreich nächtigte Napoleon 1805 und erneut 1809 in dieser Grenzstadt, in dem nämlichen Haus Schüdl (und vermutlich in denselben Räumen im zweiten Stock), das siebzig Jahre später von Hitlers Vater bezogen wurde. Es ist ein wohlproportioniertes Gebäude an der Südseite des weiträumigen Marktplatzes.

Das Haus, in dem Adolf Hitler geboren wurde, steht dreißig Meter weiter an der Hauptstraße. 1889 war es das Gasthaus »Zum Pommer«, eines der beiden großen Gasthäuser Braunaus, ein traditionsreiches Wirtshaus, das einst zu einer Brauerei gehörte, also ein »Brauhaus«. Hitlers Vater zog des öfteren um, bis er sich in den letzten Jahren seines Lebens ein eigenes Haus kaufen konnte – bis dahin hatte er oft lieber in Gasthäusern gewohnt. Heute wird das Gasthaus »Zum Pommer« teilweise als Heim für behinderte Kinder genutzt. Zuvor war es eine Art städtische Bücherei. Nach der Annexion Österreichs durch Hitler erwarb Martin Bormann es, um es für feierliche Anlässe zu erhalten. Damals und auch während des Krieges war es ein Wallfahrtsort für viele, die überwiegend aus Deutschland kamen, um ehrfürchtig vor dem Geburtsort des Führers zu verweilen. Heute wirkt das Haus nach außen hin zwiespältig, so als wäre es mit sich selbst uneins. Die Fassade des Erdgeschosses wirkt wuchtig und typisch deutsch, während die beiden Stockwerke darüber den blassen Anstrich des in Österreich verbreiteten gelben Mauerverputzes zeigen. Die Rückseite dieses L-förmigen Hauses mit seinen überwölbten Gängen in den oberen Stockwerken wirkt verwahrlost und heruntergekommen. Während meines Aufenthalts in Braunau war das Gebäude geschlossen. Ich konnte nicht in Erfahrung bringen, in welchem Zimmer Adolf Hitler geboren wurde.

Von den Menschen in Braunau hatte ich nicht den Eindruck, daß sie untereinander uneinig sind. Die Bevölkerung ist ziemlich homogen, was einigermaßen erstaunlich ist angesichts der Tatsache, daß in den vierziger Jahren (gegen Kriegsende und einige Jahre danach) Millionen von deutschsprachigen Bewohnern Mitteleuropas von Nord nach Süd und von Ost nach West gezogen waren, sei es, daß sie in den Großstädten ausgebombt worden waren, sei es, daß sie vor der Rache der russischen Armeen geflüchtet oder aus ihrer Heimat, in der sie mit anderen Völkern Osteuropas zusammengelebt hatten, vertrieben worden waren, um schließlich nach dem Kriege in Westdeutschland und Österreich unterzukommen. (Die Einwohner Münchens waren, um ein Beispiel zu nennen, 1950 zum größten Teil keine Einheimischen mehr.) Von dieser großen Völkerwanderung der ersten Nachkriegszeit wurde das Innviertel jedoch nur gestreift. Seine Bewohner sind untersetzt, knorrig, muskulös, mit gewissen Anzeichen der Inzucht. (Auch Hitlers Eltern waren Cousin beziehungsweise Cousine zweiten Grades.)

Es war Anfang März, als ich Braunau besuchte. Ein Freund hatte mir im größten Hotel der Stadt ein Zimmer reserviert, dem Hotel »Zur Post«, einem alten Wirtshaus mit düsteren Zimmern und einer deftigen, ländlichen Küche. Ich speiste allein, während an dem Tisch vor mir Einheimische saßen, unter ihnen der Besitzer, der aus einer alten Braunauer Wirtsfamilie stammte. Ich wußte, daß sie wußten, warum ich in ihre Stadt gekommen war; offenbar war ich ein Vorläufer der zahlreichen Journalisten, die die »Post« für den 19. und 20. April ausgebucht hatten. Am Ende ließ ihre Geselligkeit sich nicht mehr durch die niedrige Rückenlehne der Bank aufhalten, die ihren Tisch von dem meinen trennte. Als das Speisezimmer sich leerte, trat ein drahtiger kleiner Mann, der ein bißchen angetrunken war, an meinen Tisch und setzte sich. Es beeindruckte ihn nicht im geringsten, als ich erklärte, ich sei kein Journalist, sondern Historiker. Was ihn dagegen – wenn auch nicht gerade angenehm – zu beeindrucken schien, war die Tatsache, daß ich mich ein wenig in der Geschichte seiner Stadt auskannte. Ich fragte ihn, wo das Gasthaus »Zum Pommer« sei. Im strömenden Regen führte er mich hin. Wir schauten es uns an. Dann lud er mich ein, in einem anderen Gasthaus weiterzutrinken. »Mein Vater war ein Nazi«, sagte er. »Von mir kann ich das nicht sagen.« Dann fügte er hinzu: »Ich bin Ingenieur.« Am anderen Morgen setzte sich der Besitzer beim Frühstück zu mir. Er eröffnete das Gespräch mit der Bemerkung, daß »der Hitler« nur seine ersten drei Lebensjahre in Braunau verbracht habe. (In Wirklichkeit waren es nicht einmal ganze drei Jahre.) Anschließend sagte er, daß es hier in den dreißiger Jahren durchaus Nazisympathisanten gegeben habe, aber damals sei das hier ein Notstandsgebiet gewesen, und die Leute seien beeindruckt gewesen von dem Aufschwung und dem hohen Beschäftigungsgrad der Fabriken im deutschen Simbach, über den Inn hinweg nur einen Steinwurf entfernt.

Seine Äußerungen waren repräsentativ für die wenigen Gespräche, die ich in Braunau geführt habe – deshalb schreibe ich von meinem Eindruck, daß die Menschen in Braunau untereinander ziemlich einig sind. Dabei sind sie aber innerlich irgendwie gespalten. Wenn das Gespräch auf die Hitlerzeit kommt, verhalten sie sich abwehrend, aber ohne ein Zeichen der Reue. Was Ausländer angeht, halten sie eine, wie sie glauben, gesunde Skepsis für angebracht: Ausländer können einfach nicht verstehen, wie es damals gewesen ist. Diese Einstellung ist jedoch nicht charakteristisch für die Bewohner des Innviertels, sondern in ganz Österreich weit verbreitet. Charakteristisch für die Menschen in Braunau und im Innviertel ist dagegen, daß sie immer wieder betonen, daß Adolf Hitler kein typischer Sohn ihrer Stadt und ihres Landes gewesen sei, daß er im Grunde nicht einer von ihnen gewesen sei. Und damit haben sie bis zu einem gewissen Grade recht.

Hitler hat, was seine Vergangenheit betrifft, die Menschen in dreierlei Hinsicht getäuscht: über Braunau, über seinen Vater und über seine Wiener Jahre.

Er diktierte – denn er hat es nicht geschrieben, sondern diktiert – *Mein Kampf* im Winter und Frühjahr 1924/25. *Mein Kampf* besteht aus zwei Bänden (und sollte ursprünglich in dieser Form veröffentlicht werden), deren erster autobiographischer Natur ist. Im Vorwort erklärte Hitler, aus seiner eigenen Geschichte sei über seine Entwicklung und die der Bewegung »mehr zu lernen als aus jeder rein doktrinären

Abhandlung«. Jetzt habe er »die Gelegenheit, eine Darstellung meines eigenen Werdens zu geben, soweit dies zum Verständnis sowohl des ersten als auch des zweiten Bandes nötig ist und zur Zerstörung der von der jüdischen Presse betriebenen üblen Legendenbildung über meine Person dienen kann«.

Mein Kampf beginnt mit einem Hymnus auf Braunau. »Als glückliche Bestimmung gilt es mir heute, daß das Schicksal mir zum Geburtsort gerade Braunau am Inn zuwies.« Weiter heißt es: »So scheint mir dieses kleine Grenzstädtchen das Symbol einer großen Aufgabe zu sein.« Nochmals spricht er von »diesem von den Strahlen deutschen Märtyrertums vergoldeten Innstädtchen«. Dabei zogen die Hitlers schon im dritten Lebensjahr des kleinen Adolf von Braunau fort. Und wenn er auch immer wieder seine Heimatverbundenheit unterstreicht, so fand er doch erst wieder mit neunundvierzig Jahren nach Braunau zurück.

Der 12. März 1938, an dem er nach Braunau zurückkehrte, war ein Samstag, der Wochentag, an dem er geboren wurde. Jener Samstag des Jahres 1889 war ein grauer Tag gewesen. Nun stand eine strahlende Sonne über Braunau. Der Widerstand der österreichischen Regierung war tags zuvor zusammengebrochen. Am Abend dieses Tages strömten die Menschen ins Freie – es gab einen triumphalen Fackelzug. Das über dem Bogen des alten Stadttors in den Stein gemeißelte kaiserliche Wappen, der Doppeladler der Habsburger, war von einer riesigen Hakenkreuzfahne verhängt. Vom frühen Morgen an waren Einheiten der zwölften deutschen Armee über die Brücke gerollt und durch Braunau gefahren, von der Menge jubelnd begrüßt. Kurz vor vier Uhr nachmittags trat Stille ein. In einem großen offenen Mercedes-Tourenwagen kam Hitler langsam über die Brücke. Man überreichte ihm einen riesigen Blumenstrauß. Sein Gesicht war ernst. Das Auto hielt vor dem Haus, in dem er geboren wurde. Er stieg nicht aus; er wollte es nicht betreten. Braunau bedeutete ihm nicht viel. Dies war sein letzter Besuch. Nach dem März 1938 machten Parteifunktionäre und andere Schwärmer Entwürfe für Verschönerungen und Erinnerungsbauten in Braunau. Hitler zeigte keinerlei Interesse daran.

An jenem Nachmittag fuhr er weiter in Richtung Linz. Sein Triumphzug folgte im großen und ganzen dem Weg, den seine Familie während seiner Kindheit und seiner frühen Jugend genommen hatte. Während seines ersten Lebensjahres wurde sein Vater von Braunau aus an drei verschiedene Orte in Oberösterreich versetzt und landete schließlich in Leonding, einem Vorort von Linz. Am 13. März 1938 strömten über hunderttausend Menschen zur Begrüßung Hitlers in Linz zusammen. Ihr frenetischer Jubel bewog ihn, von seinen ursprünglichen Absichten abzuweichen und die Vereinigung Österreichs mit Deutschland sofort zu verkünden. Bis zum Ende bewahrte er sich eine Anhänglichkeit für Linz. Einige Tage bevor er sich im Berliner Führerbunker das Leben nahm, betrachtete er träumerisch einen Plan für das künftige Linz, das nach seinen Wünschen zu einem großen kulturellen Zentrum hatte werden sollen (und dem er in seinem persönlichen Testament den Großteil seiner Gemälde vermachte). Leonding liegt auf dem Weg von Braunau nach Linz, doch zuerst kam Linz und dann Leonding. Von Linz aus fuhr Hitler zu einem kurzen Besuch ans Grab seiner Eltern, die auf dem Gemeindefriedhof von Leonding begraben sind. Ich habe den grauen Grabstein gesehen, in den das Foto seines Vaters eingelassen ist, unter Glas. Nachdem sie im Mai 1945 von amerikanischen Soldaten aus dem Konzentrationslager im nahe gelegenen Mauthausen freigelassen worden waren, hielten ein Schulkamerad von mir und ein Freund ihr denkwürdiges erstes Picknick auf der Mauer dieses Friedhofs ab. Auf dem Grab von Alois und Klara Hitler sahen sie einen riesigen Kranz mit einer weißen Schleife liegen: eine Huldigung der örtlichen Parteiorganisation. Im März 1989 standen zwei kleine Blumentöpfe auf dem Grab.

Auf der dem Friedhof gegenüber liegenden Straßenseite steht ein ockergelb verputztes einstöckiges Haus, in dem die

Hitlers acht Jahre lang wohnten. Von der Kirche aus braucht man in der anderen Richtung nicht weit zu gehen, und man steht vor einem anderen ockerfarbenen Gebäude, dem Gasthaus, in dem Hitlers Vater saß, als er einem Schlaganfall erlag. Adolf Hitler war damals dreizehn Jahre alt.

Hitler wollte gewisse Dinge in seiner Jugend verschleiern. Unzweifelhaft sind die Beweise für seine Liebe zur Mutter, eine traurig dreinblickende Frau mit ovalem Gesicht, die dritte Ehefrau seines Vaters. Es war eine Sohnesliebe, über die Dr. Bloch, der jüdische Arzt Klara Hitlers in Linz, sagte, er habe in seinem ganzen Leben nichts dergleichen erlebt. Unklar bleibt sein Verhältnis zu seinem Vater, wobei die Unklarheiten in seinen eigenen Aussagen liegen. Alois Schicklgruber war der erste aus seiner Familie, der es zu etwas brachte. Er war bessergestellt und wohlhabender, als sein Sohn später zugeben sollte. Lediglich über eine Grundschulbildung verfügend, brachte er es zum Zollbeamten in Braunau. Er war ein lebensfroher, zielstrebiger, angesehener Beamter: Fotos zeigen ihn als einen Amtsträger des Habsburgerreiches mit einer ans Lächerliche grenzenden Selbstsicherheit. Er war von unehelicher Geburt (was unter österreichischen Bauern damals weder selten noch seinem Ansehen besonders abträglich war) und änderte seinen Namen aus Schicklgruber in Hitler, dreizehn Jahre bevor sein Sohn Adolf geboren wurde. Allein dafür hätte Adolf ihm dankbar sein müssen. (Wie sein Schulkamerad Kubizek sich später erinnerte – und das klingt durchaus glaubhaft –, hat Hitler gesagt: »Schicklgruber empfand er als zu grob, zu bäurisch, außerdem als zu lang und unpraktisch.«) Er erbte daneben noch anderes von seinem Vater, so dessen Ruhelosigkeit (Alois' häufige Umzüge), vielleicht auch etwas von seiner Anziehungskraft für Frauen; seine Handschrift und seine Unterschrift ähnelten lange der seines Vaters. Dennoch hat er sich sein Leben lang über seinen Vater geärgert, vielleicht in übertriebener Weise. In *Mein Kampf* äußerte er sich über seinen Vater mit glühendem Respekt, in seichten, rührseligen Wendungen, die ansonsten in diesem Buch nicht vorkommen. »Ich hatte den Vater verehrt, die Mutter jedoch geliebt«, schrieb er. Doch in einem langen, von Erinnerungen erfüllten nächtlichen Gespräch mit dem österreichischen General Edmund Glaise von Horstenau (der ebenfalls in Braunau geboren war) sagte Hitler im April 1939, er habe seinen Vater gefürchtet, habe ihn aber nie lieben können.

Er wollte sich so früh wie möglich von seiner Familie distanzieren. Wie er Glaise von Horstenau in jener Nacht erzählte, wollte er fort von zu Hause und war fest entschlossen, ein großer Mann zu werden. Darin und in vielen anderen Dingen war Hitler ganz anders als Napoleon, der von seinen familiären Bindungen sein Leben lang nicht loskam (und oft schwer daran zu tragen hatte). Ja, Hitler war ein Österreicher, der ein großer Deutscher sein wollte, so wie Napoleon, der Korse, ein großer Franzose werden wollte oder Stalin, der Georgier, ein großer Russe oder Alexander von Mazedonien der größte Grieche. Doch war Hitler vielleicht weniger von Österreich beeinflußt als Napoleon von Korsika oder Stalin von dem kaukasischen Georgien.

In *Mein Kampf* beschreibt er ausführlich seinen Weg von Braunau über Linz nach Wien, wobei er betont, daß seine ganze Ideologie erst in Wien feste Gestalt angenommen habe. Die meisten seiner Biographen und Kommentatoren haben seine Erklärung, die vor allem seine österreichische Herkunft und seine Wiener Erfahrungen hervorkehrt, im großen und ganzen akzeptiert. In diesen Erklärungen steckt etwas Richtiges, aber sie enthalten nicht alles. Es stimmt, daß die fünf Jahre in Wien ihn in mancherlei Hinsicht beeinflußt haben. Das Großstadtleben öffnete ihm in mehr als einer Beziehung die Augen. Er las alle möglichen politischen und ideologischen Schriften und war mindestens bis zu einem gewissen Grad von ihrem Inhalt beeindruckt. Es gibt jedoch Hinweise, daß er den österreichischen Staat schon vor seiner Ankunft in Wien für korrupt und hinfällig hielt, während er die Macht Deutschlands bewunderte. Mit dreiundzwanzig ging er für immer von Wien fort. Er hat von sich das Bild eines jungen Mannes gezeichnet, der in Wien in Armut lebte, doch dieses Bild ist, wie deutsche Historiker in sorgfältigen Recherchen festgestellt haben, falsch. Dank seines kleinen Erbes verfügte er über mehr Geld, als er später behaupten sollte. Fraglich ist auch, ob die Begegnung mit jüdischen Menschen in Wien (wo damals neunzig Prozent der österreichischen Juden lebten – in Braunau und Leonding hatte er mit keinem Juden, in Linz nur mit sehr wenigen Bekanntschaft gemacht) so entscheidend war, wie er es in *Mein Kampf* darstellt, denn vor 1919 gibt es praktisch keinen Anhaltspunkt für seinen bedingungslosen Antisemitismus. Es hat den Anschein, als habe die plötzliche Verfestigung seines Weltbildes sich relativ spät vollzogen, Anfang 1919 in München, als er dreißig Jahre alt war. Dort erst nahm die kritische Masse von Hitlers Ideologie feste Gestalt an, angetrieben von den Gefühlen, die ihn angesichts der Niederlage seines geliebten Deutschland bewegten, aber mehr noch von dem, was er in den wenigen bewegten Monaten der kurzlebigen Münchner »Räterepublik« als hassenswert und häßlich empfand. Was dieser zuvor schüchterne und zurückhaltende junge Mann außerdem in sich entdeckte, war dies: Er war ein begabter Redner.

Er war kein typischer Sohn des Landes, in dem er geboren war – nicht in seinen Wahlverwandtschaften, nicht in seinem Temperament und auch nicht in seiner äußeren Erscheinung. Aus den Gesichtern der Menschen in diesem Teil Oberösterreichs spricht eine sonnengebleichte Härte: Es ist ein subalpiner Menschenschlag, wortkarg, argwöhnisch gegenüber der Obrigkeit, konservativ in seinem Traditionalismus, kämpferisch, aber nicht revolutionär. Hitler war dagegen alles andere als ein Traditionalist oder ein Konservativer. Er verkörperte die erschreckend moderne Erscheinung des revolutionären Nationalisten. »Ich war ein Nationalist, aber ich war kein Patriot«, schrieb er. Diese Unterscheidung zwischen Nationalismus und Patriotismus wird in unserem heutigen Sprachgebrauch oft verwischt. Viele halten die beiden Begriffe für austauschbar. Dabei ist das Wort »Patriotismus« seit langem im Englischen heimisch, während »Nationalismus« relativ jung ist und erstmals in den vierziger Jahren des vorigen Jahrhunderts auftaucht. So mancher tiefe Riß in der Geschichte des zwanzigsten Jahrhunderts ist bestimmt von der Unterscheidung zwischen Patrioten und Nationalisten. Patriotismus ist traditionalistisch, tief verwurzelt, introvertiert und defensiv, Nationalismus ist populistisch, extravertiert, aggressiv und ideologisch. Adolf Hitler beschloß, sich von seinen Wurzeln, seiner Familie und seinem Heimatland, zu lösen. Er wollte sich mit Deutschland identifizieren, und er tat es.

Es war nur logisch, daß Hitler kein Identitätsproblem hatte. Damit hatten aber immer mehr Österreicher zu kämpfen. Die politische Manifestation des österreichischen Nationalismus entstand in demselben Jahrzehnt, in dem er geboren wurde, unter anderem in Gestalt von Georg von Schönerers Partei der Alldeutschen, die die Vereinigung Österreichs mit Deutschland und implizit die Auflösung der traditionellen Habsburgermonarchie anstrebte. Es bildete sich ein paradoxer Sprachgebrauch heraus. Als »ein Nationaler«, als Nationalist wurde in Österreich derjenige bezeichnet, der ein unabhängiges Österreich und eine eigene österreichische Nationalität abgeschafft sehen und in einem deutschen Volk und Staat aufgehen lassen wollte. Als die Habsburgermonarchie 1918 zusammenbrach und Österreich als ein Rumpfstaat übrigblieb, glaubten viele Österreicher, ein so kleines Land sei nicht lebensfähig. Nicht jeder Österreicher, der so dachte, war ein Nazi – es war vielmehr so, daß gewisse Nazis eine eigene österreichische Identität zu erhalten suchten. Besonders nachdem Hitler in Deutschland an die Macht gekommen war, zeigte sich unter den Österreichern eine Differenz zwischen den Patrioten, die sich dafür einsetzten, ein unabhängiges Österreich zu erhalten, und den Nationalisten, die für den Anschluß Österreichs an das Dritte Reich kämpften. Zu dieser Meinungsverschiedenheit zwischen ihnen kam noch ein Zwiespalt in ihnen selbst. Der letzte österreichische Kanzler, der die Unabhängigkeit des Landes vom Dritten Reich zu erhalten suchte, fühlte sich zu der Erklärung genötigt, daß er für ein »deutsches und katholisches« Österreich stehe. Nachdem Hitler in Österreich einmarschiert war, geruhte er, die Vereinigung zwischen Deutschland und Österreich durch eine Volksabstimmung absegnen zu lassen. Am 10. April 1938 stimmten in Braunau von annähernd dreitausendsechshundert Wahlberechtigten nur fünf gegen Hitler.

Das war das Jahr seiner größten und überzeugendsten politischen Triumphe. Er war der größte Revolutionär des zwanzigsten Jahrhunderts, der mit seiner ganzen politischen Karriere Marx widerlegte. In jenem Jahr schrieb Simone Weil die folgende Widerlegung von Marx: »Nicht die Religion, die Revolution ist das Opium des Volkes« – Worte, die nur allzu gut auf Hitler passen.

In dem kleinen Dorf St. Radegund, fünfunddreißig Kilometer südlich von Braunau, stimmte nur ein Mann gegen Hitler. Ich werde gegen Ende dieses Buches auf ihn zurückkommen.

III
DAS ENDE DES KALTEN KRIEGES: ABSCHIED VON ALLEDEM?

Der kalte Krieg war das Resultat – eines der Resultate – Hitlers. Er hat das vorhergesehen. Schon im November 1941 – fast drei Wochen vor Pearl Harbor und bevor der deutsche Vorstoß vor Moskau zum Erliegen kam (das war *der* Wendepunkt des Zweiten Weltkriegs, zwei bedeutende zeitgleiche Ereignisse, das eine in einer fast tropischen Umgebung, das andere inmitten von Schnee und Eis, dazwischen der halbe Globus) – sprach Hitler vor einigen Generälen von der Möglichkeit, daß der Krieg mit so etwas wie einem Kompromiß enden müsse.* Die Zeit des Blitzkriegs war zu Ende. Jetzt änderte sich seine gesamte Weltstrategie. Er würde, wie sein Idol Friedrich der Große, einen Keil zwischen seine Feinde treiben. Deutschland würde so stark und zäh sein (jetzt erst beschloß Hitler, die deutsche Wirtschaft ganz in den Dienst des Krieges zu stellen) und dem einen oder anderen seiner Feinde solche Niederlagen beibringen, daß ihre künstliche Koalition früher oder später auseinanderfallen würde. Er wußte, daß die englisch-amerikanisch-russische Koalition eine Allianz aus grundverschiedenen Völkern war, mit unterschiedlichen Zielen. Diese Überzeugung bestimmte seine militärische und politische Strategie bis zum Ende.

* Aus dem Kriegstagebuch von Generaloberst Franz Halder, 19. November 1944: Hitler bringt die Erwartung zum Ausdruck, daß »die Erkenntnis, daß die beiden Feindgruppen sich gegenseitig nicht vernichten können, zu einem Verhandlungsfrieden führt«. 23. November: »Wir müssen der Möglichkeit ins Auge sehen, daß es keinem der beiden Hauptgegner gelingt, den anderen vernichtend zu schlagen oder entscheidend niederzuringen.«

Er hatte recht und unrecht zugleich. Das große Bündnis zwischen Britannien und Rußland und den Vereinigten Staaten zerfiel – aber erst als er tot war und sein Drittes Reich in Schutt und Asche lag. Er hatte sich selbst in eine ausweglose Situation manövriert. Mochten ihre Differenzen auch noch so groß sein, so war doch keiner seiner drei Feinde geneigt, mit ihm Frieden zu schließen. Die Deutschen (und wohl auch Hitler) dachten, sie hätten von den Amerikanern weniger zu befürchten als von den Russen und selbst von den Briten. Die Rekonstruktion der geheimen (und teilweise nicht so geheimen) deutschen Bemühungen, in den Jahren 1944 und 1945 mit allen möglichen Amerikanern auf irgendeine Weise Kontakt aufzunehmen, stets in der Absicht, zwischen ihnen und den Russen Unfrieden zu stiften, steht noch aus. Diese Bemühungen wurden überwiegend von Himmler hinter Hitlers Rücken unternommen, es ist aber keineswegs sicher, daß sie auch gegen Hitlers Wunsch unternommen wurden. Dabei war Hitler, wie aus seinem letzten Testament hervorgeht, bis zum Schluß der Ansicht, daß er nicht wirklich feststellen könne (jedenfalls nicht öffentlich), ob für das deutsche Volk die Herrschaft der Amerikaner oder die der Russen über das besiegte Deutschland vorzuziehen sei.

Es ist vielleicht interessant, daß auch Mussolini wenige Tage vor seinem Tod einem seiner verbliebenen Günstlinge eine ähnliche rhetorische Frage stellte. »Was würdest du vorziehen«, fragte er, »soll Italien eine britische Kolonie oder eine sowjetische Republik werden?« Wie es sich für einen ehemaligen Sozialisten und Radikalen geziemt, gab Mussolini sich selbst die Antwort: »Ich würde das letztere vorziehen.« Er erkannte nicht, daß die Zeit der britischen Kolonien abgelaufen war. Italien wurde nach dem Krieg weder britisch noch russisch, sondern eine Art amerikanischer Satellit. Aber nicht aufgrund direkter amerikanischer Pressionen, sondern weil es das war, was die meisten Italiener damals wollten.

Italien – nicht das italienische Volk, sondern die geographische Lage Italiens in Europa – hatte etwas mit den Ursprüngen des kalten Krieges zu tun, wenn auch nicht sehr viel. Der kalte Krieg war das Resultat der Teilung Europas, die ihrerseits die Folge des Krieges war, den Hitler begonnen und geführt hatte. Er war nicht nur der größte Revolutionär des Jahrhunderts, sondern die neue deutsche Wehrmacht, die er inspirierte und aufzustellen half, erwies sich als die mächtigste Streitmacht der Welt. Nur durch die Bündelung der russischen und der anglo-amerikanischen Kräfte konnte das Dritte Reich restlos bezwungen werden. Das war Churchill ebenso klar wie Stalin und Roosevelt und Hitler. Was sie trennte, waren ihre Vorstellungen über das, was nach der Niederlage Deutschlands kommen würde: Welche Form würde die Teilung Europas annehmen? Schon 1943 machte man sich auf der höchsten Ebene der politischen Planung in Amerika Sorgen darüber, daß die Sowjetunion in einem von den anglo-amerikanischen Streitkräften befreiten Italien einen unangemessenen Einfluß gewinnen könne, und daher bemühte man sich, die Beteiligung der Sowjets an italienischen Angelegenheiten zu begrenzen. Man hätte sich diese Sorgen nicht zu machen brauchen, denn Stalin war an Italien kaum interessiert.* Gleichzeitig war Stalin besorgt, daß die Briten oder die Amerikaner einen unangemessenen Einfluß in einigen Ländern Osteuropas gewinnen könnten, die von den russischen Armeen »befreit« werden sollten. Er hätte sich keine Sorgen zu machen brauchen, denn die Briten und besonders die Amerikaner betrachteten Osteuropa nicht gerade als einen wesentlichen Teil ihrer Interessensphäre.

Als Hitler starb, war die Teilung Europas eine Tatsache. Das Kriegsende brachte eine ungeheure Umwälzung, doch diese Teilung hatte nichts sonderlich Revolutionäres. Die

* Und auch nicht an Frankreich. 1944 erklärte er gegenüber de Gaulle, dieser könne dem französischen Kommunistenführer Thorez ruhig erlauben, aus Moskau nach Paris zurückzukehren. Thorez werde keine Schwierigkeiten machen, sagte Stalin. Er hatte nichts dagegen, daß de Gaulle die kommunistischen Partisanen in Frankreich entwaffnete. 1944 befürchteten die Amerikaner, daß de Gaulle mit den französischen Kommunisten allzu sanft umgehen könne, während Stalin sich nicht einen Deut für sie interessierte.

östliche Hälfte (eigentlich ein Drittel) Europas und Deutschlands wurde von den Russen besetzt und kontrolliert; sie sollte von ihnen und von Leuten, die ihnen dienstbar waren, regiert werden. In West- und Südeuropa und in Westdeutschland trug die anglo-amerikanische Präsenz (die nach 1947 mehr und mehr zu einer amerikanischen und immer weniger zu einer englischen wurde) dazu bei, liberale und demokratische Verhältnisse wiederherzustellen oder zu schaffen. In den folgenden fünfundvierzig Jahren des kalten Krieges sollte es nicht ein einziges prokommunistisches Land in Westeuropa und nicht ein einziges antikommunistisches Land in Osteuropa geben (mit Ausnahme Griechenlands, das 1944 nicht von den Russen, sondern von den Briten befreit wurde).

Warum dann überhaupt der kalte Krieg? Wegen eines wechselseitigen Mißverständnisses. Bald nach 1945 begannen die Amerikaner zu glauben und zu befürchten, daß Stalin, der Osteuropa auf brutale Weise kommunistische Systeme aufgezwungen hatte, bereit und willens sei, den Kommunismus weiter nach Westeuropa (und Westdeutschland) hineinzutragen. Umgekehrt glaubte und befürchtete Stalin, daß die Amerikaner, die sich in West- und Südeuropa festgesetzt hatten, willens und bereit seien, seine Herrschaft in Osteuropa in Frage zu stellen. Beide Seiten irrten. Die barbarische Skrupellosigkeit der Russen und ihrer kommunistischen Satelliten, ihre zwanghafte Propaganda und die Brutalität ihres Vorgehens trugen entscheidend dazu bei, daß der Osten als Bedrohung wahrgenommen wurde. Aber schließlich stellte der Antikommunismus mit seiner ideologischen Zugkraft, die sich weniger gegen die nationalen Interessen der Russen als vielmehr gegen den Kommunismus richtete, für die andere Seite ebenfalls eine Bedrohung dar, und er vermochte nicht zu erkennen, daß der Eiserne Vorhang, diese Stacheldrahtverkörperung der Teilung Europas, gerade wegen der mangelnden Zugkraft des Kommunismus nicht von Dauer sein konnte.

Ich habe viel über die Ursprünge des kalten Krieges geschrieben, und ich möchte das hier nicht wiederholen. Ein wichtiges zusätzliches Element muß ich hier jedoch erwähnen, wo es nicht um den Beginn des kalten Krieges geht, sondern um seine Auflösung und sein Ende. Ich meine die Frage, wie lang man ursprünglich seine Dauer eingeschätzt hat. Roosevelt und die amerikanische Regierung dachten und hofften 1945, daß die militärische Lage bei Kriegsende von begrenzter Dauer sein werde: daß Stalin sich nach dem Abzug der Besatzungsarmeen aus dem größten Teil Europas damit begnügen werde, in Osteuropa prorussische, aber nicht unbedingt kommunistische Regierungen zu installieren. Dies entsprach aber nicht den Vorstellungen Stalins. Er wußte sehr gut, daß der Kommunismus außerhalb der Sowjetunion kaum Anklang fand, und deshalb zog er es vor, die osteuropäischen Staaten von Leuten regieren zu lassen, die aufgrund ihrer Inferiorität völlig, um nicht zu sagen, hoffnungslos von ihm abhängig waren. Diese innere Schwäche wurde von kaum einem Amerikaner wahrgenommen, wohl aber von Churchill, der schon am Neujahrstag 1953, als Stalin noch lebte und die gefährlichen Spannungen des amerikanisch-russischen kalten Krieges ihren Höhepunkt erreichten, zu seinem Sekretär sagte, er (John Colville) werde, falls er ein normales Lebensalter erreiche, »bestimmt noch erleben, daß Osteuropa vom Kommunismus befreit ist«. Das hieß: in den achtziger Jahren. Churchills Vorhersage war erstaunlich genau. Doch schon lange vor den achtziger Jahren hatten sich der kalte Krieg, sein ursprünglicher Charakter und seine Voraussetzungen geändert, und zwar drastisch, auch wenn viele nicht fähig oder bereit waren, das zu erkennen.

Es gibt noch eine weitsichtige Bemerkung von Churchill, die er schon während des Krieges, im November 1944, machte und die nicht die verdiente Aufmerksamkeit gefunden hat. De Gaulle hat sie in seinen Kriegsmemoiren festgehalten. Auf dessen besorgte Frage antwortete Churchill: Ja, die Amerikaner seien ziemlich sorglos und nähmen die Gefahren der russischen Expansion in Europa nicht ernst; ja, Rußland sei jetzt ein hungriger Wolf inmitten der Schafherde. »Aber nach der Mahlzeit kommt die Verdauung.« Rußland werde die Völker Osteuropas und ihre Staaten nicht verdauen können.

Verdauungsprobleme beruhen entweder auf der ungewohnten Quantität oder der ungewöhnlichen Qualität der aufgenommenen Nahrung, in manchen Fällen auch auf beidem. Letzteres war von Anfang an der Fall, als die Russen Osteuropa schluckten. Mit der Quantität meine ich das Territorium, das sie kontrollieren wollten, die geographische Ausdehnung ihrer Interessensphäre. Es war zuviel – nicht nur für die Sicherheit Europas, nicht nur mit Rücksicht auf das weltweite Kräftegleichgewicht, sondern auch für die Sowjetunion selbst. Stalin wußte das. Er wollte nicht mehr Territorium, als ihm 1945 zugefallen war, und das war schon mächtig viel. Nicht etwa, weil er bescheiden war; das leitende Interesse, das bis zu seinem Todestag seine Politik bestimmte, bestand darin, sicherzustellen, auf brutale Weise sicherzustellen, daß er all das, was ihm zugefallen war, auch behalten konnte. Seine Nachfolger standen dadurch vor dem Problem, wie sie vermeiden konnten, das Ganze plötzlich wieder ausspeien zu müssen. Nach und nach ließen sie von ihrer Forderung nach einer vollständigen Angleichung an die ideologischen und politischen Praktiken der Russen ab. Die osteuropäischen Staaten wurden in der Gestaltung ihrer inneren Verhältnisse zunehmend unabhängig, bis Gorbatschow Osteuropa kampflos aufgab.

Wir müssen uns jedoch klarmachen, daß dieser territoriale Rückzug der Russen aus der Mitte Europas – und ich wiederhole, daß es auf das Territorium ankam und noch immer ankommt, nicht auf die Ideologie – fast unmittelbar nach dem Krieg begonnen hatte, über vierzig Jahre vor dem osteuropäischen *annus mirabilis* 1989. Das Jugoslawien Titos löste sich 1948 aus der sowjetischen Einflußsphäre. Stalin konnte Jugoslawien nicht direkt bedrohen, da er keine gemeinsame Grenze mit diesem Land hatte, und so beschränkten sich seine Möglichkeiten auf Beschimpfungen und Umsturzdrohungen. Was folgte, waren die schlimmsten vier Jahre des kalten Krieges: Der Eiserne Vorhang wurde zu einer furchtbaren handgreiflichen Realität, und Osteuropa wurde (ebenso wie die Sowjetunion) durch barbarische, verabscheuungswürdige Maßnahmen von der übrigen Welt abgeschottet.

Anders war die Situation in Deutschland. 1949 entstand ein ostdeutscher Satellitenstaat, aber einen Eisernen Vorhang quer durch Deutschland und Berlin, der für eine vollständige Abschottung gesorgt hätte, gab es noch nicht, weil Stalin der Ansicht war, über die Zukunft Deutschlands noch verhandeln zu können. Die Aussicht auf ein amerikanisch-deutsches Bündnis machte ihm solche Sorgen, daß er 1952 vorschlug, den ostdeutschen kommunistischen Staat eventuell fallenzulassen, falls sich die Amerikaner aus Westdeutschland zurückziehen würden, was auf ein neutrales, bündnisfreies, vereinigtes Deutschland hinauslief. Die westdeutsche Regierung und die Westmächte reagierten darauf nicht. Wie aus den jetzt zugänglichen ostdeutschen Akten hervorgeht, hielten Stalins Nachfolger eine solche Alternative fast bis 1961, bis kurz vor der Errichtung der Berliner Mauer, für möglich. Außerdem wissen wir, daß einige Mitglieder des Politbüros 1953, unmittelbar nach Stalins Tod, in ihrer Unsicherheit und Besorgnis dazu neigten, den Amerikanern anzudeuten, daß man über die Teilung Deutschlands, vielleicht sogar über die Teilung Mitteleuropas nochmals verhandeln könne. Der betagte Churchill hielt das ebenfalls für möglich, doch wurde er von Eisenhower und Dulles überstimmt, die keine Verhandlungen wünschten, ebensowenig wie Bundeskanzler Adenauer.

Derweil waren sich die sowjetischen Führer ihrer Verdauungsprobleme durchaus bewußt. Zur ersten offenen Revolte gegen den Kommunismus kam es 1953 in Ostberlin, und noch zuvor hatten die neuen Herrscher in Moskau eine Reform der kommunistischen Führung in Ungarn angeordnet. Der Hauptbefürworter einer solchen Neuverhandlung war Berija, Stalins gefürchteter und verhaßter Chef der Geheimpolizei. (Es ist fast immer der Leiter der Geheimpolizei, der über potentielle Schwierigkeiten am besten Bescheid weiß und daher bereit ist, mit einem mächtigen Feind zu verhandeln: Als Napoleons Herrschaft sich dem Ende zuneigte, war es Fouché, im Falle Hitlers war es Himmler.) Chruschtschow und seine Freunde hatten Berija erschossen, sahen sich aber genötigt, eine Politik des behutsamen territorialen Rückzugs fortzusetzen. 1954 traten sie in Verhandlungen über die Teilung Österreichs ein, also über den gleichzeitigen Abzug der Russen und der Westmächte aus den dortigen Besatzungszonen. Nachdem der Widerstand des mißtrauischen Dulles überwunden war, zogen 1955 die russischen und die amerikanischen (sowie britischen und französischen) Besatzungstruppen aus Österreich ab. Es entstand ein »neutrales« (aber entschieden westliches und nichtkommunistisches) Österreich. Einer der Gründe, der die Russen dazu bewog, auf diese Lösung einzugehen, war ihre sinkende Hoffnung, daß das österreichische Modell sich auf Deutschland übertragen ließe, daß es bei den Westdeutschen Interesse wecken könnte. Dazu kam es nicht, doch die erste eindeutige Phase eines russischen Rückzugs aus der Mitte Europas hatte begonnen. (Im gleichen Jahr gaben sie ihren Flottenstützpunkt in Finnland auf und legten ihren Streit mit Jugoslawien bei.)

Das alles hatte bald Folgen: 1956 kam es zu den Unruhen in Polen und zu der tiefergehenden, kraftvolleren nationalen Erhebung in Ungarn (zu der es nicht hätte kommen können, wenn im Osten Österreichs noch russische Truppen gestanden hätten). Jedenfalls war 1956 *der* Wendepunkt des kalten Krieges. Vielleicht war es sogar schon sein Ende, sofern man unter »kaltem Krieg« die unmittelbare Aussicht auf einen heißen Krieg zwischen amerikanischen und russischen Streitkräften in Europa versteht. Mit Sicherheit endete 1956 die kritischste Phase ihrer Konfrontation. Der Ungarische Aufstand stürzte die russische Führung in eine beispiellose Krise, die schwerste seit dem deutschen Einmarsch im Jahr 1941. Ende Oktober 1956 schien es einige Tage lang, als sei die gesamte sowjetische Sphäre am Rande der Auflösung. Schließlich reagierten die Russen: Sie beschlossen, Ungarn mit Waffengewalt zurückzuerobern. Sie stützten ihre Entscheidung auf einen wesentlichen Faktor: Sie erkannten, daß die Amerikaner ungeachtet aller Propaganda nicht eingreifen würden, daß die Vereinigten Staaten letztlich nicht bereit waren, irgendwelche Veränderungen an der Teilung Europas, also am Status quo, zu riskieren. Chruschtschow (er hatte bereits zu Beginn des Jahres auf dem Parteitag Stalin angeprangert) konnte daher sicher sein, daß Stalin sich geirrt hatte. Die Vereinigten Staaten wollten im Grunde die russische Interessensphäre in Osteuropa nicht in Frage stellen, auf jeden Fall wollten sie dafür nicht das Risiko eines Krieges eingehen. (Oder auch das Risiko, erneut über die Teilung Europas zu verhandeln: Als die Russen den Ungarischen Aufstand niederschlugen, waren Eisenhower und Dulles erleichtert.) Man kann daher sagen, daß ungeachtet der berechtigten weltweiten Proteste gegen die brutale Unterdrückung des Ungarischen Aufstands durch die Russen die Bedingungen für eine Verbesserung der amerikanisch-russischen Beziehungen heranreiften, und es dauerte keine drei Jahre, bis Chruschtschow persönlich in Washington auftrat, zu einem Staatsbesuch, den er mehr als alles andere ersehnt hatte.

Diese Ereignisse des Jahres 1956 hatten zwei weitere Folgen, die ich an dieser Stelle erwähnen muß. Wie stark auch immer die Zugkraft des Kommunismus in Europa gewesen sein mochte – 1956 begann sie endgültig abzubröckeln, setzte ihre Schlußphase ein. Im Westen traten viele Intellektuelle aus den kommunistischen Parteien aus (nach meiner Ansicht zu spät, als daß man es ihnen als Verdienst anrechnen könnte). Zugleich entstand jenes opportunistische, zusehends an Bedeutung verlierende Zwitterwesen namens Eurokommunismus. In Osteuropa und besonders in Ungarn waren einige der intelligenteren Kommunisten zu entschiedensten antikommunistischen Denkern, Schriftstellern, Widerständlern und Dissidenten geworden.

Eine weitere, damit zusammenhängende Konsequenz von 1956 verdient vielleicht unsere Aufmerksamkeit. Es geht um den Aufstieg von Andropow – und letztlich von Gorbatschow – innerhalb der sowjetischen Hierarchie (da der letztere schließlich zum Schützling des ersteren wurde). Andropow war während des Ungarischen Aufstands sowjetischer Botschafter in Budapest. Sowjetischer Botschafter in der Hauptstadt eines zweitrangigen Satelliten, das war an sich ein unbedeutender Posten. Doch Andropow hielt die Augen offen, und was er in jenen Tagen sah, vergaß er nie. Zwei der höchsten Kreml-Persönlichkeiten, Mikojan und Suslow, waren zweimal während des Aufstands nach Budapest eingeflogen, hatten sich aber dem unaufhaltsamen Lauf der Ereignisse nicht entgegenstemmen können, während es Andropow gelang, den Russen aus der Klemme zu helfen. Es ist durchaus möglich, daß er auf die Kádár-Lösung verfallen ist, daß er also einen führenden ungarischen Kommunisten fand, der bereit war, an die Spitze einer neuen, prosowjetischen Regierung und Partei in Ungarn zu treten, der aber nicht die Uhr zurückdrehen und all die Instrumente des kurzsichtigen kommunistischen Terrors wiederherstellen würde, der vor 1956 im Lande geherrscht hatte. Das Politbüro war Andropow dankbar, und deshalb stieg er in immer höhere Stellungen der sowjetischen Regierung auf, bis er schließlich die Führung des staatlichen Polizeiapparats und 1982 die Führung der gesamten Sowjetunion übernahm. Es war Andropow aber auch – wohl nicht zuletzt dank seiner Erfahrungen von 1956 – klar, wie korrupt und wie gefährlich unpopulär die Herrschaft einer bornierten und egoistischen kommunistischen Parteihierarchie sein konnte. Wäre er nicht 1983 gestorben, hätte er wohl selbst einige der Reformen durchgeführt, die Gorbatschow dann einzuleiten begann. Er machte Gorbatschow nicht nur deshalb zu seinem Schützling, weil er dessen politische und administrative Fähigkeiten erkannt hätte – tatsächlich hatte Gorbatschow von Andropow gelernt, so wie Andropow aus dem, was er 1956 in Budapest gesehen hatte, seine Lehren gezogen hatte. Es gibt also einen durchgehenden Faden von dem Mann, der es 1956 als sowjetischer Botschafter vermocht hatte, die ungarische Demokratie niederzuwerfen, zu dem Mann, der etwas mehr als dreißig Jahre später die parlamentarische Demokratie in Ungarn ermöglichte und die letzten sowjetischen Truppen von dort heimholte. »Gott schreibt gerade mit krummen Linien.« Ich führe dieses viel zitierte und von mir sehr geschätzte portugiesische Sprichwort nur ungern an, aber ich glaube, daß es in diesem Fall paßt.

Wie ging der kalte Krieg zu Ende? Seit 1956, vielleicht schon nach 1953 verlor er an Schwung. Doch die Verdauungsprobleme der Russen wurden im Westen nicht genügend verstanden und besonders in den Vereinigten Staaten mißdeutet. Aus den schlechten Tischmanieren der Russen wurde der Schluß gezogen, daß ihr Appetit unersättlich sei, während eher das Gegenteil zutraf: Ihre Verdauung war schlecht. Und das betraf nicht nur die politische Geographie, die übermäßige quantitative Ausdehnung ihrer Sphäre, sondern es betraf unvermeidlich das Wesen des Kommunismus, das heißt seine Qualität. In ganz Europa, besonders in Osteuropa, aber auch in der Sowjetunion verflüchtigte sich, was noch vom Glauben an den Kommunismus übriggeblieben war, bis die Realitäten dieses Verflüchtigungsvorgangs in den achtziger Jahren so offenkundig wurden, daß auch ein Ronald Reagan sie nicht länger ignorieren konnte. In Westeuropa schrumpften die kommunistischen Parteien Jahr um Jahr; in Ländern wie Italien und Spanien waren sie zu kleinbürgerlichen kapitalistischen Parteien geworden, die nur noch dem Namen nach kommunistisch waren. Mutatis mutandis passierte dasselbe in Osteuropa. Eine bestimmte Kategorie von Parteimitgliedern saß zwar noch in den Regierungen, doch war unter ihnen keiner mehr, der wirklich an den Kommunismus (oder auch nur den Marxismus) glaubte. Sie bildeten eine neue Klasse von Funktionären und Bürokraten, die nur noch an der Erhaltung und Sicherung ihrer Macht interessiert waren, die ihnen im Krisenfall nur die Macht der Sowjetunion zu garantieren schien. Einige, zum Beispiel Ceauşescu in Rumänien, wurden zu extremen Nationalisten, was ihnen zumindest eine Zeitlang eine gewisse Popularität eintrug. 1985–86 wurde deutlich, daß die Vereinigten Staaten nicht länger die Legitimität der kommunistischen Führungen in Osteuropa in Frage stellten, daß diese aber auch in schwierigen Situationen nicht auf die unzweideutige Unterstützung Moskaus rechnen konnten. 1989 gaben sie allesamt ihre Macht auf, ohne einen Schuß zu riskieren, geschweige denn abzufeuern. (Die einzige Ausnahme war Rumänien, wo es zu einem allerdings begrenzten Ausmaß von gewalttätigen Auseinandersetzungen kam, weil der Ceauşescu-Clan über einen sehr ausgedehnten Sicherheitsdienst verfügte. Der bestand nicht aus Kommunisten, sondern aus nationalistischen Schlägertypen, die dem nationalen Diktator dienten.)

Ganz ähnlich verhielt es sich auch in der Sowjetunion, wo während des Niedergangs der Breschnew-Herrschaft immer deutlicher wurde, daß die Partei selbst das korrupteste und unfähigste Element im Staat war. Als Gorbatschow an die Macht kam, schrumpften die letzten überzeugten Kommunisten zu einer kleinen Minderheit zusammen. Seine gefährlichsten Gegenspieler waren nicht eiserne Kommunisten, sondern Nationalisten, sowohl unter den Russen wie unter den anderen Völkern: Militärs und ideologische Nationalisten, die es erbitterte, daß nicht die kommunistische Ideologie, sondern die äußeren und inneren Bollwerke des sowjetischen Staates geschleift wurden.

Dies sollte man bedenken, wenn man sich überlegt, was es eigentlich mit den Krisen auf sich hatte, die hin und wieder die amerikanisch-russischen Beziehungen seit 1956 belasteten: Es waren Schluckaufanfälle im Zuge der Verdauung, die das Ende des kalten Krieges hinauszögerten. 1960 schossen die Russen ein amerikanisches Spionageflugzeug ab, die U-2, aber sie schossen es über ihrem eigenen Land ab, nachdem sie die Überfliegung der Sowjetunion durch amerikanische Spionageflugzeuge jahrelang geduldet hatten. 1961 kam die Berliner Mauer, aber dieses monströse Ding diente nicht der Expansion, sondern der Eindämmung – es sollte Zehntausende von Ostdeutschen davon abhalten, sich nach und nach in den Westen abzusetzen. 1962 kam die Kubakrise, aber sie entstand, weil die Russen etwas für Castro tun mußten, da sie nicht bereit gewesen waren, ihn vor einer amerikanischen Invasion zu schützen, auf die die Pläne John Kennedys immer stärker hinauszulaufen schienen. Der Ausgang der Krise zeigte dann, daß den Absichten des Kreml nichts ferner lag, als wegen Kuba einen Krieg mit den Vereinigten Staaten zu riskieren. 1968 ließ Breschnew Truppen in die Tschechoslowakei einmarschieren, doch zuvor hatte er sich vergewissert, daß die Tschechen keinen Widerstand leisten und daß die Amerikaner nicht reagieren würden. Er überwand seine Abneigung gegen dieses Vorgehen, weil er sich Sorgen machen mußte, daß das Verschwinden des Kommunismus in der Tschechoslowakei deren Nachbarn anstecken könnte, und dazu zählte auch die Ukraine als Bestandteil der Sowjetunion. 1980 schickten die Russen Truppen nach Afghanistan, wo einer ihrer Stammeshäuptlinge, nominell ein Kommunist, von einem anderen Stammeshäuptling, dem Namen nach ebenfalls ein Kommunist, ermordet worden war. Ein weiterer Grund war jedoch ihre irrtümliche Befürchtung, Jimmy Carter werde den benachbarten Iran angreifen. Breschnews Militärberater hatten inzwischen eine große russische Kriegsflotte aufgebaut, wie sie die Sowjetunion bis dahin nicht besessen hatte. Im Mittelmeerraum war diese Flotte aber praktisch nicht präsent. Es war die amerikanische Sechste Flotte, die im Persischen Golf und vor der libanesischen Küste patrouillierte und dort 1982 Marinesoldaten absetzte, sechstausend Meilen von Norfolk entfernt und nur wenige hundert Meilen von den Staatsgrenzen der Sowjetunion. Die mächtige russische Flotte schaute aus einer sehr respektvollen Entfernung ruhig zu und tat überhaupt nichts.

Ich möchte nicht falsch verstanden werden. Ein Maulheld wird, wenn er sich bedroht fühlt, aggressiv handeln, aber er bleibt gleichwohl ein Maulheld. Die Führer der Sowjetunion waren weder bescheiden noch pazifistisch. Hinter ihren beunruhigendsten Interventionen standen jedoch defensive Absichten; sie hatten größere interne Schwierigkeiten, als man ahnte oder zuzugeben bereit war; ihr auf Expansion und Eroberung gerichteter Appetit war alles andere als unersättlich. Die Leute an der Spitze der riesigen Washingtoner Behördenapparate, denen alle technologischen und analytischen Informationen zur Verfügung standen, Experten, aber in wachsendem Maße auch Intellektuelle, die in hohe Regierungspositionen aufrückten, sahen diese Dinge entweder gar nicht oder jedenfalls nicht klar genug. Schlimmer noch: Wenn Leute etwas nicht sehen, liegt es oft daran, daß sie es nicht sehen wollen, was für sie bequem und vorteilhaft sein mag. Das galt für viele unserer Präsidenten während des kalten Krieges, von Eisenhower bis Reagan, für bekannte politische Gestalten, von Joseph McCarthy bis Oliver North, und für Experten wie Henry Kissinger, der seine großartige politische Karriere mit der lautstarken Verkündigung einer – nicht existierenden, wie wir inzwischen wissen – Raketenlükke einleitete. Das heißt also, daß der kalte Krieg sich unnötig in die Länge gezogen hat und die Vereinigten Staaten sich in genau jenen militärisch-industriellen Staat verwandelten, dessen drohende Entstehung von einem Redenschreiber in eine der letzten öffentlichen Reden Eisenhowers hineingepackt wurde, mit dem Endergebnis, daß man jetzt zwar die Meinung vertreten kann, die Sowjetunion habe den kalten Krieg verloren, daß es aber zweifelhaft ist, ob die Vereinigten Staaten ihn gewonnen haben.

Aber schließlich haben die Vereinigten Staaten und Rußland nie Krieg gegeneinander geführt – während der beiden Weltkriege waren sie sogar über die längste Zeit Verbündete.

Einer der wichtigsten, vielleicht sogar *der* wichtigste Grund dafür, daß aus dem kalten Krieg kein heißer Krieg oder ein dritter Weltkrieg wurde, bestand darin, daß die breite Masse des amerikanischen und des russischen Volkes keine historische Antipathie gegeneinander empfand. Weit voneinander entfernt, wußten sie wenig übereinander, haßten sie einander nicht. Dieser Faktor war vermutlich wichtiger als die Existenz der schrecklichen Atomwaffen, als nach 1945 große Kriege zwischen den Supermächten fast unvorstellbar wurden. Gewiß war der Antikommunismus eine weitverbreitete Haltung, und es gab auch gewisse antirussisch eingestellte ethnische Gruppen in den Vereinigten Staaten, die auf ein immer aggressiveres amerikanisches Vorgehen gegen die Sowjetunion drängten, doch die große Mehrheit der Amerikaner war nicht nur nicht bereit, einen dritten Weltkrieg ins Auge zu fassen, sie war auch frei von den Gefühlen und Erinnerungen, die historisch verfeindete Nachbarvölker so oft gegeneinander hegen. Noch wichtiger waren vielleicht die Einstellungen des russischen Volkes, genauer, der meisten Völker, aus denen sich die Sowjetunion zusammensetzte. Man darf nicht glauben, unter einer totalitären Diktatur gebe es keine öffentliche Meinung (oder im Volk verbreitete Einstellungen). Alle Diktatoren, Stalin eingeschlossen, wissen, welche Grundeinstellungen in ihren Völkern verbreitet sind. Die Amerikaner genießen bei den Russen seit zwei Jahrhunderten eine größere Wertschätzung als irgendein anderes Volk. (Daß die Schwäche der Russen für die Amerikaner und für amerikanische Dinge oft Illusionen oder einer unzureichenden Kenntnis entspringt, ist eine andere Sache.)

Wir haben gesehen, daß der kalte Krieg 1956 seinen Wendepunkt erreichte, daß es aber über dreißig Jahre gedauert hat, bis er vollständig zu Ende ging. Einer der wesentlichen Gründe für die Fortdauer des kalten Krieges – und für einige seiner blutigsten Episoden – war das unverhoffte Auftauchen kommunistischer Regime an Stellen, wo man nicht damit gerechnet hatte. Bis 1960 waren alle kommunistischen Staaten mit Ausnahme Jugoslawiens und Albaniens Nachbarn entweder der Sowjetunion oder Chinas (oder, wie im Falle Ostdeutschlands, von der sowjetischen Armee besetzt). Ab 1960 entstanden, beginnend mit Kuba, kommunistische oder prokommunistische Regime in den merkwürdigsten Ländern: Äthiopien, Angola, Suriname, Mosambik, Nicaragua, Afghanistan, Grenada. Einige dieser Regime entarteten zu blutigen Gewaltherrschaften bestimmter Stämme, einige waren es von Anfang an. Daß sie sich selbst das Etikett »kommunistisch« aufklebten, bestätigte manchen Amerikaner in der Überzeugung, daß die ganze Geschichte des zwanzigsten Jahrhunderts nichts anderes sei als ein Titanenkampf zwischen Demokratie und Kommunismus. Dabei hatte die Sowjetunion mit diesen »kommunistischen« Revolutionen nichts zu tun. Diese Revolutionen oder Staatsstreiche waren, im Unterschied zu den von Rußland aufgezwungenen kommunistischen Regierungen in Osteuropa, nicht von außen angezettelt und überraschten Moskau ebenso wie Washington. Oft waren sie nicht einmal das Ergebnis einer lokalen kommunistischen Agitation, einer lokalen kommunistischen Partei, lokaler kommunistischer Revolutionäre: Als Fidel Castro zum Beispiel in Havanna einmarschierte, wußte er noch gar nicht, daß er ein Kommunist war (und er sagte es auch nicht). Er war »Kommunist«, weil er Antiamerikaner war, nicht umgekehrt. (Zwanzig Jahre früher, als Deutschland und Italien die Gegner der Vereinigten Staaten waren, hätte Castro sich bestimmt für einen »Faschisten« ausgegeben. Er war unter anderem ein großer Bewunderer von General Franco, und als dieser 1975 starb, rief er eine nationale Trauerwoche in Kuba aus.)

Die Führer der Sowjetunion fühlten sich gegenüber den meisten dieser neumodischen Bundesgenossen zum Beistand verpflichtet – eine Zeitlang. Doch das Verhältnis zu den Vereinigten Staaten hatte für sie absoluten Vorrang gegenüber den Beziehungen zu ihren fernen Bittstellern. Rußland hatte nicht die geringste Absicht, in der westlichen Hemisphäre oder in Afrika größere sowjetische Stützpunkte zu errichten. In den letzten zehn Jahren hat die Mehrzahl dieser »marxistischen« Regime aufgegeben, mit Ausnahme Kubas, dessen *maximo líder* lange vor den achtziger Jahren seine bittersten Enttäuschungen mit der Sowjetunion erlebte. Schließlich hatten die Russen ihn 1962 im Stich gelassen, denn sie waren vom Beginn der Kubakrise an nicht im entferntesten bereit, wegen Kuba einen Krieg mit den Vereinigten Staaten zu riskieren. (Daß die Opportunisten des Kennedy-Hofstaats über zwanzig Jahre brauchten, dies einzusehen, geschweige denn zuzugeben, ist eine andere Geschichte.)

Vor fast zwei Jahrhunderten, rund dreißig Jahre nach der Amerikanischen Revolution, fühlten sich einige Leute in Südamerika hinreichend von dem Beispiel Nordamerikas inspiriert, um ihre eigene Unabhängigkeit von dem fernen und schwachen spanischen Mutterland zu erklären. Hundertsechzig Jahre später war in Washington kaum jemand gewillt einzusehen, daß das eine gemeinsame Element der meisten revolutionären Bewegungen, die an den seltsamsten Orten der sogenannten dritten Welt aufbrachen, in einem auf Stammesgefühlen beruhenden Haß gegen die fremde, in der Regel weiße Herrschaft bestand. Daß dieser Haß in den meisten Fällen ebenso ungerechtfertigt wie kurzsichtig war, steht auf einem anderen Blatt. Ich muß ihn hier aber erwähnen, da er neben anderen Dingen erneut beweist, daß die Ideen und die Zugkraft des Antikolonialismus (genauer: der Stammesnationalismen) länger Bestand hatten als die Idee der proletarischen Revolution der internationalen Arbeiterklasse und daß mindestens zweihundert Jahre lang nicht Rußland, sondern die Vereinigten Staaten die eigentliche treibende Kraft des Antikolonialismus waren – und im zwanzigsten Jahrhundert nicht Lenin und Stalin, sondern Wilson und Franklin Roosevelt.

Die Kubakrise hatte sich kaum gelegt, da bahnte sich in einem anderen Erdteil eine weitere krisenhafte Entwicklung an. Washington beschloß, eine Gefährdung Amerikas darin zu sehen, daß die Nordvietnamesen immer häufiger nach Südvietnam einfielen, also in der Aussicht, daß Teile Indochinas an den »Kommunismus« fielen; deshalb ließ es sich in einen Krieg in Vietnam verwickeln. Die Russen zeigten kein Interesse an Vietnam, sie intervenierten überhaupt nicht, und sie ließen den nordvietnamesischen Brüdern nur äußerst kärgliche Lieferungen zukommen – in den Augen der Russen keine Verwandten, sondern allenfalls ferne Bittsteller. Doch während die Vereinigten Staaten im Sumpf Indochinas versanken, fühlten sich die russischen Führer plötzlich auf zwei Fronten bedroht. Das kommunistische China hatte eigene Atombomben entwickelt, und China übte Druck aus auf die Mongolei, auf Sinkiang und entlang der sechseinhalbtausend Kilometer langen, nicht klar markierten und großenteils nicht zu verteidigenden Landgrenze zwischen der Sowjetunion und China. Anfang 1968 kam es sogar zu einer blutigen Auseinandersetzung an der russisch-chinesischen Grenze. In der Tschechoslowakei, geographisch nicht so weit entfernt, befand sich der Kommunismus in Auflösung. Breschnew beschloß, diesen Prozeß zu stoppen (wir haben gesehen, daß die schwere Entscheidung, in Prag zu intervenieren, im Kreml erst getroffen wurde, als feststand, daß die Tschechen sich nicht wehren würden). Gleichzeitig tastete Moskau in Washington vor, um zu klären, ob die Vereinigten Staaten neutral bleiben würden, falls Rußland einen Präventivschlag gegen China führen würde (der wahrscheinlich auf die nuklearen Anlagen der Chinesen beschränkt bleiben sollte). Der nationale Sicherheitsrat in Washington wies natürlich alle in diese Richtung gehenden Andeutungen der Russen entsetzt zurück. Jetzt kam Richard Nixon, zunächst ein provinzieller, kleinkarierter Politiker, auf die Idee, ein Weltpolitiker zu werden (und auf diesen Beruf pocht er seither). Seine globale Vision wurde unterstützt von dem einem Globus ähnelnden Kissinger, dessen Vorstellungen von einem weltweiten Gleichgewicht der Kräfte bei Nixon Anklang fanden. Er wollte China gegenüber eine Politik der Öffnung betreiben und die chinesische Karte gegen die Russen ausspielen. (Das Gegenteil wäre vermutlich besser gewesen: Sie hätten den Russen sagen sollen, daß es den Vereinigten Staaten gleichgültig wäre, was Rußland mit China machte, wenn die Russen dafür den Tschechen mehr Freiheiten gäben – in diesem Fall wäre der kalte Krieg vermutlich zwanzig Jahre früher zu Ende gegangen.)

Das Ausspielen der chinesischen Karte durch Kissinger und Nixon (und durch Ford, Reagan und Bush) brachte nicht viel, während umgekehrt die Chinesen meisterhaft verstanden, die amerikanische Karte auszuspielen. Auf jeden Fall sind amerikanische Vorstellungen von China als einer Großmacht und als der größte denkbare Absatzmarkt für amerikanische Waren eine in Amerika seit langem gehegte Illusion, die älter ist als die Überlegungen der letzten Präsidenten. Entscheidend für den kalten Krieg war Osteuropa, nicht Asien. Im zwanzigsten Jahrhundert sind die Realitäten der Macht und der Politik im Fernen Osten wechselhafter gewesen als in Europa, wo die Vereinigten Staaten schließlich zweimal an der Seite Rußlands einen Krieg gegen Deutschland geführt haben. Das Kaleidoskop des Fernen Ostens hat sich im zwanzigsten Jahrhundert stärker und häufiger geändert. Mal waren die Vereinigten Staaten mit Japan gegen ein unfreundliches Rußland verbündet, dann wieder waren sie mit Rußland gegen Japan verbündet, es gab Zeiten, da sie mit China gegen Japan verbündet waren, und andere Zeiten, da sie mit Japan gegen China verbündet waren, und schließlich haben sie während der siebziger und während eines Großteils der achtziger Jahre gute Beziehungen sowohl zu Japan als auch zu China gepflegt, als die Russen dazu nicht in der Lage waren. Diese Übergangsphase ist jetzt vorbei. Die Beziehungen Amerikas zu Japan sind nicht mehr, was sie einmal waren, und das gilt auch für die Beziehungen zwischen Japan und China, denen unter all diesen Permutationen die größere Bedeutung zukommt. Es ist sehr gut vorstellbar, daß Japan und China sich einander annähern, vor allem, weil die Japaner das wünschen. Falls es ihnen gelingt – was allerdings noch nicht feststeht –, könnte eine japanisch-chinesische Allianz zur größten Macht der Welt werden, die, zumindest potentiell, Amerika und Rußland gleichermaßen bedroht. Dann werden Amerika und Rußland erneut zu Verbündeten werden.

Am Anfang dieses Kapitels habe ich daran erinnert, daß es selbst unter Stalin eine bestimmte, weitverbreitete Einstellung in Rußland gab, und zum Schluß muß ich an eines der denkwürdigsten Ereignisse in der Geschichte der Sowjetunion erinnern. Am 9. Mai 1945, der für die Russen der Tag des Sieges war, kam es ungeplant und unorganisiert zu einer spontanen Demonstration vor der amerikanischen Botschaft in Moskau, an der fast zweihunderttausend Russen beteiligt waren. Hier zeigten sich die wahren Gefühle eines Volkes, das, sosehr es sich auch über das Ende eines schrecklichen Krieges freute, den Vereinigten Staaten seine Dankbarkeit und Zuneigung zeigen wollte. Es war weit mehr als das Hochlebenlassen eines Verbündeten, es war ein machtvoller Chor des Dankes.

Sechsundvierzig Jahre später sind die Grundelemente dieser Einstellung noch immer da, zu einem Zeitpunkt, da die Regierung der Vereinigten Staaten vor einer Frage steht, die langfristig zu ihrem größten Problem werden könnte: Was werden die Vereinigten Staaten tun, und welche Haltung sollen die Amerikaner einnehmen, wenn Wirklichkeit wird, was sich jetzt als Möglichkeit abzeichnet – daß sich das russische Imperium selbst auflöst?

17. August 1991. *Ich war ein früher Antikommunist. Mit siebzehn Jahren las ich Marx, und ich fand ihn fast durchweg unrealistisch, gelegentlich unlesbar. Über diese intellektuelle*

Erfahrung habe ich in meinen Confessions of an Original Sinner geschrieben, über all die Irrtümer der marxistischen Philosophie an anderer Stelle. Diese Dinge will ich hier nicht rekapitulieren. Ich habe mein Heimatland und meine Familie 1946 verlassen, mit dreiundzwanzig Jahren, noch bevor Ungarn ganz unter kommunistische Herrschaft geriet; daß es wegen der Präsenz der Russen dazu kommen würde, und zwar bald, war mir klar. Die Zukunft, auch meine eigene Zukunft, war Amerika. Ich hoffte verzweifelt, daß die Vereinigten Staaten etwas tun würden, um die Russen aus Ungarn hinauszuzwingen, aber ich war fast sicher, daß das nicht geschehen würde. Dennoch hoffte ich und trat für eine amerikanische Intervention in Osteuropa (genauer: Ostmitteleuropa) ein. Später änderte ich meine Meinung oder vielmehr meine Vorstellungen über das, was wünschenswert war. Ich war, vielleicht als einziger unter meinen emigrierten Landsleuten, zu der Überzeugung gelangt, daß mein Heimatland nicht von einer weiteren Verschlechterung, sondern nur von einer Verbesserung der Beziehungen zwischen den Vereinigten Staaten und Rußland etwas zu erwarten hatte: weil es die russische Herrschaft über Osteuropa nicht schwächen, sondern festigen würde, wenn Amerika Rußland wegen Osteuropas bedrohte; weil solchen Drohungen doch keine Taten folgen würden; weil die Vereinigten Staaten wegen Ungarns ebensowenig einen Krieg mit Rußland riskieren würden (und auch nicht riskieren sollten), wie die Russen wegen Kubas einen Weltkrieg mit den Vereinigten Staaten riskieren würden; weil die Verbesserung der amerikanisch-russischen Beziehungen möglicherweise zu erneuten Verhandlungen über die Teilung Europas, die dann auch Ungarn betreffen könnten, führen konnte. So ist es nicht gekommen, aber nach etwas mehr als vierzig Jahren haben die Russen Ungarn aufgegeben. Vierzig Jahre zuvor dachte ich, daß sie mindestens fünfzig Jahre in Ungarn bleiben würden – ich habe mich um zehn Jahre verschätzt, Gott sei Dank.

Vierzig Jahre zuvor glaubte niemand, auch ich nicht, daß

wir jemals in unser Heimatland zurückkehren könnten, während die Russen noch dort waren. Ich muß hier auf ein interessantes psychisches Phänomen zu sprechen kommen (das für mich auch deshalb interessant ist, weil es ein weiteres Mal das Freudsche Dogma widerlegt, dem zufolge Träume stets und notwendigerweise ein Produkt des Unterbewußtseins sind, während es im Gegenteil Bewußtseinsinhalte sind, die in ihnen wieder auftreten). Nachdem ich aus Ungarn geflohen war, hatte ich alle paar Wochen einen wiederkehrenden Traum. Nach einiger Zeit störte dieser Traum meinen Schlaf alle paar Monate, und vor etwa dreißig Jahren hörte dieser Traum dann ganz auf. In diesem Traum war ich wieder in Ungarn, zu Besuch, aber es war mir überdeutlich bewußt, daß es leichtfertig und töricht von mir war, zurückzukehren; ich konnte das allen meinen Freunden und Verwandten am Gesicht ablesen; die kommunistische Polizei war mir auf den Fersen; bald würde man mich verhaften und nie wieder herauslassen. Ich erfuhr dann, daß viele, die mit mir emigriert waren, von dem nämlichen Traum heimgesucht wurden (ein Phänomen, das nicht nur der Freudschen, sondern auch der Jungschen Lehre zuwiderläuft, da es nichts mit dem kollektiven Unbewußten zu tun hatte; es war das Produkt des Bewußtseins ähnlicher Erfahrungen und ähnlicher Befürchtungen). Diese Träume verschwanden im Lauf der Zeit, aber auch, weil der Eiserne Vorhang selbst rostete. Mindestens zwanzig Jahre vor dem endgültigen und tatsächlichen Niederreißen des Eisernen Vorhangs wurde nämlich etwas möglich, wovon wir nicht einmal zu träumen gewagt hätten: Wir konnten völlig unbehelligt in unser Heimatland reisen. Die meisten von uns, ich eingeschlossen, haben es wiederholt getan. Uns allen ist von diesen Reisen eine bewußte Erfahrung in Erinnerung geblieben: die Erleichterung, die wir empfanden, wenn wir Ungarn verließen, wenn wir den letzten ungarischen Grenzposten passierten und vom Mietwagen aus oder durch das Fenster des Zuges, der allmählich Fahrt gewann, die erste österreichische Grenzmarkierung oder Zollschranke in den Blick kam.

Jetzt ist auch das Vergangenheit. Ich war mehrfach zu kurzen Besuchen nach Ungarn zurückgekehrt, bis ich 1987 mehr als zwei Monate dort verbrachte, um in der neuen Nationalbibliothek zu lesen und Recherchen für mein Buch Budapest 1900 *zu machen. Damals war ich fast sicher, daß die letzten Spuren der kommunistischen Herrschaft bald verschwunden sein würden und daß allenfalls einige russische Militärstützpunkte zurückbleiben würden. Meine Freunde in Ungarn waren pessimistischer, aber das beruht vielleicht auf dem traditionellen Nationaltemperament. Drei Jahre später kehrte ich nochmals zurück, um an der Eröffnung eines frei gewählten ungarischen Parlaments teilzunehmen – darüber bald mehr. Anfang 1991 kehrte ich zurück, um ein Semester an der Universität Budapest zu lehren. Im Juni 1991, wenige Tage nachdem ich mein Heimatland verließ, um nach Hause zu fahren (achten Sie bitte auf die Bedeutung dieser nebeneinanderstehenden Begriffe, die so klingen, als wären sie ein Oxymoron, was sie aber nicht sind), sollten die letzten russischen Truppen Ungarn verlassen. Für diesen Tag war eine große nationale Feier geplant, ein Fest, bei dem alle Kirchenglocken läuteten. Mir gefiel das nicht. Es war nicht nötig, die Russen zu beleidigen. Rußland würde trotz allem ein großes Land bleiben, und ein Nachbar Ungarns. Ich habe nie eine besondere Vorliebe für die Russen und nie etwas anderes als Verachtung für den Kommunismus empfunden. Aber ich habe in meinem ganzen Leben, in den Vereinigten Staaten ebenso wie in Ungarn, viel über die gefährlichen Torheiten des Antikommunismus erfahren, seine obsessive Erhebung zu einer allgemeinen Ideologie, so als wäre er gleichbedeutend mit Patriotismus, was er nicht ist.*

»Die wahnwitzige Angst vor dem Sozialismus treibt den Bourgeois Hals über Kopf in die Arme des Despotismus.« Das schrieb Tocqueville 1852, vier Jahre nachdem er gegen die sozialistischen Arbeiter und die radikalen Revolutionäre in den Straßen von Paris angegangen war. Ein Jahrhundert später war der Antikommunismus nicht bloß einer wahnwitzigen Angst zuzuschreiben, und er war nicht auf den Bourgeois beschränkt. Oft war er gerade unter den Arbeitern am stärksten verbreitet, besonders in den Vereinigten Staaten. (Marx wußte nicht nur nichts vom Nationalismus des Proletariats – was für ein antiquiertes Wort! –, er hatte auch keine Ahnung davon, wie sehr es auf Achtbarkeit aus ist.) Mussolini und Hitler und eine Unmenge von Diktatoren hätten nicht an die Macht kommen können ohne die populäre Zugkraft des Antikommunismus.* Es ist töricht zu glauben, der Antikommunismus speise sich hauptsächlich aus der Sorge der Menschen um ihre finanzielle Sicherheit. Seine Verbreitung hat sehr viel mehr mit emotionalen Gründen zu tun.

Die Psychologie des Antikommunismus ist ein komplexes Problem, das noch nicht die gebührende Aufmerksamkeit gefunden hat. In Ländern und an Orten, wo Kommunisten oder deren Satelliten an der Macht sind, sprechen aus fast jeder privaten (und, seltener, öffentlichen) Äußerung, die sich gegen den Kommunismus richtet, eine unbedingte Wahrheitsliebe, eine gewisse Redlichkeit und, man darf es ruhig sagen, Mut (um genauer zu sein: Verachtung und Abscheu vor offiziellen und herrschenden Unwahrheiten). Dort, wo nicht die Kommunisten herrschen, deutet eine Identifikation mit dem Antikommunismus auf eine Art Selbstzufriedenheit hin, deren Quelle sehr oft das Verlangen nach Achtbarkeit ist, der Wunsch, seine Zugehörigkeit zur Mehrheitsmeinung und zur wahren nationalen Gemeinschaft zu unterstreichen. Ich

* Ende November 1932 Hitler zu Hindenburg: »Die Bolschewisierung der Massen schreitet rasch voran.« Er wußte, daß das nicht stimmte. Er wußte auch, daß Hindenburg und die Konservativen durch dieses Argument zu beeindrucken waren. Neun Jahre zuvor war sein Putschversuch in den Straßen von München abgeschmettert worden; jetzt wollte er auf legale, verfassungsmäßige, demokratische Weise zum Herrscher über Deutschland werden, nicht gegen den Widerstand, sondern mit der Unterstützung der angesehensten Kreise Deutschlands – zumindest teilweise aufgrund ihres Antikommunismus.

habe in meinem Leben viele opportunistische Mitläufer des Kommunismus gesehen (und nicht nur in den zwielichtigen Jahren 1945–46 in Ungarn); ich habe leider in den Vereinigten Staaten noch mehr opportunistische Antikommunisten gesehen, darunter viele ehemalige Linke. Ich denke, ich habe an anderer Stelle schon das eine oder andere über dieses unappetitliche Phänomen gesagt. Hier möchte ich nur unterstreichen, daß die Ideologie des Antikommunismus zur Verlängerung des kalten Krieges beigetragen hat. Die Gleichsetzung des Antikommunismus mit dem amerikanischen Patriotismus hat gelegentlich den traditionellen amerikanischen Freiheiten Schaden zugefügt,* und sie hat sehr stark zur Entstehung des militärisch-industriellen Komplexes in Amerika beigetragen. Die zwanghafte Fixierung auf den Kommunismus hat den eigentlichen Anlaß des kalten Krieges, der kaum etwas mit dem Kommunismus zu tun hatte, verschleiert. Dieser Anlaß bestand in der Präsenz russischer Streitkräfte dort, wo sie nicht hingehörten. Jetzt ist der kalte Krieg zu Ende, aber viele dieser zweifelhaften Patrioten versuchen es weiter: Mit den Rückzügen der Russen nicht zufrieden, setzen sie ihre Propaganda fort und fördern die Auflösung des eigentlichen, traditionellen russischen Staates, versuchen sie sich und anderen einzureden, daß es das vorrangige Interesse – und die Aufgabe!** – der Vereinigten Staaten sei, ihr Verfassungssystem und ihre Philosophie zu verbreiten und den meisten Ländern der Welt aufzuzwingen, darunter Rußland, das auf der anderen Seite der Erdkugel liegt.

* Einige Beispiele aus meinen Unterlagen. Der antimilitaristische (aber deutschfreundliche) Mencken 1947: Wir sollten gegen »die russischen Barbaren« in den Krieg ziehen. Als Truman 1951 MacArthur entließ, faßte die Legislative des Staates Michigan die folgende Resolution: »Der Weltkommunismus hat den größten Sieg des Jahrzehnts errungen.« (In Los Angeles ordnete der Stadtrat an, die amerikanische Flagge auf Halbmast zu setzen.) Joseph McCarthy zu demselben Vorgang: »Der größte Sieg, den die Kommunisten je errungen haben«. Senator William Jenner von Indiana: In der Trumanadministration säßen im Grunde »Agenten der Sowjetunion«.

** Midge Decter: »Amerika sollte der Polizist der Welt sein.« Eine Äußerung eines amerikanischen Intellektuellen, anno 1991.

IV
RUSSLAND. DIE GRENZE

19. August 1991. *Um acht Uhr morgens klingelt das Telefon. Es ist Jim McBride, der erklärt, Gorbatschow sei abgesetzt, ein neues Staatskomitee für den Ausnahmezustand habe die Macht in Moskau übernommen, mit Janajew. Meine erste Reaktion: Das wird nicht von langer Dauer sein.*

20. August, nachmittags. *Mir scheint, daß dieser Staatsstreich schon seinen Schwung verloren hat.*

21. August. *Der Staatsstreich ist gescheitert. Das ist bemerkenswert und gut, aber die eigentlichen Probleme und Schwierigkeiten fangen erst an. George Kennan sagt, dies sei noch bemerkenswerter als 1917. Das trifft in einem bestimmten, bedeutsamen Sinne zu: Auch ich fühle mich ermutigt durch den Widerstand, den junge Russen in Moskau und Leningrad geleistet haben: Dies könnte etwas Neues in der Geschichte dieses riesigen, unglücklichen Landes sein.*

Das endgültige Aus für den Kommunismus usw. Aber Rußland? Das Russische Reich? Gibt es nicht eine gewisse Parallele zum März 1917? Nur haben Gorbatschow und Jelzin mehr Format als Leute wie Kerenski. Außerdem haben die russischen Nationalisten keine starke Führerpersönlichkeit, jedenfalls nicht im Augenblick. Doch dieser ganze Putsch, diese drei Tage, waren nur ein kurzer Moment in der Geschichte der Auflösung des Russischen Reiches.

An einem Abend im Mai 1991 war ich auf dem Budapester Ostbahnhof, dem Keleti, und wartete auf meinen Stiefsohn, der mit dem Zug aus Wien kommen sollte. An einem der beiden Hauptbahnsteige stand ein langer Zug. Budapest–Lemberg–Moskau, voll mit sowjetischen Soldaten, Offizieren, ihren Frauen, die aus Ungarn abzogen. Die großen grünen russischen Waggons waren überfüllt, verschmutzt, Leute wuchteten ihre billigen Koffer und ein Bündel nach dem anderen die Stufen des Wagens hinauf und durch die Fenster des Ganges. Die Ärmlichkeit ihrer Uniformen, der Kleider der Frauen, ihr Gepäck, der Zug, das alles hatte etwas Mitleiderregendes. Sie bahnten sich den Weg durch die vollgestopften Gänge zu ihren Abteilen, richteten sich dort ein, ließen ihr Besatzungsleben in Ungarn ohne Bedauern hinter sich.

Sie waren nicht anziehend, diese Russen. Dennoch waren sie mir lieber als die Unterwelt, die sich jetzt in den einst so monumentalen, romantischen Hallen des Keleti breitmacht, das vor hundert Jahren zu den architektonischen Wundern Mitteleuropas zählte: eine Unterwelt aus kleinen Kriminellen, Taschendieben, vielen Arabern, Rumänen, Zigeunern, vermischt mit dem Gewimmel des nunmehr grenzenlosen Ghettos des kriminellen Pöbels von Budapest – eine unheimliche Masse. Sie waren der Abschaum der Heimatlosen, heimatlos aus freien Stücken, nicht durch ein grausames Schicksal. Die Russen – sie fuhren heim.

Jene Russen auf dem Zug nach Rußland waren die letzte schäumende Woge einer zurückweichenden Flut. Die östlichen Menschen, die auf dem Bahnhof umherwimmelten, waren die erste schäumende Woge einer aus dem Osten heranrollenden Flut, nomadisch oder beinahe nomadisch, einer Flut, deren Ausmaß noch nicht absehbar und meßbar ist, eine große Wanderung, die Ungarn und Europa erdrükken könnte. Eine andere Flut, und hinter ihnen steht vielleicht eine große asiatische Flut, die nach Westen rollt – wenn es dazu kommt, wird Rußland die äußere Brustwehr sein, der Schild. Die Russen: das Bollwerk der westlichen Zivilisation, der weißen Rasse in Europa. Dieses Zukunftsbild ist nicht mehr undenkbar, nicht mehr unplausibel.

1943 schrieb Louis-Ferdinand Céline, die deutsche Armee an der Wolga sei das letzte Bollwerk Europas; danach die Sintflut, les Chinois à Brest. *Er meinte nicht Brest-Litowsk an der polnisch-russischen Grenze, sondern Brest am westlichsten Ausläufer der Bretagne, Europas. Er klagte darüber, daß die Deutschen die Schlacht von Stalingrad verloren hatten und daß anschließend ihr Rückzug nach Westen begann. Er hat sich in dieser Hinsicht getäuscht. Die Chinesen sind nicht in der Bretagne, und die Russen sind sogar aus Berlin, ja aus ganz Osteuropa verschwunden. Und sollten sich einmal die Usbeken, Turkmenen und Mongolen, die Vorhut von* »les Chinois« *auf den Weg nach Westen machen, wird den Russen die historische Aufgabe zukommen, sie aufzuhalten. Rußland, die neue Grenze dessen, was von der westlichen Zivilisation übrigbleibt. Beim letzten Mongoleneinfall in Europa, im dreizehnten Jahrhundert, ging der Fall Kiews der Schlacht von Liegnitz voraus. Es mag sein, daß diese Abfolge sich nicht wiederholt. Aber ich bin Historiker, kein Prophet.*

Rußland und die Vereinigten Staaten. Tocqueville schrieb vor hundertsechzig Jahren über diese großen Mächte außerhalb Europas, deren eine für die Freiheit, die andere für die Knechtschaft stand, jede mächtig genug, »die Geschicke des halben Globus zu lenken«. Damit ist es jetzt vorbei. Die Vereinigten Staaten sind nicht länger die einzige Verkörperung einer freien Demokratie, und Knechtschaft in Rußland, speziell die Art von Knechtschaft, die dort zu Tocquevilles Zeiten noch existierte, gehört auch der Vergangenheit an. (Die Knechtung durch Technologie und Bürokratie und der innere und äußere Aufstieg der neuen Barbaren bedrohen beide, doch das ist eine andere Geschichte, das Problem des einundzwanzigsten Jahrhunderts.)

Rußland und die Vereinigten Staaten haben, wie ich oben schrieb, nie Krieg gegeneinander geführt. In den beiden Weltkriegen waren sie miteinander verbündet, gegen Deutschland. (Und in einem gewissen Sinne gegen Japan.)

Außerdem ist es nicht nur so, daß das russische und das amerikanische Volk nie Abneigung gegeneinander empfunden haben. Sie haben auch gewisse Gemeinsamkeiten.

Ein interessantes Element: die große arktische und subarktische Verwandtschaft von Russen und Amerikanern am Nordrand des Pazifiks. Alaska und Sibirien. Die Russen waren 1867 bereit, den Amerikanern Alaska für einen Spottpreis zu überlassen (in der vergeblichen Hoffnung, dadurch die Vereinigten Staaten im fernen Westen in einen Konflikt mit Großbritannien zu bringen). Eine erschöpfende historische Darstellung der phantastischen Geschichten über Kontakte, die von 1919 bis 1924 zwischen Alaska und Sibirien liefen, steht noch aus. Der Eiserne Vorhang war bereits (fünfundzwanzig Jahre bevor Churchill diesen berühmten Ausdruck verwenden sollte) an den westlichen Grenzen des verkleinerten Russischen Reiches heruntergerasselt. Im Fernen Osten dauerte es dagegen weitere drei bis fünf Jahre, bis Moskaus Herrschaft gefestigt war. Währenddessen gab es zwischen Alaska und Ostsibirien alle erdenklichen faszinierenden Kontakte, trieben dort Pelzhändler, Piraten, Gelegenheitsarbeiter und ambitionierte Verbrecher aller Art ihr Unwesen. (Ganz zu schweigen von der Tatsache, daß die unübersehbare amerikanische Militär- und Marinepräsenz in Wladiwostok bis Ende 1920 die Japaner davon abhalten sollte, sich einen Teil des russischen Fernen Ostens unter den Nagel zu reißen.) Gerade jetzt lese ich, daß Alaska damals beschloß, dem russischen Volk Tausende Tonnen Alaskalachs als Geschenk zu schicken.

Als 1904 der Russisch-Japanische Krieg ausgebrochen war, waren Presse und öffentliche Meinung in Amerika antirussisch eingestellt, wegen der Dinge, die sie über zaristische Verfolgungen und Pogrome gehört hatten. Es gab eine Fülle von Karikaturen von der Art »der tapfere kleine Japs trommelt auf den russischen Bären ein«. Um dieser Stimmungsmache entgegenzutreten, kam der russische Außenminister Witte nach New York. Das war unnötig, denn Theodore Roosevelt wußte, was als Staatsmann von ihm erwartet wurde. Die Japaner waren an der koreanisch-mandschurischen Front siegreich, die Seeschlacht hatten sie mühelos gewonnen, doch in Portsmouth gelang es Roosevelt, ihre Eroberungen zu begrenzen. Es lag nicht im amerikanischen Interesse, daß die russische Macht im Fernen Osten zerfiel und durch ein gigantisches japanisches Imperium ersetzt wurde.

1945 hob das gesamte amerikanische Militär einschließlich all der später so lautstarken Antikommunisten, darunter auch General MacArthur, die Rote Armee in den Himmel, denn man wünschte, daß Stalin in den Krieg gegen Japan eintrat. 1905 hatte Lenin den japanischen Sieg über das zaristische Rußland bejubelt. Im August 1945 rief Stalin in seinem Tagesbefehl an die russische Fernost-Armee die Offiziere und Soldaten auf, die Schande der vierzig Jahre zuvor von Japan zugefügten russischen Niederlage auszulöschen.

Stalin war ein russischer Nationalist. Es war nicht der Kommunismus, es waren nicht kommunistische Revolutionen, sondern es war Stalins Wunsch, die russische Eroberung Osteuropas, die Teile von Mitteleuropa einschloß, zu festigen und auf Dauer zu stellen, der zur Teilung Europas und zum kalten Krieg führte. Die verheerenden Auswirkungen des ideologischen Denkens und der Propaganda – des Prokommunismus wie des Antikommunismus – machten das weitgehend vergessen (vielfach bis heute). Eine unkritische Einstellung zu Rußland während des Krieges und auch noch einige Zeit danach trug dazu bei, daß die Amerikaner nicht bereit waren, den Eroberungen Stalins eine klare Grenze zu setzen. Franklin Roosevelts Idee, außenpolitisch eine Stellung zwischen Stalin und Churchill zu beziehen (und sich bei entscheidenden Gelegenheiten von dem letzteren zu distanzieren), entsprach der damals in Amerika verbreiteten Ansicht, die amerikanische Demokratie stehe historisch, politisch und vielleicht sogar sozial irgendwo zwischen einer älteren, von den Briten verkörperten Welt und dem zwar etwas primitiven, aber doch in mancher Hinsicht bewundernswerten radikalen Pionierexperiment der Sowjetunion. Das Magazin *Life* (dessen Verleger Henry Luce das »American Century«, das amerikanische Jahrhundert, ausgerufen hatte) brachte 1942 ein ganzseitiges Bild von Lenin mit der Unterschrift: »Dies ist vielleicht der größte Mann des Jahrhunderts«. 1953 bemühte *Life* die Theologie und erklärte, der Kommunismus sei eine »Todsünde«, während der McCarthyismus nur eine »läßliche Sünde« sei. Viele Amerikaner scheinen vergessen zu haben, daß ohne die russische Armee Hitler eventuell seinen Krieg gewonnen hätte. Für viele war der Antikommunismus nicht bloß ein Bestandteil des amerikanischen Patriotismus, sondern mit diesem identisch geworden – er war zu einer Ideologie geworden, die von anständigen Leuten ebenso verbreitet wurde wie von konvertierten Intellektuellen und einer vielfältigen Fauna von Opportunisten. Dieser ideologische Zement hielt die amerikanische »konservative« Bewegung und die republikanische Partei zusammen – ein Zement, der sich jetzt möglicherweise auflöst.

Gleichwohl ist das russisch-amerikanische Verhältnis einfacher, weniger kompliziert als das russisch-europäische Verhältnis. Da ist einmal die Distanz: Rußland grenzt an Europa, nicht an die Vereinigten Staaten, außer an dem abgelegenen, marginalen Zipfel, wo sich Alaska und Sibirien berühren. Da ist die langwierige historische Belastung: tausend Jahre der Kontakte, Feindschaften, Bündnisse, tiefgehenden Differenzen und Anziehungen zwischen Rußland und Europa. Zwischen den Vereinigten Staaten und Rußland waren derartige Kontakte in den letzten zweihundert Jahren seltener, und sie waren unbedeutender. (Auch kulturell: Das russische Interesse an zweitrangigen amerikanischen Schriftstellern wie Jack London und Hemingway. Poes Einfluß auf Baudelaire ging mehr in die Tiefe.) Die russisch-amerikanische Feindschaft des kalten Krieges, während dessen die beiden Staaten einander als ihre jeweiligen Hauptfeinde in der Welt (und am Himmel) betrachteten, bildete nur ein kurzes Kapitel ihrer

Geschichte, das jetzt abgeschlossen ist. Und auch in jener Zeit haben sie einander (ungeachtet all der Raketen) nicht direkt bedroht.

In den tausend Jahren russisch-europäischer Beziehungen lösten Feindschaft und Freundschaft, Abstoßung und Anziehung, Furcht und Hoffnung, Invasionen und Rückzüge, Isolation und Teilnahme einander ab. Dabei ist »Europa«, anders als die Vereinigten Staaten, natürlich nichts Einheitliches. Gelegentlich war Rußland mit Preußen und Deutschland verbündet, auf Kosten Polens, gelegentlich mit Polen gegen Deutschland; mal war es mit Britannien (beziehungsweise Frankreich) verbündet, mal bedrohte es Britannien (und befand sich sogar im Krieg mit Britannien und Frankreich, auf der Krim, 1854–56). 1612 waren die Polen in Moskau. 1814 galoppierten Kosaken über die Champs-Élysées, und vier Pariser Bezirke hatten russische Militärgouverneure. 1941 standen die Deutschen vor Moskau, 1942 erreichten sie die Wolga und den Kaukasus. 1945 nahmen die Russen Berlin. Keiner dieser extremen geographischen Ausfälle sollte Bestand haben. Doch ist hier nicht der Ort, die Geschichte oder die einzelnen Elemente des Verhältnisses Rußlands zu Europa zu resümieren, einschließlich der kulturellen Beziehungen, über die gedankenreiche Bücher geschrieben worden sind. Hier geht es um eine unverrückbare Tatsache. Rußland grenzt, was auch immer geschehen mag, nicht nur an Europa – es bildet die Grenze zwischen Europa und Asien. Das kommunistische Regime in Rußland war eine Anomalie. Trotz all der großen alternierenden Schwankungen bewegt die Geschichte sich nicht wie ein Pendel. Es gibt keine exakte Wiederholung, keine präzise Rückkehr zu einem vorherigen Zustand. Langfristig wird Rußland europäischer (und auch amerikanischer).

Was sich im November 1917 in Petrograd vollzog, war mehr als ein kommunistischer Staatsstreich. Es war Rußlands Rückzug aus Europa. Die Urheber jener Revolution verkündeten, das alte Rußland sei zu »asiatisch«, also nicht europäisch genug. Sie behaupteten, der Marxismus, die radikalste aller revolutionären Ideologien, die aus »Europa« kamen, müsse an Rußland angepaßt werden. Das Gegenteil geschah. Rußland zog sich aus Europa zurück – geographisch, physisch, politisch, sozial, ideologisch. Schon Lenin war zu diesem Rückzug gezwungen. Sein Nachfolger Stalin verachtete europäische Ideen, einschließlich des internationalen Kommunismus. Im Unterschied zu Lenin, der ein Revolutionär, aber kein Staatsmann war, war Stalin ein Staatsmann und kein Revolutionär. (Revolutionäre geben selten gute Staatsmänner ab.)

1939 drang Stalins Rußland wieder in Osteuropa ein. Stalin, der einsame Herrscher des einzigen kommunistischen Staates der Welt – sein Rußland ein Paria in den Augen vieler Regierungen und Völker –, entdeckte plötzlich, daß Frankreich, Britannien, sogar Hitlers Deutschland im Hinblick auf einen kommenden Krieg das Bündnis mit ihm suchten. Er fand, daß sein Rußland von einem Pakt mit Hitler, dem Apostel des Antikommunismus, mehr profitieren könne als von Frankreich und Britannien. Er hatte mehr Respekt vor Hitler als vor den Demokraten und Liberalen und kapitalistischen Führern Westeuropas. Auf diese Weise gewann sein Rußland fast die Hälfte Polens zurück, die baltischen Staaten, ein Stück von Finnland, Bessarabien und die Bukowina von Rumänien – fast alles, was Lenin verwirkt hatte. Bei einer Gelegenheit erklärte Stalin dem Außenminister Hitlers, er, Stalin, verstehe Asien und die Asiaten besser, als die Europäer sie verstünden (das mag zugetroffen haben). Bei einer anderen Gelegenheit, 1941, erklärte er dem japanischen Außenminister, mit dem er einen Vertrag unterzeichnete: »Auch wir sind Asiaten.« Hitler, den er mochte, bewunderte, respektierte, fürchtete, griff ihn 1941 an. Für einen Augenblick schien es Stalin, als sei alles verloren. Dann kam eine Wende. Die russischen Soldaten, das russische Volk, der russische Schlamm, Schnee und Eis – und das Bewußtsein, daß sie nicht allein waren, daß sie Briten und Amerikaner zu Verbündeten hatten – stoppten die Deutschen. 1945 waren die Russen in Berlin, Wien und Prag, und sie waren die Herren über einen Großteil Osteuropas. Mit Macht brachen sie in Mitteleuropa ein. Fünfundvierzig Jahre später zogen sie sich wieder von dort zurück.

Aber das war nicht alles. Wie so oft in der russischen Geschichte waren die äußeren und inneren, die physischen und die mentalen Beziehungen Rußlands zu Europa nicht synchronisiert, sondern gegenläufig.

Peter der Große versuchte aus Rußland einen europäischen Staat zu machen. Er packte sein primitives, flegelhaftes Rußland beim Kragen und stieß es vorwärts (das heißt westwärts). Er trieb Rußland bis an die Ostsee vor, er nahm Schweden die heutigen Gebiete Estlands und Lettlands ab, er schuf eine neue Hauptstadt, St. Petersburg, in den Sümpfen und Marschen. Gleichzeitig mit dieser militärischen und geographischen Verschiebung in Richtung Europa schuf der Zar Institutionen, die europäischen Vorbildern nacheiferten. Doch Peters Methoden (und auch der Charakter einiger seiner neugeschaffenen Institutionen) blieben von den Gewohnheiten, Bräuchen und Praktiken der meisten europäischen Staaten seiner Zeit weit entfernt. Er »europäisierte« Rußland mit nichteuropäischen Methoden.

Dennoch, der russische Staat – nicht das Land, nicht die Nation, nicht das Volk, nicht die Kirche – wurde im achtzehnten Jahrhundert Teil des europäischen Staatensystems. Während des Jahrhunderts vom Tod Peters des Großen bis zum Tode Napoleons haben verschiedene europäische Mächte das Eintreten russischer Armeen in europäische Kriege und Länder arrangiert, haben darum ersucht und bisweilen dafür bezahlt. Immer wieder zogen russische Soldaten durch Preußen, Böhmen, Sachsen, Ungarn nach Westen, bis hin zur Schweiz, nach Holland, Italien und Frankreich. Doch sie blieben nicht, und diese kurzen militärischen Bewegungen entsprachen nicht dem inneren Rußland, einem Land, das von Westeuropa fast so abgeschnitten und fremd blieb wie zuvor.

Von längerem Bestand war die weitgehende Westverschiebung des Russischen Reiches selbst: Peters Nachfolger erwarben die Krim, die Moldau, einen Großteil Polens, das heutige Litauen und Finnland. Während des neunzehnten Jahrhunderts kam es zu einem Wandel. Erstmals wurden russische Musik, russische Literatur, russische Kunst und Gelehrsamkeit genießbar, verständlich und zugänglich für Europäer und Amerikaner. Diese Expansion war sowohl in ihren Ausmaßen wie in ihren Inhalten bemerkenswert. Gleichzeitig kam während des neunzehnten Jahrhunderts die Verschiebung der russischen Grenze in Richtung Europa weitgehend zum Stillstand. Rußland expandierte im Kaukasus, in Asien, nach Süden und Osten. Jetzt war Rußland zwei Anziehungskräften gleichzeitig ausgesetzt – Europa und Asien. (Es ist kaum bekannt, daß die Einteilung in ein »europäisches« und ein »asiatisches« Rußland sich erst nach 1830 einbürgerte, als ein deutscher Geograph den Ural und den Kaukasus zur östlichen Grenze »Europas« erklärte, obwohl die am Ural gezogene Hauptgrenze keiner administrativen Grenze innerhalb Rußlands entsprach und entspricht.)

1918 zog sich der russische Staat geographisch und politisch aus Europa zurück. Die Revolution von 1917 vollzog sich in St. Petersburg, doch 1918 verlegten die Bolschewiki, vor allem aus militärischen Erfordernissen, die Hauptstadt wieder nach Moskau, das vor der Zeit Peters des Großen Sitz der Zaren gewesen war. Es blieb Hauptstadt. St. Petersburg wurde, nach einer kurzfristigen Umbenennung in »Petrograd«, zu »Leningrad«. 1991 wurde es wieder zu St. Petersburg.

Es ist jedoch unwahrscheinlich, daß es wieder zur Hauptstadt Rußlands werden wird. Das Schwanken zwischen einem »europäischen« und einem »eurasischen« Rußland, zwischen den Petersburger und den Moskauer Perioden der russischen Geschichte ist jetzt vorüber. Der Verlauf der russisch-osteuropäischen Grenzen hat sich im Laufe der Jahrhunderte ständig verändert, und er mag sich auch künftig verändern; doch hat Rußland eine andere Wahl, als immer »europäischer« zu werden, im guten wie im bösen Sinne des Wortes? Das wird von Europa abhängen, nicht von Rußland, davon, was »Europa« – und »Amerika« – bedeuten werden.

Die Sympathisanten des kommunistischen Rußland haben dies ebensowenig verstanden wie seine besessenen Feinde. Die ersteren haben in Rußland lange einen ideologischen Prototyp einer neuen marxistisch-sozialistischen Gesellschaft gesehen und dabei die Tatsache übersehen, daß eine Nation ein *kultureller* Prototyp ist, daß die Russen letztlich doch sehr russisch geblieben sind. Die letzteren haben in Rußland den Glutherd der internationalen Revolution gesehen, lange nachdem Stalin gezeigt hatte, daß er daran kaum interessiert war.

Kaum ein Staatsmann des zwanzigsten Jahrhunderts hat den internationalen Kommunismus so verachtet wie Stalin. Sein Regime bietet ein letztes Beispiel für die merkwürdige Nichtabstimmung und die Differenzen zwischen der russischen Außen- und Innenpolitik. Wegen der wachsenden Macht und Gefährlichkeit des Dritten Reiches schloß Stalins Rußland 1935 einen Bündnisvertrag mit Frankreich (und der Tschechoslowakei) – gleichzeitig beschloß die Kommunistische Internationale die sogenannte Volksfrontpolitik, die ein Bündnis aller »antifaschistischen« Kräfte forderte. Aber das war für Stalin alles Außenpolitik. Innerhalb der Sowjetunion begannen seine Säuberungen. Deren entsetzliche Tatsachen wurden auf erbärmliche und unehrliche Weise nicht nur von Prokommunisten, sondern auch von allen möglichen sonstigen Leuten in der westlichen Welt ignoriert. Das ist mittlerweile weithin bekannt. Was bis heute mißverstanden wird (und zwar selbst von Antikommunisten, angefangen mit Koestlers melodramatischer und unsinniger Interpretation in

Sonnenfinsternis), ist der eigentliche Zweck, den Stalin mit den Säuberungen verfolgte. Die meisten Kommentatoren und Historiker haben sie als Äußerungen der Paranoia eines Diktators gedeutet. Daran ist etwas Wahres. Was aber mit den Säuberungen tatsächlich erreicht wurde, war die Ersetzung einer älteren kommunistischen Partei-(und Militär-)Bürokratie durch eine neuere Staatsbürokratie, die einen gemeinsamen Nenner hatte: ihre völlige Abhängigkeit von Stalin und seinem Staat. Stalins Außenkommissar Litwinow durfte zwischen 1935 und 1939 noch die »kollektive Sicherheit« gegen Hitler und den »Faschismus«, Respekt vor dem Völkerbund und Zusammenarbeit mit allen demokratischen und liberalen Kräften und Staatsmännern im Westen predigen und befürworten. Gleichzeitig wurden in der Sowjetunion Zehntausende von Internationalisten und anderen alten Bolschewiki innerhalb der Kommunistischen Partei verhaftet, eingesperrt und ermordet. Mit dieser Diskrepanz war 1939 Schluß, die Säuberungen endeten, auch mit der »kollektiven Sicherheit« und mit Litwinow war es vorbei, und Stalin optierte für ein Bündnis mit Hitler.

Die brutalen, sinnlosen Grausamkeiten, mit denen Stalin sein eigenes Volk überzog, haben für die Welt auf lange Sicht etwas Gutes gehabt. Hätte er sie nicht begangen, würde er heute von seinem Volk stärker verehrt, als es der Fall ist. Die langfristigen Folgen seiner Verbrechen haben seinen Namen – wie den Hitlers – zum Anathema werden lassen.

Der Kommunismus hat den normalen Fortschritt, die Europäisierung, die allmähliche Liberalisierung und materielle Verbesserung Rußlands, die unter den letzten Zaren begonnen hatte, um siebzig Jahre zurückgeworfen. Nur eines macht eine Ausnahme davon. 1917 wurden die Russen angesichts einer langsam vorrückenden, an den westlichen Rändern ihres Reiches knabbernden deutschen Armee des Krieges überdrüssig und gaben auf. 1941 standen sie fast der gesamten deutschen Kriegsmaschine gegenüber, der größten in der Geschichte der Welt, die bis in die Außenbezirke Moskaus und Leningrads vorgedrungen war, und diesmal kämpften sie weiter. Ihr Widerstand war unvorhersehbar und unerklärlich. Er entsprang aus vielen Quellen und wurde von vielen Quellen genährt. Eine Generation von verelendeten, abgestumpften, mit Füßen getretenen Massen bestand die Prüfung besser als die Vorgängergeneration während des Ersten Weltkriegs. Ihr Widerstand und ihr Sieg über die Deutschen war ihre größte – nein, ihre *einzige* große – Errungenschaft während der vierundsiebzig Jahre Sowjetkommunismus.

Darüber sind sie sich merkwürdigerweise nicht einig – und ich spreche von den Russen, nicht von den verschiedenen Nationalitäten, die tatsächlich die Siege der Deutschen bejubelten.

Das hängt wiederum mit der Stellung zusammen, die Stalin in ihrer (der Russen) Geschichte einnimmt. Sein diplomatisches Vorgehen bis zum Juni 1941 war feige. Er wollte nicht glauben, daß Hitler in Rußland einfallen würde; er ließ den größten Teil seiner Militärmaschine bis zur letzten Stunde (und in einigen Fällen noch ein paar Stunden darüber hinaus) unvorbereitet. Als der Krieg dann begann, war er so davon mitgenommen, daß er fast zehn Tage lang völlig apathisch und stumm blieb. Im September schrieb er an Churchill, die Sowjetunion sei »kurz vor dem Zusammenbruch«; er bat Churchill um Unterstützung, aber es waren vollkommen unsinnige und undurchführbare Dinge, um die er bat, zum Beispiel die Entsendung von fünfundzwanzig britischen Divisionen nach Südrußland. Es spricht einiges dafür, daß er, hätten die Deutschen ihm einen Waffenstillstand angeboten, darauf eingegangen wäre. Doch während der großen Panik im Oktober und November 1941, als die Regierung sich aus Moskau absetzte und die Einwohner Moskaus möglicherweise bereit waren, sich den Deutschen zu ergeben, behielt Stalin die Nerven. Er hielt es letztlich doch für besser, an der

Allianz mit Roosevelt und Churchill festzuhalten – sicherlich auch deshalb, weil er wußte, daß Rußland davon sehr profitieren würde.

Er war über diese Allianz nicht begeistert, und wir müssen daran erinnern, daß viele Russen seine Haltung teilten. Es gibt in dieser Hinsicht eine Parallele bei den Amerikanern. Es gab und gibt noch immer Amerikaner, die der Ansicht waren, und zwar lange, daß Roosevelts Bündnis mit Britannien und Rußland ein Fehler sei, daß es gegen die Interessen Amerikas verstieß, Krieg gegen Deutschland zu führen. Es gab und gibt noch immer Russen, die Deutschland gegenüber der englischsprachigen Welt den Vorzug gaben und geben. Man muß hier auch die Tatsache hinzunehmen, daß sie alles, was mit dem Kommunismus zu tun hatte, ablehnten. In den Vereinigten Staaten haben wir den Dichter Ezra Pound rehabilitiert, was im größeren Zusammenhang folgenlos ist. In Rußland wäre die Rehabilitation von General Wlassow nicht folgenlos.

General Wlassow war eine sehr russische, eine dostojewskische Figur. Während des ersten Kriegswinters kämpfte er hervorragend. Im Juni 1942 beschloß er plötzlich, zu den Deutschen überzulaufen. Bestimmt wurde dieser Sinneswandel von seinem Haß auf Stalin und den Kommunismus. Die Geschichte des Zweiten Weltkriegs, die ansonsten überreich ist an Männern, die das Lager wechselten, an Kapitulationen und Fällen von Verrat, kennt keinen vergleichbaren Vorgang. Es gab französische, tschechische, jugoslawische und griechische Generäle, die sich den Deutschen ergaben, die sogar politisch Partei für sie ergriffen, aber es gab keinen, der bereit gewesen wäre, sich den Deutschen anzuschließen und ihnen beim Krieg gegen ihr eigenes Land zu helfen. Wlassow stellte ein nationalistisches russisches Heer auf. Hitler wollte zunächst von einem solchen Heer nichts wissen, aber schließlich ließ er sich erweichen. In den Reihen der Wlassow-Brigaden fanden sich einige der schlimmsten Kriegsverbrecher; einige zeichneten sich, wenn man es so ausdrücken darf, dadurch aus, daß sie 1944 während des Warschauer Aufstands die scheußlichsten Grausamkeiten an den heroisch kämpfenden Polen begingen. Wlassow selbst hatte durchaus etwas Gewinnendes. Er war ein russischer Idealist, ein militärischer Intellektueller. Mit hohen slawischen Backenknochen blickt er sorgenvoll durch eine dicke Brille mit Hornfassung. Am Ende übergaben ihn die Alliierten den Russen, die ihn 1946 in Moskau aburteilten und hinrichteten.

Er war unzweifelhaft eines der bedeutenden Opfer Stalins. Es ist nahezu sicher, daß sein Ansehen jetzt steigen wird – wie auch das einiger der übrigen Russen, Ukrainer und Kosaken, die nicht nur mit Wlassow, sondern in Einheiten der SS bis Kriegsende kämpften. An dem Ausmaß, in dem sein Ansehen wächst, wird man etwas über die unmittelbare Zukunft Rußlands ablesen können. Wird sein Ansehen das der besten Generäle Rußlands während des Zweiten Weltkriegs übersteigen oder mindestens mit dem ihren gleichziehen, etwa dem von Schukow, der seine Schwierigkeiten mit Stalin hatte, aber dennoch Stalins Marschall war? Sollte es dazu kommen, so wäre es beunruhigend, wäre es eine weitere, wenn auch nur indirekte nachträgliche Rehabilitierung von Hitlers Sache – und es würde auf eine Zukunft hindeuten, in der »der Westen« für die Russen vor allem Deutschland bedeutet.

1948 war Jugoslawien der erste Staat, der sich aus der sowjetischen Einflußsphäre löste. 1991 war Jugoslawien das erste vormals kommunistische Land, das in einem brutalen Bürgerkrieg auseinanderbrach. Vielleicht kann man daraus irgendeine Lehre ziehen.

Während des neunzehnten Jahrhunderts unterteilte man die politischen Kräfte in Europa (und in England) hauptsächlich in Konservative und Liberale. Diese Ausdrücke sind ungenau geworden, und sie werden oft nicht nur ungenau, sondern illegitim benutzt. An ihre Stelle sind seit über hundert Jahren zwei andere wesentliche Kräfte getreten: der Nationalismus und der Sozialismus.

Nicht in Rußland. Auch dort passen die beiden alten Ausdrücke nicht ganz, aber es gibt dort eine korrespondierende, vielleicht noch tiefere und stärkere Unterscheidung in Westler und Slawophile.

Dieser russische Dualismus entspricht nicht der Oszillation der russischen Geschichte zwischen Ost und West (im siebzehnten Jahrhundert, von Iwan dem Schrecklichen bis zu Peter dem Großen im großen und ganzen eine östliche Periode, danach eine westliche Periode, von Peter dem Großen bis Lenin). Die Wurzeln und Quellen des russischen Dualismus zwischen West und Ost (nicht so sehr zwischen Europa und Asien als vielmehr zwischen Europa und Nichteuropa) reichen in eine fernere Vergangenheit zurück, verkörpert in der Geschichte der russischen Kirche und ihrer Religion, die von Anfang an byzantinisch, aber nicht westlich-christlich war. Schon die Spaltungen innerhalb der russischen Kirche (besonders während ihrer Krise im dunklen siebzehnten Jahrhundert) sind voller vielsagender Details.

Die beiden gegensätzlichen Gruppierungen der Westler und der Slawophilen bildeten sich im neunzehnten Jahrhundert heraus, als Rußland – wenn auch oft zögernd und sprunghaft – immer europäischer wurde. Um diese beiden Pole scharten sich die Intellektuellen Rußlands, wie in gewissen Sinne noch heute. Vor 1917 waren die Westler die Proeuropäer: Aristokraten, Liberale, Radikale und Intellektuelle, die Rußland für rückständig hielten und meinten, es müsse die Überreste einer barbarischen, halb-asiatischen Vergangenheit abschütteln, um zu den fortschrittlichen, liberalen, hochentwickelten Zivilisationen und Institutionen Europas aufzuschließen. Die Slawophilen waren die Antieuropäer, und es gab unter ihnen tief denkende Konservative, in deren Augen die meisten Nationen und Überzeugungen Europas innerlich faul waren, die in Moskau das dritte Rom und im russischen Volk als Führer aller Slawen das auserwählte Volk Gottes sahen, das nicht von der Verderbnis des übrigen, unmoralischen und ketzerischen Europa angesteckt war.

Gegen Ende des neunzehnten Jahrhunderts ließ der Krieg zwischen diesen ideologischen Denkschulen ein wenig nach. Es bildete sich (um die hervorragende Zeitschrift *Wieki*) eine neue, nicht eigentlich slawophile, konservative Gruppierung, die Hoffnungen erweckte. Doch die Westler, die Liberalen und die Radikalen, schienen gewonnen zu haben. 1914 schienen die Intelligenz und die Oberschichtkultur Rußlands westlicher, europäischer zu sein als je zuvor. Auch die Kommunisten erhielten ihre Ideologie – ihren Marxismus, ihren Atheismus, ihren Materialismus, ihre Fortschrittsidee – vom Westen. Sie konnten Rußland unter ihre Herrschaft bringen und gingen siegreich aus dem Russischen Bürgerkrieg hervor. Jetzt wurde für diejenigen, die nicht nur die Oberfläche sahen, deutlich, daß das Rußland, das sich unter der bolschewistischen Herrschaft herausbildete, voller nichteuropäischer, slawophiler Merkmale war. Die Hauptstadt wurde wieder nach Moskau verlegt. Es kam zu dem Kampf an der Spitze zwischen Trotzki und Stalin. (Der junge Trotzki hatte die Bolschewiki einmal »slawophilisierende Marxisten« genannt, aber dann zog er es vor, selbst zu einem blutrünstigen Bolschewiken zu werden.) Es ist durchaus nicht erstaunlich, daß Stalin ihn aus der Macht vertrieb und ins Exil zwang, denn Stalin war, auch wenn er gebürtiger Georgier war, doch der typischere Russe von den beiden, und obendrein war er eine Art Slawophiler.

Heute ist Rußland anders. Es gibt nicht viele Russen, die sich als auserwähltes Volk Gottes verstehen. Außerdem hat der Kommunismus den Panslawismus vernichtet oder ihm doch wenigstens tiefe Wunden zugefügt. Mit dem Vertrauen, das osteuropäische slawische Völker jahrhundertelang in Rußland gesetzt haben, ist es vorbei (außer vielleicht in Serbien). Außerdem bedeutet »Westler« heute nicht mehr nur Proeuropäer, sondern auch Proamerikaner. (Die kulturelle Beziehung zwischen Rußland und Amerika ist eine große offene Zukunftsfrage.) Dennoch hält sich unterhalb der Kategorien von Konservativen und Liberalen, Religiösen und Agnostikern die Unterscheidung zwischen Westlern und Slawophilen irgendwie durch. Peter und Iwan, Tschaadajew und Chomjakow, Turgenjew und Dostojewski, Witte und Pobedonoszew, Miljukow und Rasputin, Trotzki und Stalin, Litwinow und Molotow... Und, in der zweiten Hälfte des zwanzigsten Jahrhunderts, Pasternak und Scholochow, Sacharow und Solschenizyn... Bald werden neue Protagonisten hervortreten.

In Amerika hat es eine ähnliche Unterscheidung gegeben zwischen Isolationisten und Internationalisten, Rothäuten und Bleichgesichtern (es ist vielleicht nicht unbedeutend, daß diese beiden Kennzeichnungen von Philip Rahv erfunden wurden, einem in Rußland geborenen amerikanischen Kritiker): Zu den Rothäuten zählen Bancroft, Whitman, Mark Twain, Vachel Lindsay und Robert Frost, zu den Bleichgesichtern Prescott, Henry James und F. Scott Fitzgerald (diese Liste stammt von mir, nicht von Rahv). Allerdings sind diese Kategorien etwas ungenau. Jeder Amerikaner war ein wenig Rothaut, jeder Isolationist ein wenig Internationalist, jeder amerikanische Idealist ein wenig amerikanischer Imperialist – und umgekehrt.

Das gilt noch mehr in Rußland – Tolstoi zum Beispiel (über den der Vicomte de Vogüé schrieb, er sei »eine Mischung aus einem Chemiker und einem Buddhisten«, und Chesterton: »Die Mischung aus einem unmenschlichen Puritaner und einem anmaßenden Wilden«). Isaiah Berlin, der in seinem berühmten Essay zwischen Tolstoi, dem Igel, und Tolstoi, dem Fuchs, zwischen dem Künstler und dem Philosophen unterschied, ging völlig fehl. Es stimmt nicht, daß Tolstoi mal ein Igel und ein andermal ein Fuchs war – er war immer und gleichzeitig beides (sofern die Metapher von Igel und Fuchs wirklich treffend ist, was sie nicht ist). Was aber noch wichtiger ist: An den Veränderungen zwischen den gegnerischen Lagern läßt sich ihre relative Stärke ablesen. Weit mehr bedeutende Russen sind, nachdem sie zunächst Westler waren, zu Slawophilen geworden, als umgekehrt. Die Slawophilen waren standhafter als die Westler, deren Ideen während des neunzehnten Jahrhunderts ständig wechselten, entsprechend den großen intellektuellen und politischen Strömungen, die aus Europa kamen, während die Ideologie der Slawophilen im wesentlichen konstant blieb.

Und – das ist wichtig – auch die isolationistischen Slawophilen erhielten viele ihrer ursprünglichen Ideen aus Deutschland. (Die Ideologie und selbst die Terminologie der frühen russischen Marxisten kam ebenfalls aus Deutschland.) Die Ideologie der Slawophilen fußte weitgehend auf der emotionalen und sentimentalen Überhöhung des Volkes *(narod)*, auf der nationalistischen Romantik deutscher Denker vom Schlage Fichtes. Die Frankophobie Dostojewskis und die Frankophilie Turgenjews waren nichts Oberflächliches oder Zufälliges. (Der Einfluß der deutschen Literatur auf Dostojewski war beträchtlich; er hat ganze Handlungen von E.T.A. Hoffmann und anderen deutschen Vertretern der Schauerromantik geklaut.)

Die große Geschichte der russisch-deutschen Beziehungen, die reich ist an Tragödien, wechselseitigen Anziehungen und tiefen Bedeutungen, ist nicht abgeschlossen. Ein neues Kapitel wurde aufgeschlagen, das nicht auf Literatur oder Ideologie beruht, sondern auf der Frage, die plötzlich ungeheure Bedeutung gewonnen hat, wie die unmittelbare Zukunft des russischen Staates aussehen wird.

In Schrift und Lehre habe ich fast durchweg lieber von »Rußland« und den »Russen« als von »der Sowjetunion« und den »Sowjets« gesprochen. Ich weiß, daß das ungenau ist – ebenso ungenau, wie wenn man für die Vereinigten Staaten »Amerika« und für die Bürger der USA »Amerikaner« sagt (nicht minder ungenau sind gelegentlich »Engländer«, »Brite« und »Ire«). Aber »Sowjetunion« ist noch ungenauer als »Rußland«. Sie umfaßte fünfzehn (bald zwölf, bald fünfzehn) »Republiken« und Hunderte von Nationalitäten. Doch der wesentliche Faktor in der Geschichte dieses Jahrhunderts ist immer noch der Staat und seine Beziehung zu anderen Staaten. Der Staat Stalins und Chruschtschows und Breschnews war, ungeachtet seiner Bezeichnung oder seiner Verfassung, eine Fortsetzung des jahrhundertealten russischen Staates, der von Iwan und Peter und Katharina und Alexander und Nikolaus, nicht von Marx oder Engels oder Lenin, geschaffen wurde. Inzwischen (September 1991) ist der Ausdruck »Sowjetunion«, von seiner Ungenauigkeit abgesehen, fast zu einer Absurdität verkommen. Der Name des Heiligen Römischen Reiches ist seit dem späten siebzehnten Jahrhundert und im Laufe des achtzehnten Jahrhunderts immer stärker seines Inhalts beraubt worden, bis dieser Titel im Jahre 1806 endgültig dahinschied. Aber selbst in der letzten Phase seiner Existenz war dieser Titel sinnvoller als der der Sowjetunion während ihres endgültigen Dahinscheidens. Und das Heilige Römische Reich bestand tausend Jahre, die Sowjetunion nur siebzig.

Doch *Rußland* bestand tausend Jahre. Es kann weitere tausend Jahre bestehen. Und das *Russische*? Gewiß, Millionen der Einwohner jenes Staates und Reiches waren keine Russen, doch ihre offizielle oder zumindest ihre Zweitsprache und ein Großteil der Kultur und die meisten ihrer Institutionen waren russisch und sind es noch jetzt. Das Verschwinden des Kommunismus im Jahr 1991 ist ein Ereignis von ganz geringer Bedeutung, gemessen an der Auflösung oder auch nur der Schrumpfung des alten und traditionsreichen großen russischen Staates. Der Kommunismus ist vergangen, Rußland wird bleiben. Wieviel wird von diesem Imperium, wieviel von diesem Staat bleiben? Das ist die große Frage, und nicht nur für Rußland, sondern für Europa, für Amerika, für die ganze Welt. Was jetzt entsteht, ist ein *russisches* Rußland, aber wie weit wird es sich erstrecken und was wird seine Funktion sein?

Leningrad kehrt zurück zu seinem alten Namen St. Petersburg, aber es ist nicht *gänzlich* ausgeschlossen, daß Rußland in seiner geographischen Ausdehnung zu dem zurückkehrt, was es vor Peter war.

Der erste russische Staat war die Kiewer *Rus*. Es folgte der Einfall der Tataren. Danach wurde der Großherzog von Moskowien zum Zaren von Rußland. Während all dieser Jahrhunderte unterschieden sich die Geschichte Rußlands, seine Regierungsform, seine Monarchie und seine Gesellschaft grundlegend von denen europäischer Staaten. Dann kam Peter, der aus Rußland einen Staat im vornehmlich, aber nicht gänzlich europäischen Sinne machen wollte. Zugleich unterwarf er nichtrussische Gebiete und Völker. Seine Nachfolger, Zarinnen und Zaren, setzten die Ausweitung des Russischen Reiches fort, in Polen, an der Ostsee und am Schwarzen Meer, im Kaukasus und in Asien. Das war durchaus vergleichbar mit der englischen Eroberung von Wales, Schottland und Irland, der französischen Eroberung von Elsaß und Lothringen, dem amerikanischen Erwerb von Französisch-Louisiana, Spanisch-Florida und den Gebieten im Südwesten der Vereinigten Staaten. Seinen Bestand verdankte das Reich nicht nur der Tatsache, daß die Russen stark waren, sondern auch dem Umstand, daß ihre staatlichen Institutionen und selbst ihre Kultur stärker waren als die der von ihnen einverleibten Gebiete (wovon wohl nur die Polen und die Finnen eine Ausnahme machten). In den meisten Fällen hatten die Zaren Gebiete erobert – oft weitgehend unbesiedelte Gebiete –, die von Völkern bewohnt waren, die noch keine Nationen darstellten. Die Zarenherrschaft hielt alles zusammen. Für einige dieser nichtrussischen Völker gab es unter den letzten Zaren eine beträchtliche kulturelle (und gelegentlich auch politische) Autonomie, nicht aufgrund einer Mäßigung, sondern wegen einer gewissen Nachlässigkeit der Russen. Nationalistische Regungen, die in dem Verlangen nach einem unabhängigen Nationalstaat gipfelten, hatten, angefacht von einer Handvoll von Intellektuellen und Revolutionären, erst hundert Jahre zuvor bei einigen (aber nicht allen) dieser Völker eingesetzt.

Lenin meinte, die Revolutionäre arbeiteten in seinem Sinne. Unter seinen Bolschewiki waren viele Nichtrussen. Er glaubte, bei den nichtrussischen Völkern des untergegangenen Reiches wiederhole sich das, was in Rußland geschah. Er irrte: Antikommunisten siegten in Finnland, im Baltikum, in Polen, bei Völkern, die allergisch waren gegen die Moskowiter, gegen russische Verhältnisse und Institutionen und Ideen, die in ihren Augen und für ihr Gefühl minderwertig waren. In der Ukraine, in Georgien und Armenien, in den kaukasischen und asiatischen Teilen des alten Reiches siegten Lenin und seine Verbündeten. Dort war der ethnische Nationalismus nicht stark genug, um der überlegenen Macht der Russen standzuhalten oder sie zu schlagen.

Die Kommunistische Partei wurde zu dem Zement, der die Institutionen der Sowjetunion zusammenhielt. Stalin, der anfangs Volkskommissar für die Nationalitäten war, begriff das Problem. Er bemühte sich, einige der Nationalitäten mit einer Politik von Zuckerbrot und Peitsche zu russifizieren. Als Zuckerbrot benutzte er unter anderem die Vergrößerung ihrer Territorien. Die ukrainischen Nationalisten sollten Stalin dankbar sein, denn er schuf eine Ukraine, die so groß war wie nie zuvor, unter Einbeziehung polnischer Gebiete und des jenseits der Karpaten gelegenen wichtigen Abschnitts der sogenannten Karpato-Ukraine, der erstmals in der Geschichte einem russischsprachigen Staat zugeschlagen wurde. Auch die Litauer schulden ihm einen gewissen Dank: Ihre Hauptstadt Wilna war 1920 von den Polen erobert worden, doch 1939 schlug Stalin sie Litauen zu – geographische Veränderungen, die inzwischen fast in Vergessenheit geraten sind.

Doch der Zement der Partei und der »Union der Sozialistischen Sowjetrepubliken« reichte nicht aus. Der Nationalismus drang selbst in die entlegenste und rückständigste Sowjet-»Republik« vor. Dies könnte sich während des nächsten Vierteljahrhunderts oder länger als das zentrale Problem erweisen. Es ist nicht sicher, ob die Mehrheit der Völker dieser Republiken wirklich Unabhängigkeit und Souveränität wünschen, ob sie sich gänzlich von Rußland lösen wollen. Doch das spielt möglicherweise keine Rolle. Es mag sein, daß Plebiszite, Referenden und nationale Wahlen das Problem nur vernebeln, doch verschaffen sie in diesem demokratischen Zeitalter der »Unabhängigkeit« einer neuen Nation eine gewisse Legitimität. Die Leute finden Gefallen an ihren Nationalfarben und anderen Symbolen, die vom Erhabenen bis zum Lächerlichen reichen, wie etwa nationale Fluglinien, nationale Fahrzeugkennzeichen und dergleichen. Das Symbol ist ebenso wichtig wie die Realität. Die Realität ist die bewaffnete Macht. Wenn es den Russen nicht gelingt, sie durch gutes Zureden in eine Art Föderation oder Konföderation mit Rußland zurückzuholen, werden sie dann zur Gewalt greifen, um die eine oder andere Republik zurückzuholen oder zumindest politisch bei der Stange zu halten (um gar nicht erst von der Absicht zu reden, Millionen von Russen, die in diesen »Republiken« leben, zu schützen)? Das Symbol ist wichtig: Sind diese Menschen bereit, für ihre neue Fahne zu sterben? All das könnte zu blutigen Bürgerkriegen führen, aber im Stil des Guerillakrieges, nicht in dem Sinne, daß ganze nationale Armeen an klaren Fronten Krieg gegeneinander führen. Das historische Gefüge hat sich verändert. Vielleicht werden die nationalistischen Emotionen nicht auf Schlachtfeldern zum Ausbruch kommen – vielleicht wird man in überfüllten Fußballstadien bei blutigen Krawallen für seine Fahne kämpfen. Vielleicht nicht.

Entgegen herkömmlichen Anschauungen hat das alles wenig mit der Wirtschaft zu tun. Kleine Staaten können sehr gut überleben. Der Schweiz und Luxemburg geht es besser als Großbritannien oder den Vereinigten Staaten. Georgien und Armenien werden vielleicht so ähnlich wie Syrien oder Rumänien, die asiatischen Republiken mehr oder weniger wie Iran oder Afghanistan. Ich kann mir vorstellen, daß dort eine brodelnde neue Levante entsteht, eine von Räubern und Kaufleuten bestimmte Subzivilisation – ein weiterer Fall der Rückkehr zu etwas, das vor der Neuzeit existierte.

Die Russen haben eine eigentümliche Vorstellung vom Staat, zugleich stärker und schwächer als die Staatsidee der westlichen Welt.

Die Quelle und das Wesen dieses Staatsverständnisses ist der Konstantinismus. Kaiser Konstantin war wohl der größte politische Wohltäter der christlichen Kirche in zweitausend Jahren. Er ergriff Partei für die Christen und machte Schluß mit ihrer Verfolgung. Er selbst war jedoch kein Christ, und sein Lebenswandel war primitiv und ausschweifend. Folgerichtig wurde er zur unvergänglichen Ehre der westlichen Kirche nicht seliggesprochen, nicht zum Heiligen erhoben. In den östlichen Kirchen, in Byzanz, von wo das Christentum nach Rußland gelangte, *ist* er ein Heiliger. Desgleichen der heilige Wladimir, der Kiewer Herrscher, der sein Volk zur Massenbekehrung in den Dnjestr trieb (selten im Westen, wo Bekehrung und Taufe individuell, nicht kollektiv sind). In Rußland und in der Ukraine ist Wladimir ein Heiliger, nicht aber im Westen. (Ein deutscher Chronist hat festgehalten, wie Wladimir zu Lebzeiten charakterisiert wurde: *fornicator immensis et crudelis*.)

Auf diesem konstantinischen und byzantinischen Element beruht die Einheit von Staat und Kirche bei den orthodoxen Völkern Osteuropas und Rußlands: autokephal und cäsaropapistisch. Andere Völker im Westen sind gegen die Versuchungen des Cäsaropapismus oder einer Nationalkirche nicht immun gewesen. Immer wieder waren Bischöfe bereit, den deutschen Kaisern, Heinrich VIII., Ludwig XIV., Napoleon, Mussolini und gelegentlich auch Hitler zu huldigen. (In diesem Zusammenhang muß man auch an den Nationalismus vieler religiöser Führer in der Geschichte der Vereinigten Staaten denken.) Dennoch ist der Konstantinismus im Westen nicht die Regel. Päpste und Bischöfe haben nicht nur Heinrich VIII., sondern einer ganzen Reihe von Monarchen und Diktatoren die Stirn geboten. Darin liegt ein wichtiger Unterschied zwischen Polen und Rußland. In Polen war die katholische Kirche ein Bollwerk gegen den Kommunismus, hat sie sich einen Großteil ihrer spirituellen und religiösen Unabhängigkeit bewahrt. In Rußland brach die orthodoxe Kirche 1917 zusammen; von einigen bewundernswerten Ausnahmen abgesehen, konnte sie in einem sonst abergläubischen und religiösen Volk keinen Widerstand anfachen. Stalin wußte das. Während des Krieges und in der Nachkriegszeit stellte er viele der Privilegien der orthodoxen Kirche wieder her, und er zwang die (oberflächlich) mit Rom verbundenen ukrainischen Unierten (die sogenannten »Katholiken des östlichen Ritus«), in den Schoß der orthodoxen Kirche zurückzukehren. Stalin war einst ein orthodoxer Seminarist gewesen; bei Gelegenheit hat er vertraulich geäußert, daß er an die Existenz Gottes glaube. Natürlich war er kein richtiger Christ, aber das war Peter der Große auch nicht, der aber dennoch auf der völligen Einheit der russischen Kirche mit seinem Staat bestand, was gleichbedeutend war mit der Unterordnung der ersteren unter den letzteren, ein oberstes Gesetz, das bis 1917 gültig blieb.

Für Lenin waren »Kirche« und »Staat« häßliche Wörter. Er war der reinste russische revolutionäre Atheist. Doch unter Stalin lebte der Cäsaropapismus wieder auf, und mit ihm der Kult des Staates. Ich schrieb oben, daß Stalin mit Hilfe der Säuberungen eine alte Parteibürokratie durch eine Staatsbürokratie ersetzte, die vollkommen von ihm abhängig und ihm ergeben war. Das korrespondierte mit der Tatsache, daß in den späten dreißiger Jahren das Wort »Staat« in der Terminologie, dem Journalismus und der Propaganda der Sowjets wieder einen respektvollen Klang bekam. Ausdrücke wie »Staatsinteressen«, »Staatssicherheit«, »Staatsorgane« usw. wurden sakrosankt und verdrängten bei wichtigen Anlässen die Bezugnahme auf Partei und Ideologie. Aus der oft umgetauften Geheimpolizei der Bolschewiki wurde schließlich das Komitee für Staatssicherheit. Dort arbeiteten nicht Ideologen, Radikale und Revolutionäre, sondern Polizisten und Bürokraten, die ihr Soll zu erfüllen hatten. Wie alle Polizisten und Agenten mußten sie sich ihre Arbeit selbst beschaffen. Die Sinnlosigkeit der Verhaftungen während der Säuberungen ist – zumindest zum großen Teil – nicht auf Fanatismus oder Hingabe an die Ideale des Kommunismus zurückzuführen. Was Joseph Conrad über seinen Geheimagenten schrieb, bezog sich auf radikale Anarchisten und Revolutionäre um 1900. Bei Anthony Trollope (in *He Knew He Was Right*) fand ich jedoch eine Beschreibung eines englischen Kriminalbeamten in der ehrenwerten, gesetzmäßigen, ruhigen viktorianischen Zeit, die auf jeden Staatssicherheitsbeamten des zwanzigsten Jahrhunderts übertragen werden kann, auch auf das Personal der OGPU-NKWD-MWD-KGB: »Er war ein Mann, der die Macht liebte, und er war besonders darauf bedacht, sich bei denen, mit denen er in Berührung kam, dadurch Gehorsam zu verschaffen, daß er sie die geheimnisvolle Autorität des Gesetzes spüren ließ. In seinem Herzen klopfte er den Menschen ständig auf die Schulter.«

Das russische Wort für Bürger ist *graschdanin*, und es bezeichnet den Einwohner eines Staates, nicht einer Stadt. In Europa waren alle bürgerlichen Freiheiten von der Stadt ausgegangen (in Deutschland sagte man im Mittelalter: »Stadtluft macht frei«), lange bevor die Franzosen das Wort *citoyen* erfanden und es auf jeden innerhalb des Nationalstaates anwandten, auch auf Bauern und Fischer, die außerhalb der Städte lebten. (Die Wörter *bourgeois, Bürger, borghese* usw. gehen gleichfalls auf die mittelalterliche Stadt zurück.) Ich habe darüber an anderer Stelle geschrieben, doch trifft es vielleicht besonders auf Rußland zu, wo, anders als in Europa, die Städte (mit Ausnahme von Nowgorod, das im fünfzehnten Jahrhundert von den Moskowitern zerstört wurde) keine Mauern hatten. In Rußland gab es keine physische Trennung von Stadt und Land; mit Mauern umgeben war der jeweilige Kreml, und sie trennten den Sitz der Herrscher von den Beherrschten, eine orientalische Tradition und Praxis. Urbanität, Bürgerschaft, Bürgerrechte und Bourgeoisie, das ist die moderne westliche Tradition, die bis ins alte Griechenland und Rom zurückreicht (*polis*/Politik, *urbs*/urban). Die russische Tradition war anders.

Nikolaus II. war ein schwacher und unfähiger Zar. Seine Abdankung war eine Katastrophe für Rußland und vielleicht für die ganze Welt. Zar und Zarismus hatten dieses Riesenreich zusammengehalten. Die liberalen Demokraten, die ihn im März 1917 ablösten, waren in fast jeder Hinsicht unfähig. Lenin und die Bolschewiki waren entschlossener, aber auch sie verloren die westlichen Provinzen des Reiches, die sich unter Nikolaus II. ganz allmählich auf eine Art von konstitutioneller Monarchie, auf Europa hin entwickelt hatten. (Dem stellten sich freilich riesige Hindernisse in den Weg, Phänomene wie Rasputin, ein unheimlicher, einflußreicher »Mönch«, eine Erscheinung aus dem finsteren Mittelalter im zweiten Jahrzehnt des zwanzigsten Jahrhunderts. Ich habe oft gedacht, daß das eigentliche Symptom dessen, was in Rußland schiefgegangen ist, der russisch-orthodoxe Rasputin war, nicht der atheistische Lenin, dessen Erfolg nur eine Konsequenz der Schwäche und Korruption war, die dem unheimlichen Einfluß von Leuten wie Rasputin Tür und Tor öffnete.) Jedenfalls hat es immer dann, wenn ein Zar schwach oder auch nur ein wenig liberal war, Schwierigkeiten gegeben. In den hundert Jahren vor 1917 wurden Nikolaus II. und Alexander II. ermordet, und der verwirrte Alexander I. verschwand aus dem öffentlichen Leben, doch die strengen Zaren Nikolaus I. und Alexander III. starben in ihren Betten, betrauert von Millionen. Die lange und schreckliche Zeit der Wirren zu Beginn des siebzehnten Jahrhunderts, als das moskowitische Rußland auf einen jämmerlichen Rest zusammengeschrumpft war, beruhte nur auf der chaotischen Verworrenheit und Schwäche des Throns, und es gab Jahre, in denen die Menschen nicht wußten, wer der richtige Zar war.

Das ist ein eigentümlich russisches Problem. Auch Frankreichs Niedergang begann mit dem Ende der alten Monarchie, aber das war nur einer der Faktoren. Der französische Staat überlebte (und nicht nur unter Napoleon). Die Autorität, die ein Lenin und besonders ein Stalin nach 1917 in Rußland besaßen, übertraf die Autorität eines Zaren, doch war sie – Stalin dürfte das in seinem tiefsten Inneren gewußt haben – sehr verletzlich wegen der Macht, die sie der Partei verliehen hatten. Das war der einzige Zement, das einzige Instrument der Legitimität der Regierung. Ich spreche hier nicht nur von der Tatsache, daß Rußland, wäre nicht der Kommunismus gewesen, 1918 zu den siegreichen Alliierten gehört hätte und daß es sich, abgesehen von den territorialen Gewinnen, rasch in Richtung auf eine mehr oder weniger moderne Großmacht entwickelt hätte. Der Kommunismus hat Rußland geschwächt, nicht gestärkt. In dem berühmten, mit »X« gezeichneten Artikel von 1947 schreibt George Kennan einen Satz, der fast immer übersehen wurde und sich als absolut zutreffend erwiesen hat: »Falls je etwas passieren sollte, was die Einheit und Schlagkraft der Partei als politisches Instrument zerstört, könnte Sowjetrußland sich über Nacht aus einer der stärksten in eine der schwächsten und bemitleidenswertesten nationalen Gesellschaften verwandeln.«

Das geschieht gegenwärtig. Aber wir haben auch das weise Wort Bismarcks: »Rußland ist nie so stark oder so schwach, wie es scheint.«

Eine konstitutionelle Erbmonarchie kann Völker zusammenhalten (solange nicht die Autorität des Monarchen durch Beschränkungen so weit herabgesetzt wird, daß selbst die symbolische Bedeutung seiner Präsenz gefährdet ist und keinen Respekt mehr gebietet), vielleicht besonders in einer Zeit der sich entfaltenden Demokratie. Dies gilt nicht nur für England, wie Bagehot vor über hundertzwanzig Jahren bemerkt hat. Es gibt eine ganze Reihe von Beispielen dafür (zum Beispiel die Rückkehr eines Monarchen, des Königs Juan Carlos, auf den spanischen Thron). Es trifft besonders auf

Vielvölkerstaaten zu. Die Person von Franz Joseph hielt die österreichisch-ungarische Doppelmonarchie zusammen. Rußland würde von der Wiederherstellung einer konstitutionellen Monarchie profitieren, doch kommt dies offenbar nicht in Frage. Für Rumänien (einschließlich seiner Minderheiten) wäre es vielleicht das beste gewesen, wenn der im Exil lebende Michael II. am 23. Dezember 1989, einen Tag nach dem Sturz Ceauşescus, nach Bukarest geflogen wäre (er wartete jedoch ab, bis es zu spät war). Für Bulgarien wäre es gut, wenn Simeon II. als konstitutioneller König zurückkehren würde (er verließ das Land 1946 als kleiner Junge).

Vielleicht gilt dies sogar für Jugoslawien, wo der Sohn des völlig verzweifelten Peter II. (des einzigen europäischen Monarchen, der in den Vereinigten Staaten gestorben ist) den Bürgerkrieg von 1991 möglicherweise hätte verhindern können. Wenn Otto von Habsburg, der in Österreich, Ungarn, der Tschechoslowakei, Slowenien und Kroatien Achtung und Wertschätzung genießt, jünger wäre (er ist jetzt neunundsiebzig) und mehr Ehrgeiz und Schlauheit bewiese, würde er es versuchen, denn er besitzt in diesen Ländern potentielle Unterstützung, doch potentielle in tatsächliche politische Unterstützung umzusetzen ist natürlich eine Sache für sich. Er könnte das Oberhaupt einer Art Föderation sein, die, allerdings nur bis zu einem gewissen Grad, dem alten Donaureich ähneln würde; etwas Derartiges wäre auf jeden Fall natürlicher, tiefer verwurzelt und dauerhafter als die lockeren ökonomischen Bindungen, die unter dem Namen einer praktisch nicht existierenden »Europäischen Gemeinschaft« laufen.

Dies sind Überlegungen eines Historikers, nicht nostalgische Träumereien eines Reaktionärs. Eine konstitutionelle Erbmonarchie (im Unterschied zu einer Wahlmonarchie) ist besonders geeignet für eine moderne Demokratie, deren Massen sich nicht nur für die Symbole des Königtums begeistern, sondern mehr als je zuvor der sichtbaren Präsenz und der von ihr ausgehenden Autorität einer gütigen Vater- (oder

Mutter-)Figur bedürfen, der Präsenz einer respektablen Herrscherfamilie mit ihren Kindern. Eine solche Autorität löst keine Furcht aus, von ihr geht noch nicht einmal Macht aus, außer jene Art von unfaßbarer Macht, die aus rücksichtsvoller, anständiger Achtung vor dem Menschen fließt. Im zwanzigsten Jahrhundert ist eine konstitutionelle Erbmonarchie mehr als ein Instrument zur Sicherung der Kontinuität und der Tradition. Sie hat eine historische, aber auch eine politische und soziale Funktion. Sie ist eine Garantie der Gesetzmäßigkeit und, wie ich sogar zu behaupten wage, der Liberalität. Leider wird es dazu nicht kommen. (Oder erst nach Jahrhunderten, wenn sich mit dem Aufstieg neuer barbarischer Häuptlinge wieder ein neuer Feudalismus ausgebildet haben wird und ein künftiger Otto der Große eine ungebildete, aber äußerst gerissene Mischung aus Rockstar und Bandenchef sein könnte.)

Rückzug und Auflösung von Imperien haben ungeheure historische Auswirkungen, die sich über Jahrhunderte hinziehen. Der Niedergang und Zerfall des spanischen Reiches führte zu den großen atlantischen Weltkriegen zwischen Frankreich und England. Zu diesem gewaltigen historischen Kapitel gehört auch die Entstehung der Vereinigten Staaten. Die das achtzehnte Jahrhundert ausfüllenden Weltkriege zwischen England und Frankreich dauerten hundertsechsundzwanzig Jahre; der Niedergang und Zerfall des spanischen Reiches dauerte über dreihundert Jahre, von der Niederlage der Armada im Jahr 1588 bis zum Spanisch-Amerikanischen Krieg im Jahr 1898. (Die Vereinigten Staaten erbten schließlich einen Großteil des spanischen Reiches, darunter seine Flottenpräsenz im Mittelmeer, und diese Erbfolge schließt auch die Philippinen ein, von denen sie sich jetzt zurückziehen, so wie sie sich eines Tages auch von Puerto Rico zurückziehen werden.)

Am anderen Rande Europas dauerte der Rückzug und die Auflösung des türkischen Reiches ein Vierteljahrtausend, von etwa 1683 bis 1923. Dieser Rückzug führte zu dem, was unsere Vorfahren die orientalische Frage nannten (korrekter als ihre heutigen Nachfahren, die den Nahen Osten ständig als »Mittleren Osten« bezeichnen). Eine der Folgen des Rückzugs der Türken und der Auflösung ihres Reiches war der Ausbruch des Ersten Weltkriegs. Auf dem Balkan machten Russen und Österreicher ihre Interessen geltend (und 1914 auch die Deutschen, in der Türkei); sie unterstützten ihre Satelliten, und das führte zu zahlreichen Konflikten und kleineren Kriegen, Drohungen mit größeren Kriegen und Mordanschlägen wie dem auf den österreichischen Erzherzog und Thronfolger im Jahr 1914. Weiter östlich führte das Ende des türkischen Reiches zu vielen der rationalen und irrationalen Kämpfe, die den Nahen Osten bis heute kennzeichnen. (Man stelle sich vor, daß die Türken noch immer in Mesopotamien, die Spanier noch immer in Kuba, die Briten noch immer in Indien herrschten – ginge es uns nicht besser? Und ginge es nicht auch den ihnen unterworfenen Völkern besser? Dies ist, wie ich gestehe, ein nostalgischer Traum eines Historikers.)

Und nun befindet sich das Russische Reich in Auflösung. Vielleicht ist dieser Vorgang unumkehrbar. Welche ungeheuren Folgen wird das nach sich ziehen in dieser ausgedehntesten Landmasse, dem eurasischen Herzland des Globus, über das sich die Geopolitiker seit Beginn des Jahrhunderts in Spekulationen ergehen? Die eine oder andere Spekulation mag nebelhaft gewesen sein. Nicht nebelhaft war, was leider Hitler erkannte (und Roosevelt nicht): die Wiederkehr des Primats der Landmacht gegenüber der Seemacht nach fünfhundert Jahren. Doch die größte Bedrohung für Rußland geht nicht länger von Europa aus. Auch wenn die Deutschen ihre Vormachtstellung in Osteuropa ausbauen sollten, werden sie doch nicht erneut danach streben, Rußland zu erobern. (Ein Bündnis zwischen Deutschland und einem prodeutschen Regime in Rußland wird allerdings möglich sein.)

Unterdessen zeichnet sich in Teilen des asiatischen Rußland der vage Umriß einer neuen islamischen oder mongolischen oder chinesisch-japanischen Ambition ab. Ob sie handfeste Formen annehmen wird, steht nicht fest. Unsere Kinder und Enkelkinder werden es erfahren. Welche bleibenden Folgen das Ende des ehemaligen Russischen Reiches haben wird, kann man erst in hundert Jahren sagen. Bis dahin wird die Welt aber in ein anderes Zeitalter eingetreten sein, die Textur der Geschichte wird sich verändert haben, es ist sogar denkbar, daß die territorialen Ambitionen großer zentralisierter Staaten nicht mehr der entscheidende Faktor der Geschichte sein werden. (Denkbar, aber alles andere als sicher.)

Seit nahezu fünfzig Jahren ist Marx immer wieder Zielscheibe meiner Kritik gewesen, und es ist einer der zahlreichen Belege seiner Kurzsichtigkeit, daß er sich nicht um die Nationen und den Nationalismus gekümmert hat, der sich bereits zu seinen Lebzeiten als die entscheidende politische Kraft herauskristallisierte, daß er die Nation mit dem Staat gleichgesetzt hat. Sein Gegenspieler im zwanzigsten Jahrhundert war der deutsche Carl Schmitt, der gegenwärtig unter politischen Theoretikern eine vielleicht übertriebene Aufwertung erfährt, obwohl er (zumindest einige Jahre lang) das gewesen ist, als was seine Feinde ihn bezeichnen, nämlich Kronjurist des Dritten Reiches. Jetzt stehen wir weltweit, auch in den Vereinigten Staaten, vor einem neuen Phänomen. Der Nationalismus ist so stark wie eh und je, während die Autorität und Effizienz zentralisierter Staaten seit einiger Zeit schwächer wird.

Das Verhältnis zwischen Nation und Staat kennt heute vielfältige Ausprägungen. Der moderne Staat ist fast fünfhundert Jahre alt, das Ideal des Nationalstaats weniger als zweihundert. Aus den Ruinen der ehemaligen Sowjetunion erstehen verschiedene Staaten und Ministaaten, und es sind darunter einige Nationalitäten, die erst seit ganz kurzer Zeit ein Bewußtsein ihrer gesonderten Nationalität besitzen und nie einen Nationalstaat oder überhaupt einen Staat gebildet haben. Andere, zum Beispiel Armenien und Georgien, nähren ihre Bestrebungen aus weit zurückreichenden und historisch oft zweifelhaften Erinnerungen an ihre mittelalterlichen oder gar noch früheren »Königreiche«, die sie mit »Unabhängigkeit« und »Staatlichkeit« gleichsetzen. (Einige dieser kaukasischen Völker hatten selbst unter kommunistischer und stalinistischer Herrschaft einen erstaunlich weiten wirtschaftlichen, kulturellen und sogar politischen Spielraum. Ihre Stammesbräuche, darunter alle möglichen Formen illegalen Handels, wurden von den nicht minder korrupten Vertretern der sowjetischen Bürokratie unter ihnen geduldet.)

Das große Fragezeichen sind die Ukrainer. Ich kann mir kaum vorstellen, daß ihre volle Souveränität für die Russen akzeptabel ist, daß sie sie völlig ziehen lassen. Ein vertracktes Problem stellen, ebenso wie in den baltischen Staaten, Millionen von Russen dar, die in der Ukraine leben. Dieses Nationalitätengemisch ist auch in Jugoslawien das Hauptproblem: Würden in »Kroatien« keine Serben leben, gäbe es jetzt nicht den jugoslawischen Bürgerkrieg. Den Serben muß man ihren übersteigerten Nationalismus vorhalten, aber auch die Kroaten sollten nicht von Kritik verschont bleiben, nicht nur wegen ihrer entsetzlichen Missetaten während des Zweiten Weltkriegs, sondern auch, weil sie 1918 ein Jugoslawien wollten, so wie die Slowaken damals eine Tschechoslowakei wollten. (Beide waren unter den Habsburgern besser dran, aber lassen wir das.)

Vor unseren Augen entstehen so viele neue Staaten und Ministaaten. Sie sind Ausdruck der spontanen Wünsche ihrer Völker. Die Drahtzieher sind jedoch ehrgeizige Politiker-Häuptlinge. Der Impuls des Nationalismus, das Verlangen nach einem eigenen unabhängigen Nationalstaat, ist eines der Ergebnisse der Romantik (und wir sind heute alle Romantiker, denn mit dem klassischen Rationalismus des achtzehnten Jahrhunderts ist es vorbei), doch die Drahtzieher sind gewiefte Machtpolitiker, angelockt von der Aussicht auf hohe Einkünfte, während die Vergünstigungen, die mit einem hohen Staatsamt verbunden sind, ihrer persönlichen Eitelkeit schmeicheln: Auf einmal verbeugt man sich vor ihnen, jeglicher Komfort steht ihnen zur Verfügung, sie besitzen aufgeblähte Stäbe und Ehrenkompanien, und sie werden als Staatsgäste empfangen.*

Im Falle der baltischen Staaten gab es eine potentielle Kompromißlösung, die jetzt verpaßt ist. Als Stalin und Molotow im Oktober 1939 Estland, Lettland und Litauen, die zuvor von Hitler der russischen Interessensphäre zugewiesen worden waren, Verträge aufzwangen, erhielten die Russen Armee- und Marinestützpunkte, mischten sich aber in die politischen und gesellschaftlichen Strukturen dieser kleinen Länder nicht ein. Als Deutschland dann im Sommer 1940 Frankreich besiegt hatte, ging Stalin zur brutalen Besetzung dieser Länder über und befahl deren Einverleibung in die Sowjetunion. Den Status, den sie in der ersten Phase zwischen Oktober 1939 und Juni 1940 hatten, hätte man ihnen jetzt wieder geben können: Unabhängigkeit und Souveränität für die baltischen Staaten, und zugleich die Hinnahme einer begrenzten Zahl russischer Armee- und Marinestützpunkte auf ihrem Territorium – die vielleicht unvermeidliche Erinnerung daran, daß sie aufs Ganze gesehen doch enge Nachbarn Rußlands sind. Eine solche Formel war noch vor einem Monat (ich schreibe dies im September 1991) eine Möglichkeit, und ich wünschte, die amerikanische Regierung hätte sie unterstützt. Sie ist jetzt verpaßt. Die baltischen Politiker und viele aus ihren Völkern werden sagen: »Ja, aber das wäre keine *volle* Unabhängigkeit, keine *volle* Souveränität gewesen.« Ich verstehe das sehr wohl, aber sie bedenken dabei

* Vor zwanzig Jahren wurde mir erzählt, das begehrte (und erhältliche) Statussymbol im sowjetischen Georgien sei ein schwarzer Cadillac. Ja, es gab, sagen wir, 1972, Cadillac-Besitzer in Georgien, und es waren nicht nur Staatsfunktionäre. Jetzt ist es der schwarze Mercedes in den luxuriöseren Ausführungen der 300er- und S-Reihe.

nicht, daß es in der Realität keine volle Unabhängigkeit und keine volle Souveränität gibt. Das sind im Leben der Völker ebenso Illusionen wie im Leben des einzelnen.

Letztlich hat jede Nation die Regierung, die sie verdient. Heutzutage wird von allen Sozialwissenschaftlern und von den meisten Historikern und Persönlichkeiten des öffentlichen Lebens bestritten, daß es einen Nationalcharakter gibt. Tatsache ist dennoch, auch wenn dies der amerikanischen Denktradition widerspricht, daß der Charakter eines Volkes dessen Institution stärker prägt, als seine Institutionen seinen Charakter prägen oder beeinflussen. Das bedeutet, daß die Lebensweise, Politik und bürgerliche Freiheiten eingeschlossen, der einzelnen Völker der ehemaligen Sowjetunion (und der Völker Osteuropas) auch in Zukunft sehr große Differenzen aufweisen wird, ungeachtet äußerlicher Übereinstimmungen in ihren »demokratischen« Verfassungen und politischen Institutionen.

Man hört oft (es ist schließlich naheliegend), daß Hitler das, was er getan hat, nicht hätte tun können ohne die Unterstützung des deutschen Volkes. Über Stalin und das russische Volk wird das selten gesagt. Das ist insofern merkwürdig, als Millionen von Russen zu den Opfern Stalins gehörten, während die Opfer Hitlers in ihrer überwältigenden Mehrheit keine Deutschen waren. Die einzige Säuberung Hitlers, die an die Stalins erinnerte (und Stalin scheint das bemerkt zu haben), war die vom Juni 1934, als Hitler und seine Spießgesellen Röhm und die radikalen Führer der SA beseitigten und bei der Gelegenheit gleich mit ein paar weiteren Opfern aufräumten. Die Säuberungen, zu denen Stalin dann schritt, hatten überhaupt keine Ähnlichkeit mit der Hitlers, dafür aber eine verblüffende Ähnlichkeit mit der *Opritschnina* Iwans des Schrecklichen. Zu den entsetzlichsten Aspekten an Stalins Säuberungen gehört, daß er Horden von willigen Kollaborateuren hatte, Tausende von Denunzianten und weitere Tausende von Polizisten, die die Menschen folterten und die unsinnigsten Geständnisse aus ihnen herauspreßten. Die Opfer erwiesen sich mit wenigen Ausnahmen als verächtlich und kriecherisch und beschuldigten sich gegenseitig. Die meisten besaßen keine Würde, keinen Mut, keine wirklichen Überzeugungen. (Soviel zu Koestlers verlogenem Melodram, sie hätten gestanden um einer höheren Sache willen – der Partei.) Die breite Masse der sowjetischen Völker blieb diesem Spektakel gegenüber gleichgültig.

Es gibt Ähnlichkeiten zwischen Stalin und Hitler (Alan Bullock versucht sie in seinem jüngst erschienenen Buch zu beschreiben), aber nicht viele. Eine Übereinstimmung, die neben vielen anderen Dingen von Bullock übersehen wird: Beide logen, was den Respekt und die Zuneigung zum Vater betraf. Sie wurden von ihren Vätern geschlagen – sie liebten ihre Mütter. Seltsamerweise starben beide Väter im Wirtshaus: Wissarion Dschugaschwili angeblich bei einer Wirtshausschlägerei in Tiflis im Jahr 1909, Alois Hitler, während er in Leonding an seinem Stammtisch saß, im Jahre 1903. Damit enden die Übereinstimmungen. Hitler sah, wie es sich für einen Deutschen gehört, die Welt im Lichte seiner Ideen. Er hing fanatisch an seinen Ideen. Stalin hatte an Ideen kein oder kaum ein Interesse; er war ein kaukasischer Häuptling, der in Kategorien der Macht dachte. Er war mißtrauischer als Hitler. Wer von den beiden war grausamer? Die Zahl ihrer Opfer hilft uns da nicht weiter. Grausamkeit ist, wie alle menschlichen Charakterzüge, eine Sache der Qualität, nicht der Quantität. Die Grausamkeit Hitlers war kalt und überlegt, die Stalins war georgisch heiß, sie steckte ihm im Blut. Beide hatten leider gut gelernt, was Staatskunst ist – auf Kosten ihrer Opfer, ihrer Gegner und sogar ihrer Verbündeten. Vieles an Stalins Außenpolitik erinnerte an die der Zaren.* Hitler betrieb eine völlig andere Außenpolitik als

* *1. September 1991.* Ein Buch über Stalin von Wolkogonow, vormals General und jetzt »Leiter des Instituts für Militärgeschichte« in Moskau. Er hatte als einer der ersten Zugang zu all den unbekannten Materialien in sowjetischen Archiven. Fehler finden sich auf fast jeder Seite. Ist es das, was wir von der

seine Vorgänger. Er war der Revolutionärere von den beiden. Er war die ungewöhnlichere Person. Er war *sui generis*. Es gab außer ihm noch eine Menge Nazis, Antisemiten, deutsche Nationalisten, Rassisten und Demagogen, aber keinen wie Hitler. Seinesgleichen wird uns nicht noch einmal begegnen. Er entsprach keinem Typ. Der Typ Stalins dagegen – der kaukasische Populist-Bandit, gerissen, schlau, fähig, den Menschen in seiner Umgebung seinen Willen aufzuzwingen, bis hin zu einigen seiner äußerlichen Merkmale, darunter sein Schnauzbart – kommt auch heute noch vor, in den Basaren von Tiflis oder unter den bäuerlich-populistischen Figuren der kaukasischen und transkaukasischen »Republiken«. Seinesgleichen werden wir immer wieder antreffen, in Ossetien oder Turkmenistan, wenn auch vielleicht nicht im Moskauer Kreml.

russischen historischen »Forschung« erwarten können, nun da die Kommunisten fort sind? Es stimmt mich nicht zuversichtlich. Man findet einige unerwartete und potentiell interessante Informationen, doch nichts davon ist nachprüfbar. Die Verweisungen sind byzantinisch und protzig.

Man findet allerdings eine sehr bedeutsame Mitteilung, in der es um eine Äußerung von Stalin selbst und seine Randnotizen geht. Im Juli 1940 – allein das Datum ist schon bedeutsam, denn zu dieser Zeit eroberte Stalin die baltischen Staaten und Bessarabien zurück, die von den Zaren gewonnen und von Lenin verspielt worden waren – bereitete *Bolschewik*, das offizielle Organ des Marx-Engels-Lenin-Instituts, den Abdruck eines Artikels von Engels' »Über die Außenpolitik des russischen Zarismus« vor. Schdanow und andere waren sich ihrer Sache nicht sicher und legten ihn Stalin zur Beurteilung vor. Stalins Randnotiz lautet: »Aggressive Niedertracht war kein Monopol der russischen Zaren.« Engels »übertreibt sie«. »Die zaristische Außenpolitik angreifend, beschloß er [Engels], sie in den Augen der europäischen öffentlichen Meinung anzuschwärzen.« Stalin kam zu dem Schluß: »Eine Veröffentlichung lohnt sich nicht.« Wolkogonow führt dies als einen Beleg dafür an, wie Stalin sich in die »wissenschaftliche« Arbeit russischer akademischer Institute und literarische Publikationen einmischte. Es ist jedoch ein Beleg für etwas ganz anderes. Es ist sehr viel bedeutsamer als das. Es ist – neben anderen, ähnlichen Belegen, die im Laufe der Jahre auftauchen – ein aufschlußreicher Hinweis auf das, was Stalin war, oder vielmehr auf das, was er wollte: die Größe Rußlands und seines von den Zaren geschaffenen Reiches wiederherstellen, die Lenin verspielt hatte und die marxistischer Dogmatismus nur gefährden konnte.

Andererseits gibt es im russischen Charakter ein merkwürdiges, unerwartetes Element: diese einem Schuldgefühl entspringenden Bekehrungen, eine Bereitschaft, auf seinen Besitz zu verzichten und Dinge wegzuschenken. Dostojewski hat solche Bekehrungen in seiner fieberhaften, schwer atmenden Prosa übertrieben und mystifiziert, aber sie existieren gleichwohl. Der deutsche Charakter ist nicht so weich – abgesehen von einer Sentimentalität, die in manchen Fällen falsch und widerlich, in anderen aber auch wirklich gutherzig sein kann. Im russischen Charakter findet sich oft ein abrupter Wechsel von einer harten, nahezu blinden, barbarischen Grausamkeit zu einer unerwartet mitleidigen Sanftheit. Letztere ist leider selten, aber sie kommt oft bei ein und derselben Person vor.

Anzeichen dafür finden sich bei Gorbatschow und vor ihm bei Chruschtschow. Chruschtschows Entscheidung, im Februar 1956 vor den ganzen Parteitag zu treten und Stalins Verbrechen aufzulisten, hatte etwas sehr Russisches – verblüffend, unerwartet, unbesonnen. Unbesonnen, weil es die gesamte Führung erschütterte und einige Monate später zu den osteuropäischen Aufständen führte. Einige subtile Hinweise auf Stalins Übertreibungen und Irrtümer hätten es auch getan. Verblüffend, weil die ganze fünfstündige Rede so etwas wie eine Beichte war. Das Thema war Stalin, aber er war nicht der einzige Schuldige. Ein Hauch von *mea culpa* wehte durch die Rede dieses ukrainischen Bauern, der seine ganze Karriere im Dienste Stalins gemacht hatte, doch von Berechnung war in dieser verspäteten Absage an seinen ehemaligen Meister nichts zu spüren. Dreißig Jahre später Gorbatschow, der seinen Aufstieg als Mann Andropows gemacht hatte, in einer gewissen Nähe zum KGB: In den folgenden sechs Jahren verschenkte er ein Imperium. Er war dazu nicht gezwungen; es war nicht Ronald Reagans technologische Prahlerei, die sein Handeln diktierte. Und um die sowjetische Wirtschaft und die materiellen Bedingungen der Völker der Sowjetunion stand es 1985 nicht besser als zuvor, aber auch nicht schlechter. Doch es war nicht nur so, daß Gorbatschow über die Korruption der Kommunistischen Partei völlig im Bilde und tief beunruhigt war. Hinter der mehr oder weniger bewußten Demontage der Partei steckte mehr als bloß das Gefühl vergangener Fehler – wahrscheinlich ein russisches Schuldgefühl. Auch beim Rückzug anderer großer Imperien mag ein gewisses Schuldgefühl mitgespielt haben, aber nie in dem Ausmaß. Selten, vielleicht nie zuvor ist etwas Derartiges geschehen: die Preisgabe von fast allem, was in einem großen Krieg gewonnen worden war, einer ganzen Interessensphäre, ohne äußere oder innere Bedrohungen, ohne eine klare, gegenwärtige Gefahr materieller Not. Und es scheint zumindest, als habe es der Mehrheit des russischen Volkes nicht viel ausgemacht, Osteuropa aufzugeben, und vielleicht hat es ihr noch nicht einmal etwas ausgemacht, viele der anderen »Republiken« der Sowjetunion gehen zu lassen. Auch das ist etwas Seltenes. Ich halte es für verkehrt, all das auf bloßen Materialismus oder auf Gleichgültigkeit und Abstumpfung zurückzuführen. Gewiß, es gibt diese Elemente, doch diese Gleichgültigkeit gegenüber imperialen Besitzungen, ja sogar gegenüber der traditionellen territorialen Ausdehnung des eigenen Staates könnte letztlich ein Kennzeichen – vielleicht sogar eines der spirituellen Kennzeichen – eines großen Volkes sein.

V
DEUTSCHLAND. DIE MITTE

Als ich 1982 zu einem kurzen Besuch in Süddeutschland weilte, spürte ich zum ersten Mal, daß die dortige Präsenz einer amerikanischen Armee etwas war, das allmählich in die Vergangenheit entschwand. Das deutsche Parlament hatte soeben der Aufstellung neuer amerikanischer Raketen zugestimmt, die auf die Sowjetunion zielten. War das auf längere Sicht von Bedeutung? Nach meiner Meinung nicht. Die amerikanischen Hinweisschilder am Rand deutscher Städte und Dörfer hatten – manchmal sehr auffällig – etwas Verblichenes:

Während wir in Deutschland die Autobahn entlangfahren, vermitteln die Schilder, die auf eine amerikanische Militärenklave oder Befehlsstelle hinweisen, bereits den schwachen Eindruck eines Anachronismus, einen Eindruck, der aus jener Zeit übriggeblieben ist, als die entscheidende politische Realität in Westdeutschland die amerikanische Militärpräsenz war, die bis an den Eisernen Vorhang reichte.

1983 war ich für einen Tag in Hamburg, einem Hamburg,

das vor vierzig Jahren von Bomben und einem Feuersturm kaum weniger verwüstet wurde als Hiroshima und schlimmer als Nagasaki. Aus seinen Trümmern hat sich eine neue, funkelnde Stadt erhoben. Dazu zählt der giftige Glanz eines ganzen Viertels, das die Stadtväter der sexuellen Ausschweifung gewidmet haben. Zur Stadt gehören aber auch weite Flächen, auf denen sich solide Villen erheben, behaglich und anheimelnd, und das Licht, das durch die dichten Vorhänge dringt, läßt den warmen Mief bürgerlichen deutschen Familienlebens ahnen; es sind Patrizierhäuser von einer gediegenen Eleganz, die Tradition besitzt und vielleicht deshalb beeindruckend ist. An jenem Winterabend strahlten sie das geheime Versprechen von Stabilität und Redlichkeit aus...

An einem grauen Morgen begab ich mich zum Bahnhof Hamburg-Dammtor, und der geschwungene Gehweg führte durch die Halle eines Gebäudes, das bis vor kurzem ein Luxushotel an der Esplanade war und jetzt als Bürogebäude dient. Ich wollte zu einem Zug nach Kiel. Ich sah einen deutschen Punker, dessen Lederjacke mit Obszönitäten bemalt war; er war kahlgeschoren bis auf einen buntgefärbten Irokesenkamm, der mehr brutal als militärisch wirkte. Er ging unter in dem Gewühl der Norddeutschen mit ihren strengen Gesichtern. Das Büfett war mindestens fünfzig Jahre alt, aber makellos, bis auf den Ständer mit Sexmagazinen nebenan. Ich sah einige elegante Frauen, die ihren Pelzmantel an sich drückten. Ich ging zum Bahnsteig hinauf...

Alle zwei Minuten fuhren Züge durch, fuhren ein, glitten hinaus. Die S-Bahn fuhr auf denselben Gleisen wie die Nahverkehrszüge, die Eil- und D-Züge, die Intercity- und die Trans-Europa-Nachtzüge. Von der Anzeigetafel erklang ein Gong, und es erschienen die Abfahrtszeit und der Name des nächsten Zuges. Rasselnd änderte sich die Anzeige auf einer anderen Tafel. Auf einem weiteren Schild wurden die Zusammensetzung der Züge und die Wagenfolge angezeigt. Diese Effizienz war lebensprühend, nicht abstumpfend; sie entsprang dem Diensteifer, der menschlichen Absicht hinter dem Mechanismus. Zug von München. Zug nach Altona. Zug von Frankfurt. Zug nach Leipzig – mit ostdeutschen Wagen. Zug nach Amsterdam. Zug nach Berlin – mit west- und ostdeutschen Wagen. Der Mont Blanc nach Genf. Der Prinz Eugen nach Wien. Alle innerhalb von fünfzehn Minuten. Dort, vor meinen Augen, lief die sich entfaltende Geschichte Deutschlands, der deutschen Nation ab. Zug nach Kiel.

(Auf dem Kieler Bahnhof sollte mich ein deutscher Professor abholen. Ziemlich jung, aber linkisch, war er so humorlos wie alle seine Vorfahren. Während er mich zur Universität fuhr, versuchte ich ein wenig mit ihm zu plaudern. Ich fragte

ihn, woher der Name Kiel komme, worauf er mir eine umständliche Erklärung gab. »Danke«, sagte ich, »ich sammle gern alle erdenklichen nutzlosen Informationen.« Wir standen vor einer Ampel. Er drehte sich zu mir um. »Das ist keine nutzlose Information«, sagte er verbissen. Wenn er seine Pranken nicht am Lenkrad gehabt hätte, hätte er mit dem Finger auf mich gezeigt.)

1989 hatte sich der Eiserne Vorhang in nichts aufgelöst, die Berliner Mauer noch nicht. Zum letzten Mal während des kalten Krieges verliefen die Entwicklungen in Deutschland und Osteuropa nicht Hand in Hand, auch nicht die Bewegungen der Menschen. Vor 1961 brauchte ein Osteuropäer, der auf einem relativ ungefährlichen Weg in den Westen fliehen wollte, sich nur nach Ostberlin zu begeben, von wo er unauffällig nach Westberlin gelangen konnte, indem er die U-Bahn nahm, die noch zwischen den beiden Stadthälften verkehrte. 1989 ging es umgekehrt: Ostdeutsche, die nach Westdeutschland ziehen wollten, begaben sich in die Tschechoslowakei und nach Ungarn, von wo aus sie über Österreich nach Westdeutschland fahren konnten. Diese Flucht war so umständlich wie lächerlich. Mir war schon Monate vor der Öffnung der Berliner Mauer klar, daß die deutsche Teilung der Vergangenheit angehörte. Am 9. November war es soweit, und ich war froh, als diese Szenen über den Fernsehschirm flackerten. Mir fiel eine weitere Koinzidenz auf: was alles in der deutschen Geschichte an einem neunten November passiert war, viermal in diesem Jahrhundert. Am 9. November 1918 hatte der Kaiser abgedankt, war die deutsche Republik ausgerufen worden. Am 9. November 1923 hatte Hitler in München seinen Putschversuch unternommen. Am 9. November 1938 kam es in Berlin und überall in Deutschland zu der entsetzlichen Kristallnacht*: Jüdische Geschäfte wurden geplündert, Synagogen in Brand gesteckt, viele Juden grausam mißhandelt. Jetzt, am 9. November 1989, brach nicht sauberes Glas, sondern häßlicher Beton,* *zerfiel endlich die Berliner Mauer. Die Wiedervereinigung Deutschlands.*

2\. Dezember 1990. *Heute haben die Deutschen zum ersten Mal seit 1933 an einer gesamtdeutschen Wahl teilgenommen, und die Einwohner von ganz Berlin haben zum ersten Mal seit 1946 ihre Stadtregierung gewählt. Ich war an diesem Tag in Berlin. Es herrschte so etwas wie Sonntagsstille in dieser großen Stadt, aber es war nicht die Stille eines großen historischen Ereignisses. Die Stimmung war vorweihnachtlich. In vielen Wohnungsfenstern standen Adventskränze teils mit elektrischen, teils mit flackernden Kerzen, und auf einigen Balkonen sah ich schon so früh funkelnde Weihnachtsbäume – dies vermutlich ein Brauch, der von den Amerikanern übernommen wurde. Doch überall war die Stimmung mehr nach innen als nach außen gekehrt. In den Wahllokalen sah ich kaum Menschen; dabei betrug die Wahlbeteiligung über achtzig Prozent. Es waren nicht viele Menschen zu sehen und nicht viele Wahlplakate. Als am Abend die Wahlergebnisse kamen (erstaunlich schnell und erstaunlich genau), herrschte kein Rummel, nichts von den Ritualen amerikanischer Wahlen (nur bei den Freien Demokraten spielte eine – deutsche – Dixielandband). Die Kommentare der Politiker, der Gewinner wie der Verlierer, waren nicht so phrasenhaft, nicht so schwülstig, wie es sich bei amerikanischen Kandidaten eingebürgert hat. Alles in allem war es eine würdevolle Wahl, von der sich Amerikaner beeindrucken lassen sollten.*

Daß es an Spannung fehlte, lag unter anderem daran, daß das Ergebnis lange im voraus bekannt war. Die außerordentlich genauen Umfragen sagten für Kohl und seine Partei dreiundvierzig Prozent der abgegebenen Stimmen voraus, und so kam es. Wir sollten uns eingehender mit diesen Umfragen befassen. Sie stellen eine der Verkörperungen von Heisenbergs Entdeckung dar, wonach der Akt der Beobachtung den Beobachtungsgegenstand beeinflußt (bzw. die öf-

fentliche Aufmerksamkeit, die man bestimmten Taten schenkt, Wiederholungen dieser Taten nach sich zieht).

Vielleicht gilt dies besonders für die Deutschen, die einen starken angeborenen Wunsch nach Respektabilität haben. Hitler wußte das. Im November 1923 machte er seinen Putschversuch in München, in dem Wissen, daß weite Kreise der etablierten Gesellschaft seine deutschnationalen Gefühle teilten; doch weil er an jenem Tag gegen die Schranken der respektierten Ordnung marschierte, scheiterte er. Er lernte schnell. Keine zehn Jahre später war er Reichskanzler, weil viele ansonsten konservative Deutsche zu der Ansicht gelangt waren, daß die Nationalsozialisten im Unterschied zu den Kommunisten und anderen Linksextremen letztlich doch respektable Deutsche seien. In dieser Hinsicht irrt die ansonsten sehr zuverlässige und genaue deutsche Presse, in der es jetzt heißt, dieser 2. Dezember 1990 sei die erste freie gesamtdeutsche Wahl seit 1932. Das stimmt nicht: die letzte fand am 5. März 1933 statt, als Hitler bereits Kanzler war, eine demokratische Wahl (mit einer Ausnahme: die Kommunistische Partei war aufgelöst worden). Bei jener Wahl erhielten Hitler und die Nazis 43,9 Prozent der gesamtdeutschen Wählerstimmen – was bis auf den letzten Prozentpunkt genau mit dem Ergebnis für Kohl und seine Partei übereinstimmt.

An Kohl gibt es im Grunde nichts auszusetzen. Er hat nichts von einem Nazi an sich. Er erinnert einen an die bürgerlichen, katholischen, nazifeindlichen rheinischen Deutschen, die (zusammen mit ihrer Partei, dem Zentrum) im März 1933 hauptsächlich deshalb beschlossen, Hitler nicht zu behindern, sondern zu unterstützen, weil er den Antikommunismus und eine wiedergefundene nationale Einheit und nationale Ordnung der Deutschen betonte. Doch es ist mir bewußt, daß diese Hypothese ungerecht ist. Wichtiger noch: Ein neuer Hitler oder gar eine künftige hitleristische Massenbewegung sind ausgeschlossen. Hitler und die Nazis gehörten dem zwanzigsten Jahrhundert an, und dieses Jahrhundert ist jetzt vorüber.

Berlin gehört nicht zur atlantischen, sondern zur kontinentalen Sphäre. Das merkt man an vielen Dingen, auch am Klima. Frühling und Herbst sind kurz. Der Sommer ist nördlich-hell, wie eine blaßblonde junge Frau mit milchiger Haut und großen wasserblauen Augen. Berlin ist eine sehr weiträumige Stadt mit vielen Seen und langen Sommerabenden, an denen auf den Steinterrassen der schicken Ufervillen bis in die Nacht hinein die Lichter scheinen, durch das lebhafte, durchaus nicht welke Grün der Bäume hindurch. An der Peripherie dieser Großstadt ist es ein wenig ländlich, wobei dieses rus in urbe *allerdings das Gegenteil der englischen* urbs in ruri *ist, einer städtischen Lebensweise inmitten einer ländlichen Umgebung. Ich neige zu der Ansicht, daß der Winter die charakteristische – und in mancher Hinsicht die beste – Berliner Jahreszeit ist. Der Himmel ist gleichförmig grau. Doch unter diesem flanellgrauen Firmament herrscht eine knisternde Kälte und nicht die feuchte, windige Winterkühle der Atlantikküste, und man hat das merkwürdige und angenehme Gefühl einer Stadt, die zugleich modern und behaglich ist, sowohl von der Oberschicht als auch von der unteren Mittelschicht geprägt, zugleich brandenburgisch und europäisch, eine ausgedehnte Großstadt des Nordens, fern von der lähmenden winterlichen Düsterkeit der entfremdenden Meere: eine westliche Metropole in der sandigen und oft blutgetränkten Ebene des Ostens.*

Ich blicke mit einem gewissen Respekt und vielleicht sogar Neid zu den hell erleuchteten, großflächigen Fenstern der modernen Apartmenthäuser an der Budapester Straße hinauf, einer der wenigen schicken Straßen in der Stadtmitte, und stelle mir die dort herrschende Atmosphäre vor, die komfortable, von Wohlstand zeugende Einrichtung aus Stilmöbeln, mit braunem Plüsch bezogenen Sesseln und Sofas, hier und da ein einzelnes Biedermeierstück und an der Wand des Salons ein großes und zumeist schrecklich abstraktes Gemälde. Im Unterschied zu den supermodernen Häusern der französischen oder schweizerischen Hochbourgeoisie strömen diese Apartments keine Eleganz aus, aber von ihnen geht etwas Behagliches aus. Dies ist inzwischen ein sehr wohlhabendes Land, mit einem Volk, dessen Streben nach persönlichem Wohlergehen solide und vernünftig ist, auch wenn der frischerworbene Reichtum vielfach nicht von bestem Geschmack zeugt. Aber wo wäre das nicht der Fall?

Die westdeutsche Demokratie war lange nicht zu trennen von der Amerikanisierung Westdeutschlands, deren vielfältige Äußerungen vom Bewunderungswürdigen bis zum Komischen reichen und die weder den Alltag der Deutschen noch die Sprache des Wirtschaftslebens verschont hat. Aber das läßt jetzt nach, aus mehr als einem Grund. Einer davon ist der Niedergang des amerikanischen Prestiges, darunter auch der Niedergang des Dollars, der allem Anschein nach kein vorübergehendes Phänomen ist. Nicht nur, daß Berlin für einen Amerikaner sehr teuer ist: ein kleines Gläschen Schnaps in einer Bar kostet acht, das Frühstück in meinem Hotel siebzehn Dollar. (Lassen wir es dabei. Hier geht es nicht bloß um Wechselkurse und nicht nur um eine materialistische Überlegung. Wann hat seit der Gründung der Vereinigten Staaten ein Amerikaner im Ausland je feststellen müssen, daß er ärmer ist als die Landesbewohner aus der Schicht, der er selbst angehört? Weniger elegant, weniger kultiviert, weniger geschliffen, weniger weltläufig – vielleicht. Aber ärmer? Dies ist keine kurzfristige Angelegenheit. Sie enthält eine Botschaft, die mit dem Materiellen nichts zu tun hat.)

Manches daran stimmt mich wehmütig. Am Montag gehe ich ins KaDeWe (Kaufhaus des Westens), das inzwischen traditionsreiche große Kaufhaus am Wittenbergplatz. Überall umgeben einen Glanz und Luxus, es ist voll, ohne daß man das Gefühl hätte, daß die Leute sich drängeln, die Bedienung ist sachkundig und freundlich, hübsche junge Frauen an unzähligen Tresen. Ich werde traurig, als mir plötzlich bewußt wird, daß so die großen amerikanischen Kaufhäuser vor dreißig Jahren aussahen.

Die Deutschen ähneln im großen und ganzen den Amerikanern – wofür sie viele Gründe haben, wie man hinzufügen muß. Ihr politisches Urteil ist realistischer als das der Menschen in Osteuropa (von wo ich nach Berlin geflogen war). Was selbst die intelligentesten Menschen dort vorbringen, ist so bestürzend, daß mir eine Diskussion mit ihnen unmöglich ist. Sie sagen zum Beispiel, dieser weltgeschichtliche Wandel, das Ende einer Epoche, der Niedergang der Sowjetunion und ihr erstaunlicher Rückzug aus Europa seien einem einzigen Mann zu verdanken: Ronald Reagan. Reagan, der mit seinem brillanten Rüstungsprogramm und seinen Star Wars *die Sowjetunion in den Bankrott getrieben habe. Reagan habe Gorbatschow dazu gebracht, das zu tun, was er tun mußte. Das sagt man mir immer wieder, und nachdem ich einige Male »Quatsch!« zu stammeln wagte, gebe ich es auf.*

Die Deutschen glauben das nicht. Sie kennen die Russen besser. Sie wissen, was sie Gorbatschow zu verdanken haben, und das gereicht ihnen zur Ehre.

Es ist nicht angenehm, wenn ein Deutscher Amerika und die Amerikaner aus den falschen Gründen mag. Ein deutsches Ehepaar, nackt und rosig, erzählt mir in der Sauna des Hotels, daß sie im Dezember in die Vereinigten Staaten fliegen, um ihren Jahresurlaub in Florida zu verbringen. Sie sagen, sie liebten es. Sie sagen, sie liebten auch Las Vegas. Sie lieben Atlantic City. Aber das ist nicht nur eine Frage des zweifelhaften Geschmacks (den man in Deutschland häufig antrifft, wenn auch vielleicht weniger in Städten wie Berlin und Hamburg). Sie mögen Amerika und die Amerikaner, aber sie achten Amerika und die Amerikaner immer weniger. Sie sehen in den Amerikanern wohlmeinende, laute, ziemlich dumme, tatkräftige, unreife Menschen. Der Flug nach Miami, sage ich, das sei doch ziemlich lang, und dann noch die drei Stunden Fahrt nach Fort Myers. Ob sie nicht unter der Zeitverschiebung litten? »Das macht mir nichts aus«, sagt der Deutsche. »Morgen abend werde ich mir ein Riesensteak zu Gemüte führen!« Seine nackte Frau ergänzt: »Nach Cajun-Art.« Ich hatte nicht unter der Zeitverschiebung zu leiden, aber nachdem ich drei Stunden lang durch Berlin gelaufen war, ging ich hinunter in die prächtige Bad- und Sauna-Anlage des Hotels, um mich vor dem Abendessen zu entspannen. Von der Leiterin des Bades, einer attraktiven jungen Berlinerin in weißer Uniform, lieh ich mir eine lange Badehose aus. In der Sauna selbst legen sich Männer und Frauen völlig nackt auf die Bänke. Mir ist das nichts Neues, denn ich bin schon zuvor in deutschen Saunen gewesen; diese Sitte hat sich in den letzten zwanzig Jahren eingebürgert. Die Deutschen halten sich öfter etwas auf ihre Nacktkultur und darauf zugute, daß sie frei von Heuchelei seien. Doch wenn sie nicht heuchlerisch sind, so heißt das nicht, daß sie nicht in anderer Weise unredlich sind. Statt »frei« und »natürlich« zu sein, verdecken die nackten Frauen ihre Nervosität durch eine zur Schau gestellte amoralische Unbekümmertheit. Verstohlen lassen sie ihre Blicke wandern; sie sind unruhiger als die Männer. Ich habe diese Dinge schon zuvor beobachtet, doch jetzt kommt, was dieser Groteske die Krone aufsetzt: Die Leiterin betritt die Sauna und erklärt mir, im Schwimmbecken müsse ich eine Badehose tragen, in der Sauna sei das jedoch unerlaubt. Das ist typisch Deutschland, wo alles geregelt sein muß. Ich verlasse die Sauna, tauche ins Kaltwasserbecken und steige dann ins Schwimmbecken.

Etwas an dieser Sache verstößt gegen Nietzsches Idee, die den Deutschen in der Vergangenheit soviel Schaden zugefügt hat. Denn im Grunde besteht zwischen Immoralität und Amoralität kein großer Unterschied. (Die erstere wäre wohl der letzteren vorzuziehen, denn eine bewußte Heuchelei ist auf jeden Fall der schlimmeren Unredlichkeit der Selbsttäuschung vorzuziehen.)

Ich ging durch den Tiergarten zum Brandenburger Tor, gut drei Kilometer von meinem Hotel. Als ich es erstmals erspä-

he, wirkt es kleiner, als ich es mir vorgestellt hatte. Das allgegenwärtige Grau der Luft, des Pflasters und der Straßen ist eher hell als dunkel, eher transparent als undurchsichtig, klar und nicht trübe. Lange ehe ich das Brandenburger Tor erreiche, spüre ich, daß ich in Richtung Osten gehe, fort vom Atlantik. Etwa achthundert Meter vom Brandenburger Tor entfernt und noch auf der vormals westlichen Seite erhebt sich ein sowjetisches Kriegerdenkmal. Ich überquere die breite Straße (breit genug, daß dort in den letzten Kriegstagen, wenige hundert Meter von Hitlers Führerbunker entfernt, deutsche Flugzeuge landen und starten konnten). Das Denkmal, dem Heldentum der sowjetischen Soldaten gewidmet, die Berlin befreiten (so steht es jedenfalls dort), ist neoklassisch, im Monumentalstil der dreißiger Jahre (obwohl es erst nach 1945 errichtet wurde) gehalten und macht durchaus Eindruck. Besonders beeindruckend ist der Anblick zweier statuenhafter russischer Soldaten, mit ihren langen Mänteln und weißen Handschuhen offenkundig aus einem Elite-Wachregiment, die reglos vor zwei Säulen des Denkmals stehen. Ein niedriger Drahtzaun trennt das Denkmal vom Bürgersteig, auf dem zwei deutsche Polizisten Streife gehen. Passanten bleiben stehen und gaffen, niemand sagt etwas, jedenfalls nicht, solange ich da bin.

Und zehn Meter weiter bietet sich das bestürzende Bild eines Basars: der Schaum auf dem ozeanischen Zurückweichen der großen historischen Flut, dem tatsächlichen Rückzug und der potentiellen Auflösung des großen russischen Imperiums, das vor fünfundvierzig Jahren nach Berlin hineinflutete und sich dort für lange Zeit einrichtete.

In ungeordneter Reihe stehen dort zehn, nein, zwanzig, fünfzig, hundert Verkaufstische auf Böcken, vollgehäuft mit Pelzmützen der sowjetischen Armee, aus deren dunklem Pelz der rote Stern hervorleuchtet. Offiziersmützen der gesamten sowjetischen Streitkräfte, blitzsauber. Sowjetische militärische Auszeichnungen aller Art. Dienstmedaillen. Feldstecher. Koppel. Pistolen. Feldflaschen. Auf dem Pflaster, auf Plastik-

planen ausgebreitet: lange sowjetische Armeemäntel, verschiedene Uniformen.

Die Offiziere und Soldaten der sowjetischen Garnisonen in Ostberlin verkaufen ihre Ausrüstung für deutsches Geld. Überreste einer Armee in Auflösung. Viele der Verkäufer haben mongolische Gesichtszüge. Einige tragen Pullover und Jeans, stecken in Armeestiefeln. Ein amerikanischer Student probiert einen Mantel eines sowjetischen Artillerieoffiziers in makellosem Zustand an.

Es lockt mich, eine dieser Pelzmützen für fünfunddreißig Mark zu erwerben – als Souvenir? Weil sie warm ist? Dann hält mich etwas davon ab.

Die holprige Reihe der Tische mit ihren Verkäufern erstreckt sich bis ans Brandenburger Tor, macht einen Bogen darum und verliert sich allmählich auf der anderen Seite.

Ich habe die Russen nie gemocht und bin vor über fünfundvierzig Jahren vor ihnen aus Ungarn geflohen, doch was ich jetzt empfinde, ist ein Gefühl hilfloser Trauer, wie immer, wenn man mit ansehen muß, wie jemand oder etwas gedemütigt wird.

Ich ging ein wenig weiter nach Ostberlin hinein. Unter den Linden war ihr Vorzeige-Boulevard. Pas grand'chose. *In den Seitenstraßen das verwahrloste, bedrückende Bild und die Gerüche düsterer wilhelminischer Mietskasernen, die irgendwie den Krieg überstanden und in fünfundvierzig Jahren kommunistischer Herrschaft unzähligen ermüdeten Menschen Obdach gegeben haben. Sie müssen nach Kohlenqualm und dicker Erbsensuppe riechen, die in kleinen schmuddeligen Küchen aufgewärmt wird. Mir ist kalt, und ich bin müde. Drei Stunden war ich auf den Beinen. Ich finde ein Taxi. Zurück in den Betonluxus meines Hotels im Westen.*

Noch ein verblüffender Anblick. Wir fahren auf der Ostseite der einstigen Mauer entlang. Die Mauer war über hundertsechzig Kilometer lang; sie bestand an den meisten Stellen aus zwei parallelen Mauern, zwischen denen sich Minenfelder befanden. Der erste Durchbruch liegt ein gutes Jahr zurück, und jetzt ist nichts, buchstäblich nichts mehr davon übrig. Deutsche Arbeitsgewohnheiten, deutsches Ranklotzen. Doch während mein Taxi die Straße entlangfährt, die noch immer Otto-Grotewohl-Straße heißt (nach dem ostdeutschen Kommunistenführer, aber bestimmt nicht mehr lange), versperrt eine andere Mauer die Sicht nach Westen. Dort, wo sich vor einem Jahr das Niemandsland auf der Ostseite der Mauer erstreckte, erhebt sich über drei Straßenzüge hinweg eine Reihe von Wohnhäusern. Sie sind funkelnagelneu, gut gebaut, anziehend, mit großen postmodernen spitzen Erkerfenstern. Sie müssen innerhalb von acht bis zehn Monaten entstanden sein, nicht mehr.

In ganz Berlin sieht man Plakate: »Helft Rußland!« Im Fernsehen und an Kiosken auf den Straßen Informationen, wo man Geld für die Rußlandhilfe hinschicken oder einzahlen kann. Ich lese, daß deutsche Kriegsteilnehmer eine Lastwagenkolonne mit Lebensmitteln und Kleidung für die Familien russischer Kriegsteilnehmer losgeschickt haben. Ein anderes Plakat trägt die Aufschrift: »Ein Herz für Rußland.«

Ich bin beeindruckt. Ich weiß, daß manchem öffentlichen Akt der Mildtätigkeit etwas von Selbstzufriedenheit anhaftet, von dem Vergnügen, das Emporkömmlinge oder Neureiche daran finden, vorzuführen, daß sie es sich leisten können zu geben. Aber das spielt hier keine Rolle. Wie Dr. Johnson sagte: »Absichten müssen an den Taten gemessen werden.« Ganz zu schweigen von der Tatsache, daß die Russen Deutschland vor fünfundvierzig Jahren erobert und brutal behandelt haben und daß ihre Präsenz dafür sorgte, daß das Land fünfundvierzig Jahre lang geteilt blieb. Das alles ist jetzt vorbei, mit dem Winde verweht.

Ich flog an einem düsteren Dezembermorgen in Berlin ab; um sieben Uhr morgens ist es dort noch stockdunkel; ich flog mit der Lufthansa nach Frankfurt, wo ich in die Maschine nach Philadelphia umsteigen wollte. Bis zum Ende der Mauer durfte die westdeutsche Lufthansa nicht den Luftkorridor nach Berlin benutzen; die Strecke Berlin–Frankfurt war fest in der Hand von Pan American. Auf dem Flug hatten wir das zweifelhafte Vergnügen, daß ein geschwätziger Flugkapitän über Lautsprecher etliche Dinge von sich gab, von denen ich nichts hören wollte. Unter anderem: »Meine Damen und Herren! Bitte entschuldigen Sie einige der Servicemängel auf diesem Flug. Wir fliegen mit einer Pan-American-Crew, deren Ausbildung noch nicht den Maßstäben der Lufthansa genügt.«

David Hume schrieb 1748: »Deutschland ist zweifellos ein vorzügliches Land, voller fleißiger, ehrlicher Leute; und wäre es vereinigt, dann wäre es die größte Macht, welche die Welt je gesehen hat.« Bismarck vereinigte Deutschland im Jahr 1871. Es wurde zur größten Macht Europas. Das genügte Bismarck; er wußte, daß mehr zu verlangen hieß, das Schicksal herauszufordern, daß die größte Macht Europas zugleich eine Weltmacht von beachtlichem Rang war. Wilhelm II. genügte es nicht. Was folgte, waren die zwei Weltkriege, wobei Deutschland für den Ausbruch des ersten zum Teil, für den zweiten so ziemlich allein verantwortlich war. Die zwei Weltkriege des zwanzigsten Jahrhunderts waren die letzten Versuche einer europäischen Macht, zur größten Macht der Erde zu werden. Diesmal war es Deutschland, nach Spanien und Frankreich und England. Das wird nicht wieder passieren. Solche imperialen Ambitionen und Erfolge gehören einem Zeitalter an, das jetzt abgeschlossen ist. Deutschland wurde zweimal geschlagen, mit Hilfe einer außereuropäischen Macht wie der Vereinigten Staaten und der halbeuropäischen Sowjetunion. Nach der ersten Niederlage erhob es sich wieder. Seine zweite Niederlage war endgültiger. Seine Macht war dahin, und es war geteilt – auf andere Weise als vor 1871, aber eben geteilt. Doch 1989 ging diese Teilung zu Ende. Es gibt wieder ein vereinigtes Deutschland.

In seiner sozialen und politischen Struktur wie auch in den Neigungen und der politischen Rhetorik der Leute unterscheidet sich dieses Deutschland vom vereinigten Deutschland der Vergangenheit. Es gibt einen weiteren Unterschied. Die Deutschen sind homogener als vorher. Ihre Gesellschaft ist demokratischer geworden. Die regionalen Unterschiede haben sich verringert – substantielle Veränderungen, die während der Hitlerzeit begonnen hatten. Wichtiger ist die Tatsache, daß bei der größten und dauerhaftesten Veränderung in Europa nach dem Zweiten Weltkrieg nicht die Grenzen von Staaten, sondern ihre Bevölkerungen verschoben wurden. Rund achthundert Jahre lang hatten Deutsche in den Ländern Osteuropas eine starke Stellung eingenommen. Ihrem Zusammenhalt, ihrem Stolz, ihrer Kultur und ihrem Fleiß verdankten sie einen bestimmten Einfluß, der ihre Zahl weit überstieg. In den letzten Monaten des Zweiten Weltkriegs und in den Nachkriegsjahren flüchteten die meisten dieser Deutschen in Richtung Westen, nach Deutschland, wobei Hunderttausende auf der Flucht umkamen. Millionen wurden später von den neuen Herren der osteuropäischen Länder vertrieben. Zehn Jahre nach dem Krieg war jeder vierte Deutsche in Westdeutschland ein deutscher Flüchtling oder Vertriebener. Ihre Präsenz und ihre Ressentiments hätten eigentlich eine schwere Belastung für eine westdeutsche Demokratie sein müssen. Aber es kam anders. Sie und besonders ihre Kinder wurden erfolgreich in das neue, prosperierende und – zumindest äußerlich – nicht ausgesprochen nationalistische Deutschland integriert. Ihr Wunsch, die alte Heimat wiederzugewinnen, erneut nach Osten zu ziehen, ließ Jahr um Jahr nach. Bei ihren Kindern war er kaum noch vorhanden. Wird er bei ihren Enkeln und Urenkeln wiederaufleben? Das ist zweifelhaft; man kann es allerdings nicht wissen.

1945 wurde Europa geteilt. In der Mitte Europas wurde Deutschland geteilt. Innerhalb Deutschlands wurde Berlin geteilt, als der kalte Krieg begann. 1989 wurde der kalte Krieg beendet, zusammen mit der Teilung Europas und Deutschlands und Berlins. Die letzten Spuren des Eisernen Vorhangs verschwanden mit der Berliner Mauer. Doch während des kalten Krieges war die Abfolge der Ereignisse, die Osteuropa von Westeuropa und Ostdeutschland von Westdeutschland trennten, nicht synchronisiert.

Der Grund dafür war, daß sowohl die Russen als auch die Amerikaner nach 1945 einige Jahre lang schwankten, wie der nächste deutsche Staat aussehen würde oder aussehen sollte. Erst nachdem der kalte Krieg eindeutig begonnen hatte, verhärtete sich die Teilung zwischen West- und Ostberlin. Doch selbst in den schlimmsten Jahren der Stalinzeit, als der Rest Osteuropas vom Westen abgeschnitten war, war diese Teilung keine totale. 1954 erkannten die Russen die westdeutsche Regierung an, ohne zu verlangen, daß die Westmächte die ostdeutsche anerkannten. Angesichts des ständigen und anwachsenden Menschenstroms, der über Westberlin in den Westen ging, machten die ostdeutschen Herrscher, nachdem sie ihre widerstrebenden russischen Verbündeten überzeugt hatten, schließlich die ganze Grenze zu Westdeutschland dicht und errichteten 1961 die Berliner Mauer – als man in den anderen kommunistischen Ländern Osteuropas gerade begann, die Reisebeschränkungen zu lockern. Der letzte halboffene Durchlaß zwischen West- und Ostdeutschland wurde also genau zu der Zeit geschlossen, als sich anderswo kleine Schlupflöcher im Eisernen Vorhang auftaten.

Vor 1961 und der Mauer hatten die westdeutsche Regierung und die große Mehrheit der Deutschen ihre Hoffnungen auf die amerikanische Karte gesetzt. Das deutsch-amerikanische Bündnis sollte schließlich zum Rückzug der Russen und zur Befreiung Ostdeutschlands führen. 1961 sahen einige Deutsche ein, daß es so nicht kommen würde. Die Vereinigten Staaten waren ebenso wie die anderen Westmächte mit der Teilung Deutschlands und Berlins gar nicht so unzufrieden. Sie protestierten gegen die Berliner Mauer, aber sie taten nichts, was an der Teilung Deutschlands etwas geändert hätte. Das monströse Bauwerk stand schließlich auf ostdeutschem Territorium.* Doch auch die Mauer war nicht völlig dicht, nicht einmal in den schlimmsten Jahren ihres Bestehens. Zehn Jahre nach ihrer Errichtung begannen die Deutschen zu erkennen und einen gewissen Trost aus der Idee zu schöpfen, daß Deutschland aus zwei Staaten, aber einer Nation bestand. Das war der Kern der Ostpolitik. Es folgte 1971 die westliche und westdeutsche Anerkennung des ostdeutschen Staates. Die Deutschen hatten inzwischen gelernt, was Bismarck nur allzu gut wußte. Einseitige Bündnisse mit Staaten, die noch so mächtig sein mögen, brachten sie nicht weiter. Sie mußten gute Beziehungen mit der größten Macht im Osten wie mit der im Westen pflegen. Dennoch war es nicht deutsche Diplomatie, die zum Ende der Teilung Deutschlands und zur Zerstörung der Berliner Mauer führte. Dafür verantwortlich war Gorbatschow – ein Gorbatschow, der nicht nur friedliche Beziehungen zum Westen wünschte, der nicht nur wußte, wie schwach der Kommunismus war, sondern einer, der außerdem wußte, daß die Teilung Deutschlands nicht ewig fortdauern konnte.

Etliche Jahre vor 1989 wurden die Kontakte zwischen West- und Ostdeutschland immer zahlreicher. Durch die Wiederbelebung deutscher Traditionen näherte Ostdeutschland sich allmählich dem Westen an. Doch auch Westdeutschland näherte sich allmählich dem Osten an. Das eine immer

* Während der verwickelten und erfolglosen Verhandlungen, die auf Chruschtschows Versuch von 1958 folgten, das »Berlinproblem« wiederaufzunehmen, wurde deutlich, daß es den Vereinigten Staaten und den westlichen Alliierten nur um die Sicherheit und den Status quo Westberlins ging. Sie schnitten das Problem Ostberlin in diesen Verhandlungen nicht an, um der zugegebenermaßen wenig wahrscheinlichen Möglichkeit auszuweichen, daß die Russen sich bereit finden könnten, den Status beider Hälften der Stadt einvernehmlich zu ändern und damit den Plan einer Neutralisierung Deutschlands wieder ins Gespräch zu bringen.

weniger von Rußland, das andere immer weniger von Amerika abhängig. In West- wie in Ostdeutschland wuchs in den achtziger Jahren der Respekt vor Preußischem: der preußischen Kultur, der preußischen Ordnung, der preußischen Selbstdisziplin, der preußischen Redlichkeit. Daran war im Grunde nichts auszusetzen. An der preußischen Tradition und am Bild Preußens gab es vieles auszusetzen, aber es gab darin auch bewundernswerte Dinge.

Die Gebeine Friedrichs des Großen und seines Vaters wurden aus Süddeutschland, wohin Hitlers Regierung sie vor achtundvierzig Jahren gebracht hatte, um sie vor den Bomben, die auf Berlin und Potsdam herabregneten, und vor den heranrückenden Russen zu schützen, wieder zurückgebracht. Das geschah im August 1991, genau in den Tagen, in denen der Kommunismus in Rußland selbst zusammenbrach, und in der Zeit, in der Rußland sich aus dem Baltikum zurückzog. Große historische Koinzidenzen sind nicht nur »geistige Wortspiele« (Chesterton); sie sind das Rauschen der Schwingen der Schicksalsengel.

Wie seltsam das war während des kalten Krieges: Die angeblich pragmatischen Amerikaner sprachen vom Kommunismus, die angeblich abstrakten Deutschen sprachen von Rußland. Der kalte Krieg ist jetzt vorüber, doch was bleibt, ist die Mischung aus Abscheu und Faszination, die die Deutschen gegenüber Rußland und dem europäischen Osten empfinden, und das mit Ängstlichkeit vermischte Nacheifern, das sie gegenüber Amerika und dem fernen Westen an den Tag legen.

Wäre am Ende des Ersten Weltkriegs (also am Beginn des zwanzigsten Jahrhunderts) der Kommunismus nicht in Rußland, sondern in Deutschland an die Macht gekommen, sein Einfluß wäre unendlich viel größer gewesen. Rußland und Russisches besaßen bei Rußlands Nachbarn kein Ansehen, keine Anziehungskraft. In Rußland gelang die kommunistische Revolution, außerhalb Rußlands scheiterte sie. Die soziale Lage der Bauern und Arbeiter war im Baltikum und in Polen alles in allem nicht so verschieden von der in den Weiten Rußlands, doch die einheimischen Kommunisten wurden in diesen Ländern, trotz der Unterstützung durch rote russische Truppen, in den Jahren 1918–20 davongejagt. Mit Deutschland und dem Deutschen verhielt es sich gerade umgekehrt. Der deutsche Kultureinfluß war sehr stark, auch bei den europäischen Nationen, die im Ersten Weltkrieg gegen Deutschland ins Feld gezogen waren. Dieses kulturelle Prestige, das auch das deutsche Bildungswesen einbezog, war derart groß, daß allem, was in Deutschland neu und revolutionär war – wahrscheinlich auch ein eventuelles kommunistisches Regime in Deutschland –, bewußt oder unbewußt von ehrgeizigen Leuten, Radikalen, Revolutionären und Intellektuellen nachgeeifert worden wäre. (So kam es schließlich, was Hitler und den deutschen Nationalsozialismus betrifft. Sie hatten viele Anhänger und Nacheiferer in anderen Ländern – Rumänien zum Beispiel –, wo sie auch ohne die Präsenz deutscher Truppen an die Macht kommen konnten – darauf konnten die Russen nicht hoffen, nicht einmal zur Zeit ihres größten militärischen Triumphes im Jahr 1945 oder danach.)

Dann sind da die unterschiedlichen nationalen Gewohnheiten: Die Russen sind ineffizient, die Deutschen effizient, manchmal in beunruhigender Weise. Hätte sich in Deutschland ein kommunistisches System etabliert, dann wären einige seiner Errungenschaften wahrscheinlich beeindruckend gewesen, besonders für die Arbeiter in einem Industriestaat. In vielerlei Hinsicht wäre ein kommunistisches Deutschland noch avantgardistischer gewesen als das Deutschland der Weimarer Republik. Deutschland wäre zumindest eine Zeitlang weitgehend zu einem Bauhaus geworden. Doch die fatalen Mängel und Dummheiten des Marxismus – sein Materialismus, sein Atheismus und vor allem sein seichter und haltloser Internationalismus – hätten es am Ende niedergedrückt. Gegen eine nationalistische Konterrevolution hätte es sich wahrscheinlich eine Zeitlang behaupten können. Doch der Zugkraft des deutschen Nationalismus unter seinen Anhängern und in seiner Führung hätte es nicht standhalten können. Wie überall in der kommunistischen Welt hätten die Nationalisten über die »entwurzelten Kosmopoliten« triumphiert. Schließlich wäre ein deutscher nationalistischer Kommunist aufgetaucht und hätte die Massen begeistert – eine kleinere Ausgabe von Hitler.

Stalin bewunderte die Deutschen, auch noch nachdem sie in Rußland einmarschiert waren und einen Großteil des Landes verwüstet hatten. (Hitler sagte bei einer Gelegenheit, er werde, wenn der Krieg gegen Rußland gewonnen sei, irgendwo, vielleicht in Potsdam, einen behaglichen Sitz für Stalin schaffen.) Im Dezember 1944 äußerte Stalin gegenüber de Gaulle: »Der arme Hitler.« Dies, nachdem Hitler Millionen von Russen getötet hatte.

In der Wertschätzung der Russen werden die Deutschen allein von den Amerikanern übertroffen. (Ganz zu schweigen von vielen Ukrainern, die in den Polen, den Russen und den Juden ihre Feinde sehen – sie waren während dieses Jahrhunderts die natürlichen Bundesgenossen Deutschlands.)

Churchill stand das Schicksal der Welt, seines Landes und Europas schon 1940 klar vor Augen: England allein konnte, auch mit der Unterstützung der Vereinigten Staaten, die Deutschen nicht besiegen und Europa zurückerobern. Es gab nur zwei Alternativen. Entweder würde ganz Europa von Deutschland dominiert sein, oder die östliche Hälfte (genaugenommen ein Drittel) Europas würde von Rußland dominiert sein – und die Hälfte Europas war besser als nichts. Nehmen wir hinzu, was Churchill außerdem klar war: Während eine russische Herrschaft über Europa nicht von langer Dauer sein würde, ließ sich nicht sagen, ob eine deutsche Vorherrschaft über Europa nicht so stark sein würde, daß sie sich sehr lange halten und den Verlauf der gesamten Weltgeschichte verändern würde. Seine wohl berühmteste Rede (die vom 18. Juni 1940, in der er von der »größten Stunde« sprach) enthielt die folgende Passage: Falls Hitler gewinnt, »wird die ganze Welt, einschließlich der Vereinigten Staaten, einschließlich alles dessen, was wir kennen und lieben, im Abgrund eines neuen finsteren Zeitalters versinken, das von den Lichtern einer pervertierten Wissenschaft noch mehr verfinstert und *vielleicht noch mehr in die Länge gezogen* werden wird.« Die Hervorhebung stammt von mir.

Der Rückzug Rußlands aus Osteuropa, der jetzt abgeschlossen ist – und die bislang noch unvollständige Auflösung des russischen Imperiums –, hinterläßt ein Machtvakuum im Herzland der Welt. Dieses Vakuum wird nicht ausgefüllt werden von den Vereinigten Staaten. Es wird nicht ausgefüllt werden von einem »Vereinigten Europa«, das in Wirklichkeit nicht existiert. Es wird höchstwahrscheinlich ausgefüllt werden von Deutschland.

Was kommen wird, ist nicht ein neuer Hitler, nicht ein deutscher Lebensraum, nicht ein Viertes Reich. Aber die politische Geographie bleibt, zusammen mit den kulturellen Neigungen der Völker, eine eindeutige Bedingung ihrer Geschichte.

Beide Weltkriege brachen in Osteuropa aus, aber der Zweite Weltkrieg brach *wegen* Osteuropas aus. Nach dem Ersten Weltkrieg entstand in Osteuropa ein rundes Dutzend »unabhängiger« Staaten, teilweise infolge der Auflösung Österreich-Ungarns (auch das war von dem damaligen Rückzug Deutschlands und Rußlands nicht zu trennen). Es war vorhersehbar, daß früher oder später entweder Deutschland oder Rußland wiederaufsteigen würde, auf Kosten eines unabhängigen Osteuropas. So geschah es: Weil Frankreich und, hinter ihm, England sowohl unfähig als auch nicht gewillt waren, sich wegen Osteuropas auf einen neuen Krieg einzulassen; weil keiner der osteuropäischen Staaten, Polen eingeschlossen, stark genug war, sich gegen Deutschland zu verteidigen, geschweige denn gegen eine deutsch-russische

Allianz; weil die meisten dieser Staaten, wiederum Polen eingeschlossen, gegeneinander intrigierten, nicht gewillt, sich zusammenzuschließen; und weil einige von ihnen es vorzogen, sich mit Deutschland zu verbünden, von dessen Wiederaufstieg sie profitieren würden. Diese Bedingungen sind auch jetzt, in den neunziger Jahren, da das zwanzigste Jahrhundert vorüber ist, noch immer gegeben, freilich unter Umständen und mit Folgen, die sich von den vormaligen unterscheiden.

Die Kontinuität ist ebenso bedeutsam wie der Wandel. Der machtpolitische Wiederaufstieg Deutschlands hatte Anfang der dreißiger Jahre begonnen, noch vor Hitler. Was Rußland angeht, so haben wir gesehen, daß der Rückzug der Russen aus der Mitte Europas lange vor 1990 begonnen hatte – aus Österreich und Finnland hatten sie sich schon 1954–55 zurückgezogen – und daß Moskau lange vor 1989 bereitwillig oder erzwungenermaßen einer wachsenden Unabhängigkeit fast aller osteuropäischen Staaten zugestimmt hatte.

Mit der wiederkehrenden Unabhängigkeit vieler dieser kleinen Länder – nicht nur der baltischen Staaten, sondern auch Kroatiens und Sloweniens im ehemaligen Jugoslawien und der Slowakei innerhalb der Tschechoslowakei – wird das Übergewicht des deutschen Einflusses in diesen Ländern immer wahrscheinlicher, und es ist natürlich. Ein weiterer Faktor ist ihre Sympathie für Deutschland (wovon wohl nur die Polen und die Tschechen eine Ausnahme machen). In einigen dieser Länder – zum Beispiel den baltischen Staaten und der Ukraine – war Hitlers Armee während des Zweiten Weltkriegs der Befreier von der sowjetischen Herrschaft. Mindestens zwei weitere Staaten, Kroatien und die Slowakei, wurden kurz vor dem und während des Zweiten Weltkriegs von Hitler geschaffen. Diese Erinnerungen sind nach wie vor stark und verlockend auch für nachfolgende Generationen, die es im übrigen (sei es aus Überzeugung, sei es aus Vorsicht) noch für besser erachten, von Hitler und dem Nationalsozialismus abzurücken. Bedenken müssen wir ferner, daß die

Ideologie des Antikommunismus einen überwältigenden Rückhalt im Volk hat, denn diejenigen, die während des Zweiten Weltkriegs an der Seite Deutschlands gegen Rußland und den Kommunismus kämpften, erscheinen jetzt auch in den übrigen Staaten in einem günstigen Licht, während diejenigen, die sich gegen Deutschland und Hitler erbittert zur Wehr gesetzt haben, darunter patriotische nazifeindliche Widerstandskämpfer, Konservative, Liberale und Demokraten, etwas von dem Respekt, den sie verdienen, einbüßen.

Die politischen Strukturen der neuerdings unabhängigen osteuropäischen Länder sind einstweilen gekennzeichnet von der Existenz zahlreicher Parteien. Es kann jedoch kaum einem Zweifel unterliegen, daß (wie vor dem Zweiten Weltkrieg) einige dieser Parteien geneigt sein werden (manche sind es schon), sich nicht nur finanziell, sondern auch ideologisch um deutsche statt um amerikanische oder anderweitige Unterstützung zu bemühen.

Auch in materieller und wirtschaftlicher Hinsicht wird sich, was Kapital, Management, Joint-ventures angeht, auf natürliche Weise nicht ein anderer westeuropäischer, sondern der deutsche Einfluß durchsetzen. Diese Tendenz hatte schon während des Jahrzehnts vor den großen Veränderungen von 1989 eingesetzt – so wie der Aufstieg des deutschen und der Niedergang des französischen finanziellen und wirtschaftlichen Einflusses in vielen osteuropäischen Ländern schon Jahre vor Hitlers Machtergreifung eingesetzt hatte und sich sogar während der Weltwirtschaftskrise von 1929–33 rasch ausdehnte, unter der Deutschland im übrigen stärker zu leiden hatte als fast alle anderen Länder Europas.

Was nun Österreich angeht, so verdienen seine politischen Aussichten mehr Beachtung, als sie bislang gefunden haben.

Schon vor dem Ersten Weltkrieg und vor dem Zerfall des Habsburgerreiches gab es eine kleine, aber nicht zu übersehende Zahl von Österreichern, die sich lieber als Deutsche betrachteten und wünschten, Österreich möge ein Teil des größeren Deutschen Reiches werden (zu ihnen gehörte der junge Hitler). Nach dem Ende des Habsburgerreiches blieb ein geschrumpftes Österreich zurück, das viele seiner Bürger nicht für lebensfähig hielten. Schon 1919 wollte die Mehrheit der Österreicher (und das waren nicht alles frühe Nazis) mit Deutschland vereint sein. In den dreißiger Jahren war Österreich der Schlüssel zu Europa. Die Nazibewegung in Österreich schwoll bedenklich an, im Einklang mit der steigenden Flut in Deutschland. Sie hatte jedoch keine überragende Führerfigur, und aus verschiedenen Gründen, zu denen auch der Umstand gehört, daß Mussolini sich für die Unabhängigkeit Österreichs eingesetzt hatte, konnten die österreichischen Nazis sich nicht durchsetzen – bis 1938, als Hitler mit der Duldung Mussolinis in Österreich einmarschierte. Das war seine erste territoriale Eroberung. Von nun an war sein Reich die größte Macht in Europa. Die Mehrheit der Österreicher war 1938 über die Einheit mit Deutschland begeistert. In der SS stellten die Österreicher während des Zweiten Weltkriegs einen überproportionalen Anteil.

Churchill, Roosevelt und Stalin verständigten sich 1943 darauf, nach dem Krieg wieder ein unabhängiges Österreich herzustellen und ihm den Zusammenschluß mit Deutschland zu verbieten. So kam es auch. Die Russen hatten kein besonderes Interesse daran, Österreich zu unterjochen und kommunistisch zu machen, aber sie wollten ihre Besatzungszone eine Zeitlang behalten. 1955 stimmten sie, wie wir gesehen haben, dem österreichischen Staatsvertrag zu, dem zufolge sie und die Westmächte ihre jeweiligen Besatzungszonen räumten und ein »neutrales« Österreich entstand, das von Deutschland unabhängig bleiben mußte und weder dem westlichen noch dem östlichen Bündnissystem beitreten durfte. Das entsprach nicht nur dem damaligen Herzenswunsch aller Österreicher, sondern auch dem Schwinden ihres Identitätsproblems. Jetzt war es sowohl schicklich als auch vorteilhaft, ein Österreicher und kein Deutscher zu sein. Auch wirtschaftlich war Österreich offenbar sehr viel lebensfähiger, als eine frühere Generation von Österreichern geglaubt hatte. Österreich war auf dem Wege, zu einer zweiten Schweiz zu werden, einer neutralen und prosperierenden Alpenrepublik.

Die beiden altbewährten Parteien, die Österreich nach 1945 regierten, waren die sozialdemokratische (Sozialisten) und die (einstmals katholisch-konservative) Volkspartei. Nun, da die Russen Osteuropa verließen, zeigten sich 1989 auch hier Symptome des Wandels. Der eine oder andere österreichische Politiker begann, die Neutralitätsklausel des Staatsvertrages von 1955 in Frage zu stellen. Dies deutete zumindest darauf hin, daß viele Österreicher noch nicht so weit waren, sich so zu sehen wie die Schweizer und ihr Land als etwas Ähnliches wie die Schweiz. Als »national« bezeichnet man in Österreich Leute, die deutsch gesinnt waren und sind. In Österreich entstand eine neue nationalistische Partei, die sich Freiheitliche Partei nennt. Ihre Anhänger setzen sich zusammen aus solchen, die sich nach der alten Zeit des Dritten Reiches zurücksehnen, und anderen, die der Beschränkungen (und gelegentlichen Korruptionsfälle) des österreichischen Zweiparteiensystems überdrüssig sind. 1989 und 1990 erlangte die Freiheitliche Partei rund sechzehn Prozent der Wählerstimmen. Im November 1991 geschah in Wien etwas, das uns an ein Ereignis erinnert, das sich dort vor genau hundert Jahren abspielte. Die Kräfte, die sich in Wien 1891 gegenüberstanden, waren – wie ähnlich an vielen anderen Orten Europas – die Liberalen und die Konservativen, doch da trat plötzlich eine dritte Kraft auf, Luegers christlich-soziale Partei, die, antiliberal und antisemitisch, nationalistisch und populistisch, die anderen übertrumpfte und in der Stadt einen überwältigenden Wahlsieg errang. 1991 gewann die nationalistische Freiheitliche Partei, die gewisse neonazistische Elemente enthält, dreiundzwanzig Prozent der Wiener Stimmen, auf Kosten der beiden großen und mittlerweile traditionellen Parteien, die seit 1945 in der österreichischen Politik eine monopolartige Stellung besaßen. Ihr attraktiver jugendlicher Führer Jörg Haider hat sich verschiedentlich positiv über die Zeit des Dritten Reiches geäußert, wobei er sich der Tatsache bewußt war, daß die offizielle Pauschalverurteilung dieser Vergangenheit in den Augen vieler Österreicher eine große Lüge ist.

Was in Österreich geschehen wird, ist erneut von großer, vielleicht sogar zentraler Bedeutung für Europa. Das Ende der amerikanisch-russischen Teilung Europas spiegelt sich in der Schwächung des österreichischen Zweiparteiensystems und im Aufstieg der Freiheitlichen Partei. Sollte diese irgendwann die direkte oder indirekte Unterstützung der Mehrheit der Österreicher gewinnen, könnte ein solcher Wandel der innenpolitischen Konstellation Österreichs für die Zukunft Europas ebenso bedenklich sein wie die Entwicklungen der dreißiger Jahre. Doch die Geschichte wiederholt sich nicht. Inzwischen gibt es kaum einen Österreicher, der der Einheit mit Deutschland zuliebe die Unabhängigkeit des Landes aufgeben würde. (Aber schließlich waren auch 1938 die meisten Naziführer in Österreich mehr für einen österreichischen Nazistaat als für ein vollständiges Aufgehen in Deutschland.)

Kontinuität ja, aber auch Wandel. Das heutige Deutschland ist nicht das Deutschland von früher. Deutschland ist respektabel. Die Mehrheit der Deutschen lebt seit mehr als vierzig Jahren im Wohlstand. Nur wenige sehnen sich nach dem Dritten Reich zurück. Die meisten Deutschen lehnen Hitler aufrichtig ab, andere beziehen einen gewissen Trost daraus, die ganze Hitlerzeit als ein außergewöhnliches Zwischenspiel in der Geschichte ihres Landes zu betrachten. Weitere Faktoren spielen eine Rolle. Ein wichtiger Faktor ist die schon erwähnte Tatsache, daß es die historische deutsche Besiedlung östlich der Oder nicht mehr gibt. Ein anderer temporärer Faktor sind die Schwierigkeiten im Bereich des ehemaligen ostdeutschen Staates – wirtschaftliche und sonstige Schwierigkeiten, die den Deutschen momentan sehr zu schaffen machen, obwohl ich denke, daß diese Schwierigkeiten früher oder später überwunden sein werden. Das heißt nicht, daß dann zwangsläufig wieder ihre aggressive Expansion in Osteuropa beginnt. Das Gefüge der Geschichte und die Struktur der Gesellschaften haben sich geändert. Eine stark nach Osten ausgerichtete militärische Vorherrschaft der Deutschen in Europa ist äußerst unwahrscheinlich. Wichtiger noch: Die Beziehungen der Völker werden nicht länger vorwiegend von den Beziehungen ihrer Regierungen untereinander bestimmt. Rankes berühmte Formel vom »Primat der Außenpolitik« hat noch immer weitgehende, aber nicht mehr kategorische Gültigkeit. Dies ist besonders wichtig für die Deutschen, die die Autorität des Staates so lange und so unanfechtbar für sakrosankt gehalten haben.

Die Deutschen haben Europa und der westlichen Zivilisation vieles zu geben. Es ist vielleicht ermutigend, daß die Bewegung der »Grünen« vor über zehn Jahren in Deutschland begann. Sie stellen den »Fortschritt« in Frage – und ihn zu überdenken ist die Hauptaufgabe des einundzwanzigsten Jahrhunderts, überall in der Welt. (Bei Gott, wir brauchen mehr amerikanische Grüne – und nicht bloß Naturschützer!) Was an den Grünen in Deutschland stört, ist ihr extremes Auftreten, ihr oft unangenehm aufstoßender und respektloser Radikalismus, der es ihnen verwehrt hat, eine größere Anhängerschaft zu gewinnen – und das ist nicht nur eine Frage unhöflichen Verhaltens. Oft sind sie Gefangene ihrer eigenen linken und establishmentfeindlichen Neigungen. Sie sind innerlich gespalten – Traditionalisten und zugleich Antitraditionalisten. Sie wollen die Landschaft schützen, und sie sind gegen den unmenschlichen Fortschritt von Bürokratie, Automation und Technik. In dieser Hinsicht sind sie Konservative im weiteren, über das Politische hinausgehenden Sinne. Doch gleichzeitig sind sie für Abtreibung, Feminismus, unbeschränkte Einwanderung, Nomadentum – auf Kosten der traditionellen Familie, des traditionellen Patriotismus, des traditionellen Humanismus, der traditionellen Beachtung der Eigentumsrechte. (Sie sind das Gegenteil der amerikanischen »Konservativen«, die schrille Nationalisten und enthusiastische Befürworter einer unmenschlichen Technik sind, während sie dem Schutz der amerikanischen Landschaft entweder gleichgültig oder ablehnend gegenüberstehen.) Ich neige zu der Ansicht (genauer, zu der Hoffnung), daß die Grünen früher oder später auf der Rechten auftauchen werden, nicht auf der Linken; aber schließlich sind »rechts« und »links« Begriffe, die nach zwei Jahrhunderten, am Ende des zwanzigsten Jahrhunderts, ihre alten Bedeutungen weitgehend eingebüßt haben.

Wenn die deutsche Vormachtstellung in Mittel- und Osteuropa auf das Wirtschaftliche und Kulturelle beschränkt bleibt, so ist daran nichts auszusetzen. Es könnte jedoch sein, daß das Kulturelle und das Politische nicht klar voneinander zu trennen sind, ebensowenig wie Ansehen und Macht voneinander getrennt werden können. Mit dem Zusammenbruch des Kommunismus und der Schwäche Rußlands ist Deutschland wieder zu Macht und Ansehen gekommen, und das schließt Dinge ein, für die Deutschland während des Zweiten Weltkriegs stand. »Gewiß, Hitler war nicht in Ordnung, aber haben wir nicht gegen den Kommunismus gekämpft? Das und die Bewahrung Mitteleuropas vor den kommunistischen Horden war die eigentliche Pflicht und Aufgabe unserer Wehrmacht in diesem Krieg.« In den fünfziger Jahren haben viele Deutsche die Amerikaner damit zu beeindrucken versucht, nicht ohne Erfolg. (Die Briten haben sie damit nicht beeindruckt.) In den achtziger Jahren, lange vor den großen Veränderungen von 1989, haben angesehene deutsche Historiker in ihren wissenschaftlichen Werken derartige Argumente vorgebracht, was in Deutschland den sogenannten »Historikerstreit« auslöste. Er blieb unentschieden, hauptsächlich weil keine Seite sich klar ausdrückte. Doch die Ansicht, daß die Briten (und Roosevelt) kurzsichtig waren, weil sie eine Abneigung gegen Deutschland hatten, weil sie nicht bereit waren, anzuerkennen, daß der Kampf gegen das kommunistische Rußland für das Dritte Reich eindeutig Vorrang hatte vor einem unnötigen Krieg mit Großbritannien, ist in Deutschland immer noch weit verbreitet. Winston Churchill genießt in Deutschland keinen guten Ruf. Das psychologische Verhältnis zwischen Deutschen und Briten bleibt gespannt.

Die deutsch-amerikanischen Beziehungen sind komplizierter geworden, teils wegen der sich ändernden Zusammensetzung des amerikanischen Volkes, teils wegen der offenen Frage des Verhältnisses Deutschlands zu »Europa« (die Anführungszeichen sind kein Versehen). Irgendwann werden die Deutschen entscheiden müssen, ob ihre Allianz mit den Vereinigten Staaten künftig unvereinbar sein wird mit ihrer Mitgliedschaft in einem zunehmend unabhängigen und nichtamerikanischen Europa (die einzige *raison d'être* für ein Europa ohne Anführungszeichen). Vierzig Jahre lang brauchten die Deutschen nicht zu wählen. Sie werden dieser Wahl nicht für immer ausweichen können.

Ihre andere Wahl betrifft Rußland: ob ihre gegenwärtige Politik einer wohlwollenden Sonderbeziehung zu Rußland Vorrang haben soll (oder nicht) gegenüber ihren Beziehungen zu den nichtrussischen – und oft antirussischen – Nationen sowohl innerhalb der ehemaligen Sowjetunion als auch in Osteuropa. *Dieser* Wahl werden sie sich eher früher als später stellen müssen.

Gewiß sind ihre eifrigen Bemühungen, das gute Verhältnis zu Rußland zu erhalten, zu einem Großteil, wenn auch nicht vollständig mit ihrem Wunsch zu erklären, den für 1994 geplanten Abzug der letzten russischen Besatzungstruppen aus Ostdeutschland nicht zu stören. Dieser Abzug kann möglicherweise beschleunigt werden und schon vor 1994 beendet sein.

Wenn die letzten russischen Truppen ihre Quartiere in Deutschland verlassen werden, liegt es fünfzig Jahre zurück, daß die ersten russischen Truppen 1944 die Grenze Ostpreußens durchbrachen und in das Dritte Deutsche Reich eindrangen – und achtzig Jahre, daß ihre Vorgänger in der zaristischen russischen Armee über die Grenzen des Zweiten Deutschen Reiches hinwegstampften, im August 1914, dem ersten, blutdurchtränkten Monat des eigentlichen zwanzigsten Jahrhunderts.

Deutschland und Rußland haben heute keine gemeinsame Grenze. Den größten Teil Ostpreußens schlugen Churchill, Roosevelt und Stalin, die sich über Polen nicht einig waren, Polen zu – darin waren sie sich einig. Einig waren sie sich auch – zu Unrecht –, auf Stalins Wunsch einzugehen und die alte preußische Stadt Königsberg (Kants Geburtsort) und dazu ein Stück Land in die Sowjetunion einzuverleiben, Stalins überhaupt nicht schlüssigem Argument folgend, er brauche einen »eisfreien Hafen« an der Ostsee. Dies hat wohlgemerkt nichts mit den Verdauungsproblemen der Russen, mit ihrer »Interessensphäre« zu tun. Das Königsberger Gebiet wurde nicht einfach von Rußland geschluckt. Die dort verbliebenen Deutschen wurden eingekocht; das Ganze wurde in ein luftdichtes Gefäß getan und in die russische Speisekammer geschlossen. Es ist ein desolater Hafen, mit einem noch desolateren und entvölkerten Hinterland. Es ist ein Verwaltungsbezirk, ein *oblast* der großen Russischen Republik, von ihr getrennt durch Litauen.

Über vierzig Jahre lang durfte kein Ausländer nach Königsberg, das in Kaliningrad umbenannt wurde. Leningrad, Kaliningrad, beide nach kommunistischen Persönlichkeiten benannt. Leningrad kehrt wieder zu seinem alten Namen St. Petersburg zurück. Wird Kaliningrad wieder zu Königsberg werden – und nicht nur dem Namen nach? Wenn es dazu kommen sollte, wird es nicht durch bewaffnete Gewalt der Deutschen geschehen, sondern durch ein Abkommen zwischen einem neuen Deutschland und einem neuen Rußland. Es wird ein Beweis dafür sein, daß Deutschland wieder in das Zentrum der Weltgeschichte zurückgekehrt ist.

Die russisch-amerikanische Teilung Deutschlands in der Mitte Europas ist beendet.

Ihr entscheidendes Datum – es war das für das Ende des Zweiten Weltkriegs entscheidende Datum, entscheidender wohl als das Datum von Hitlers Selbstmord fünf Tage später oder die offizielle Kapitulation der deutschen Streitkräfte zwei Wochen später – war der 25. April 1945, als Vorauseinheiten der amerikanischen und russischen Armeen in der Mitte Europas, an der Elbe bei Torgau, zusammentrafen. Am Ufer dieses Flusses, der das Strandgut des Frühlings und des Krieges mit sich führte, feierten amerikanische und russische Soldaten, befeuert von freundschaftlichen Gefühlen und einer Unmenge Alkohol, bis tief in die Nacht hinein. (Diese Feier war nur ein Vorläufer der großen proamerikanischen Demonstration in Moskau zwei Wochen später.) Unter den Soldaten der 58. russischen Gardedivision waren einige, die aus Wladiwostok stammten, die von den Ufern des westlichen Pazifik in die Mitte Europas gekommen waren; es ist möglich, daß unter den Soldaten der 69. US-Division einige waren, die aus Seattle oder San Francisco stammten; auch sie waren um die halbe Welt geschickt worden, um zu siegen. Ihr Treffpunkt lag nicht nur in der Mitte Deutschlands, sie trafen sich in der Mitte der europäischen Geschichte, denn Torgau liegt auf halbem Wege zwischen Wittenberg, wo Luthers Feuer der großen Revolutionen begann, und Leipzig, wo Napoleons Folge großer Siege endete. Weniger als fünfzig Jahre sind seither vergangen. Jetzt gehen die Russen, und die Amerikaner werden bald gehen.

Früher oder später werden auch die Amerikaner eine Wahl treffen müssen, die nichts damit zu tun hat, ob die bereits nutzlosen amerikanischen Garnisonen und Basen in Europa bleiben oder nicht. In einigen Jahren werden wir sehen, ob »Europa« »europäischer« oder mehr und mehr von Deutschland dominiert wird. Das heißt, ob die immer noch weitgehend machtlosen »europäischen« Institutionen sich so entfalten werden, daß sie einen klareren Charakter annehmen, der echte Loyalität zu wecken vermag, oder ob die deutsche Beteiligung an diesen Institutionen in Brüssel oder Straßburg nicht viel mehr als formell und nebensächlich sein wird, gemessen an der verstärkten Wiedergeltendmachung des Primats nationaler und politischer Interessen Deutschlands.* Im letzteren Fall, den ich für den wahrscheinlicheren halte, könnten sich die Vereinigten Staaten und das amerikanische Volk vor eine Wahl zwischen Deutschland und England gestellt sehen...

In dieser Wahl wird sich etwas Tieferes als nur strategische Überlegungen niederschlagen. Sie wird emotionale, kulturelle und ethnische Elemente enthalten, wie in den Jahren 1914–17 und 1939–41. Ein entscheidendes Gewicht hatten damals die Existenz und der Einfluß einer weitgehend angelsächsischen Oberschicht-Elite, deren Präsenz und Einfluß in der zweiten Hälfte des zwanzigsten Jahrhunderts sehr zurückgegangen sind. Ein Ausdruck dessen ist die derzeitige (ich schreibe dies Anfang 1992) Konfrontation zwischen dem schwachen, nicht überzeugenden und nicht überzeugten Vertreter dieser einstigen Elite, George Bush, und dem Verfechter der Parole »America First«, Pat Buchanan. Im Gegensatz zu verbreiteten Ansichten – und zu seinen eigenen Behauptungen – ist Buchanan in Wirklichkeit kein Isolationist (man bedenke zum Beispiel – und dieses Beispiel ist signifikant –, daß dieser sogenannte Isolationist ein entschiedener Befürworter der amerikanischen Anerkennung und Unterstützung für Kroatien, die Slowakei und die Ukraine ist, genau wie alle deutschen und österreichischen Nationalisten). Aber auch 1940 waren viele Verfechter von »America First« in Wirk-

* Diese Alternativen für die Zukunft »Europas« haben somit eine gewisse Ähnlichkeit mit den Alternativen für die künftige deutsche Einheit vor hundertfünfzig Jahren. Der Zollverein und der gesamtdeutsche Reichstag in Frankfurt existierten bereits, doch der letztere erwies sich, wie Bismarck vorhersah, als unfähig, die Einheit Deutschlands herzustellen. Sie sollte von Preußen geschaffen werden.

lichkeit keine Isolationisten. Sie waren erbitterte Gegner Roosevelts und jener Republikaner, nach deren Wunsch sich die Vereinigten Staaten gegen das deutsche Dritte Reich auf die Seite Großbritanniens schlagen sollten. 1940 nannte Hitler diese Amerikaner zutreffend »radikale Nationalisten«. In jenem Jahr waren die anglophilen Internationalisten unter den Republikanern stärker als die radikalen Nationalisten, und so deichselten sie es, daß der deutschfeindliche Willkie nominiert wurde (es gab damals keine Vorwahlen). 1992 wird Buchanan nicht der republikanische Kandidat sein, doch er und die Nationalisten könnten versuchen, die republikanische Partei in die Hand zu bekommen. Mit ein bißchen Glück könnten sie es schaffen. Sollte das eintreten, so wird ihr Erfolg unter den Nationalisten in vielen Teilen der Welt, besonders in Mittel- und Osteuropa, Widerhall finden. Eine Folge davon wird die Revision vieler der jetzt noch geltenden Vorstellungen über den Zweiten Weltkrieg sein.

Während des entscheidenden Vierteljahrhunderts von 1920 bis 1945 gab es ein Dreieck der Kräfte und Mächte in der Welt. Drei große Kräfte beherrschten die Erde. Das war zum einen der Kommunismus, verkörpert und vertreten allein durch Rußland. Das war zum anderen die westliche, kapitalistische, liberale Demokratie, vertreten vor allem durch die englischsprachigen Nationen und die Nationen Nordwesteuropas. Das war schließlich eine neue Art von radikalem Nationalismus, verkörpert vor allem durch das nationalsozialistische Deutschland, aber auch durch andere Nationen. Von diesen drei Kräften war die letztgenannte die stärkste. Das nationalsozialistische Deutschland war so mächtig, daß es des widernatürlichen Bündnisses der beiden anderen Kräfte bedurfte, um es zu schlagen. Es gab diese Teilungslinien nicht nur zwischen Staaten und Armeen. Sie gingen durch fast jedes Land der Welt hindurch. Doch (wie Proudhon bemerkte, scharfsinniger als Marx) die Menschen werden nicht von Ideen über Gesellschaftsverträge bewegt, sondern von den

Realitäten der Macht. 1945 verlor das Dritte Reich den Krieg. Nicht nur unter Nazis und Deutschen und Österreichern, sondern auch bei ihren Verbündeten und Sympathisanten mußten Zuneigung und Respekt für das Dritte Reich verschwinden, jedenfalls in der Öffentlichkeit. Deutschland hatte verloren, die Russen und die Anglo-Amerikaner hatten gewonnen. In Deutschland und Österreich (und Japan und Italien) galten die Amerikaner mehr als die Russen, deren Verhalten und deren Ruf bald schlimmer erschienen als Verhalten und Ruf der Nazis – eine Ansicht, die sich mit der vieler Amerikaner bald nach dem Krieg deckte. Doch nun sind der Kommunismus und die Sowjetunion zusammengebrochen, die britische Macht ist weitgehend geschwunden, und das Prestige und die Macht der Vereinigten Staaten nehmen allmählich ab. Ist es da ein Wunder, wenn das Prestige Deutschlands, des früheren und des heutigen, wieder wächst?

Sind die Deutschen gegen ein Wiederaufleben ihres Nationalismus immun? Ja und nein. Ja, weil die Ablehnung der Nazivergangenheit für die meisten Deutschen nicht bloß das Ergebnis eines politischen Kalküls ist. Nein, weil diese Ablehnung nicht zwangsläufig identisch ist mit einer Ablehnung des deutschen Nationalismus, seine Erinnerungen eingeschlossen. Sollte eine populistische nationalistische Partei Zulauf bekommen, werden Leute wie Kohl und andere in seiner Partei nicht gegen die Versuchung immun sein, eine Art Kompromiß zu suchen, etwas von den Parolen und der Politik der neuen Nationalisten einer jüngeren Generation zu übernehmen. Und hinter dieser Versuchung wird mehr stekken als nur politisches Kalkül. An der offiziellen Ablehnung der Hitlerzeit wird sich nichts ändern. Auch nicht an der Pflege guter Beziehungen zwischen Deutschland und Israel. Aber es könnte die Zeit kommen, da zumindest einige der deutschen Erinnerungen an das Dritte Reich und den Zweiten Weltkrieg eine veränderte innere Bewertung erfahren. Es geht hier um die Erinnerung, die mehr ist als ein Streitgegenstand zwischen Historikern, denn wie Kierkegaard einmal gesagt hat, leben wir zwar nach vorn, aber wir können nur zurückdenken – und es besteht natürlich ein unauflöslicher Zusammenhang zwischen Erinnern und Wissen, zwischen einem Bild der Vergangenheit und einem Bild der Zukunft, zwischen Denken und Leben.

VI
ZWISCHEN ZWEI WELTEN

Europa ist meine Mutter. Amerika ist meine Frau.

1990. *Dann und wann gehe ich nach dem Abendessen den Grashang hinter unserer Terrasse hinauf. In solchen Momenten ist der Zauber der Gegenwart nicht zu trennen von einem Bild der Vergangenheit, das mich mit Zufriedenheit erfüllt, denn es tut gut zu wissen, daß fast alles, was ich jetzt vor mir sehe, noch immer die Landschaft ist, welche die amerikanischen Vorfahren meiner Kinder vor fünfzig, hundert, hundertfünfzig oder zweihundert Jahren vor sich sahen. Was das Bild der Zukunft angeht, habe ich einige Befürchtungen.*

Werde ich diese Landschaft meinen Kindern so hinterlassen, wie sie jetzt ist? Vor hundert oder hundertfünfzig Jahren wünschten unsere Vorfahren, daß die Eisenbahn, der Telegraph oder die neue Fernstraße möglichst nahe an ihren Wohnort herangeführt werde, je früher desto besser. Heutzutage weckt die Nachricht, daß eine neue Straße, eine neue Pipeline, ein neues Erschließungsgebiet oder ein neues Einkaufszentrum in die Nähe kommt, Furcht und Abscheu in uns.

Damit stehe ich nicht allein. Die meisten Nachbarn sehen es genauso. Deshalb arbeite ich seit gut zwanzig Jahren im Bauausschuß der Gemeinde Schuylkill mit. Jeden Monat brüten meine Kollegen und ich bis spät in die Nacht über den Bebauungsplänen der Stadtplaner und überlegen, welche Empfehlungen wir der Gemeindeverwaltung geben sollen. Unsere Überlegungen bewegen sich in dem engen Rahmen technischer und gesetzlicher Definitionen, hinter denen sich aber sehr oft tiefer gehende persönliche und politische Differenzen, unterschiedliche Ansichten über die Welt verbergen. Die meisten von uns wissen, wie oft die Ausweisung von Baugebieten gleichbedeutend ist mit Schließung statt mit Erschließung, daß sie bedeutet, fleißig Zement auszuschütten und rücksichtslos die Landschaft kaputtzumachen. Wir wissen, wie oft das Bauen gleichbedeutend ist mit Zerstören – nicht nur von Bäumen und Wiesen, sondern auch von bestimmten Lebensformen. »Sind Sie gegen den Fortschritt?« werde ich manchmal gefragt. Inzwischen ist es an der Zeit, über die Bedeutung dieses Wortes nachzudenken.

Ich lebe seit siebenunddreißig Jahren in dieser Gemeinde und auf diesem Stück Land. Aber ich bin kein gebürtiger Amerikaner. Ich bin vor fünfundvierzig Jahren aus meinem Heimatland Ungarn geflohen, vor der Errichtung eines kommunistischen Regimes durch die Russen. Es würde mindestens fünfzig Jahre dauern, glaubte ich damals. Aber die Geschichte ist nicht vorhersehbar. Ich wußte damals nicht, wie sich die Auflösung dieses Regimes abspielen würde. Daß sie kommen würde, begann ich vor vielen Jahren zu erkennen.

In Emigrantengeschichten oder in akademische Auseinandersetzungen über Mitteleuropa habe ich mich nicht hineinziehen lassen. Aber ich habe Verbindung zu einigen treuen alten Freunden gehalten. Einer von ihnen ist ein alter Priester. Monsignore Béla Varga, vor dem Krieg ein führendes Mitglied der demokratischen Kleinlandwirtepartei (der ich vor siebenundvierzig Jahren als junger Mensch angehörte). Er war der letzte Präsident des freigewählten ungarischen Parlaments. Er ist vor dreiundvierzig Jahren aus Ungarn geflohen. Er ist jetzt siebenundachtzig und von zarter Gesundheit, Kaplan eines Klosters in New York, wo ich ihn aufsuche, wann immer mich etwas in diese Stadt führt.

Und jetzt ist es zu einer weiteren unvorhersehbaren Koinzidenz gekommen. In diesem Frühjahr fanden in Ungarn Wahlen statt. Die stärkste Partei sollte die neue Regierung bilden;

ihr Kandidat für das Amt des Ministerpräsidenten ist der Sohn von Monsignore Vargas Bundesgenosse und Freund während des Krieges, in dem beide sich heldenhaft bemühten, polnische Flüchtlinge, entwichene französische Kriegsgefangene und viele Juden vor den Nazis zu retten und zu verstekken; und der Kandidat für das Amt des Außenministers ist ein mit mir befreundeter Historiker. Der Monsignore und ich haben die Entwicklungen in Ungarn verfolgt, wenn auch aus einem gewissen Abstand. Aus einer Entfernung von mehr als sechseinhalbtausend Kilometern haben wir ihnen gutes Gelingen gewünscht.

Und dann kam eines Tages im April Veränderung in unseren gewohnten Lebensablauf. Die Dinge beschleunigten sich. Ich war in einer Sitzung des Bauausschusses, als Béla bei meiner Frau anrief. Das neue, freigewählte Parlament sollte am 2. Mai zusammentreten. Die führenden Leute wünschten, daß er und ich zugegen wären. Das Folgende ist eine zwangsläufig atemlose (aber deshalb nicht unbedingt oberflächliche) Darstellung dieser Tage und meiner Gedanken in Tagebuchform.

Mittwoch, 18. April. *Ziemlich lange Sitzung des Bauausschusses. Dieser Stadtplaner (mit dem ich gestern am Telefon sprach) ist ungewöhnlich scharf darauf, seinen Bebauungsplan durchzudrücken. Versuche von ihm herauszukriegen, wieviel Wald er zerstören wird. Das ist nicht einfach. Details, die zu beachten sind: Bäume mit einem Durchmesser von mehr als fünfzehn Zentimetern müssen in seinem Plan ausgewiesen werden. Zwei der Gebäuderücksprünge sind auf den Plänen nicht eingezeichnet. Ein- und Ausfahrt der geplanten Zufahrtswege: Genehmigung des Verkehrsministeriums von Pennsylvania erforderlich. Hinter diesen Dingen ragt drohend der Schatten des Großen Bruders auf – das heißt des Valley-Forge-Abwasserverbandes –, ganz zu schweigen von der rastlosen Dampfwalze des Fernley-Gebiets. Die letztere sammelt Kräfte, bevor die Bulldozer loslegen können.*

Donnerstag, 19. April. *Béla ruft aus New York an. Antall (der neue Ministerpräsident), Géza (der neue Außenminister) riefen aus Budapest an. Sie beknieten Béla, zu kommen und zu sprechen. Béla sträubt sich noch. Doktor sagt, er kann reisen, vorausgesetzt, er schont sich weitestgehend und nimmt alle Medikamente vorschriftsmäßig ein. Er bittet mich, ihm bei der Rede zu helfen. Er sagt, ich müsse ihn begleiten. Mag nicht zusagen – habe hier tausend Dinge zu erledigen –, aber Stephanie sagt: »Wenn er es sagt, mußt du's tun.« Zu beachtende Details: Muß im Flugzeug neben ihm sitzen. Ungarisches Visum (nicht einfach: kann nicht zum Konsulat in New York fahren). Schreibe und kopiere Rundbrief an einige Freunde in Budapest. Keine Ahnung, wo ich dort unterkommen soll.*

Samstag, 28. April. *Mit einem Kater erwacht. Grund: gestern abend eine Flasche Champagner geleert, zur Feier der ersten Ernte und der herrlichen Mahlzeit von weißen – jawohl, weißen – Spargelstangen, die gestern nachmittag gestochen wurden; neunzehn Jahre lang war nie was draus geworden. (Weißer Spargel ist grüner Spargel, muß nur tiefer gesetzt werden. Spargelfachmann sagte mir, es würde nicht klappen, weißer Spargel sei eine andere Sorte. Fachmann widerlegt.) Spreche mit R. und T. über bevorstehende Sitzung der Gemeindeverwaltung am 2. Mai. Bin dann in Budapest, bei der ersten Sitzung des neuen ungarischen Parlaments. Unmenge von Problemen bei beiden Sitzungen. Hier: Der Große Bruder, das heißt der Abwasserverband, versucht's wieder, zusammen mit seinen örtlichen Verbündeten, die die ganze Gemeinde zum Baugebiet machen und jede verbliebene Freifläche mit Beton zuschütten möchten. Dort: Der Große Bruder, das heißt die Sowjetunion, weitgehend abgezogen, aber viele ehrgeizige Politiker, die den verbliebenen Freiraum in den Köpfen der Ungarn mit Phrasen zuschütten möchten.*

Erster Tag der historischen Reise. Ich fahre mit dem Zug nach New York, um Béla im Kloster abzuholen. Die Nonnen stehen auf der Treppe, Tränen in den Augen, und winken zum Abschied. Limousine zu Amerikas Konzentrationslager Nr. 1, dem Kennedy Airport. Mir fällt ein, daß ich vor sechsundvierzig Jahren in einer Art Konzentrationslager war. Mitinsassen der Masse auf Kennedy vorzuziehen.

Sonntag, 29. April. *Ankunft sehr bewegend. Strahlender windiger Morgen. Béla geht langsam die Treppe hinunter, schwer auf seinen Stock gestützt. Regierungsdelegation auf Rollbahn, mit Blumen, auch Bélas alte Schwester. Er kehrt nach dreiundvierzig Jahren in die Heimat zurück. Bleibe im Hintergrund, mit Tränen in den Augen. Muß sagen, solch eine Ankunft ist angenehm. Kein Zoll, keine Paßkontrolle, Limousinen warten auf uns am Flugzeug. Antall hat dafür gesorgt, daß Béla und ich in einem Gästehaus der Regierung untergebracht werden. Wir fahren nach Budapest hinein, die Industrieviertel weichen Straßen, die von diesen alten, rußigen Mietshäusern mit ihrem rauchigen, säuerlichen Geruch gesäumt sind. Wir überqueren die Donau. Gästehaus liegt oben in den Hügeln von Buda (nicht weit von der einstigen Villa meiner Großeltern). Jetzt fängt meine Hauptaufgabe an – von diesem alten Priester nach der beschwerlichen Reise die Leute fernhalten. Ich weise einen Reporter ab, erfolglos. Entpuppt sich als Redakteur einer Zeitung, der ein Interview versprochen wurde. Ergebnis, daß Béla auf einem unbequemen Sofa sitzt und dumme Fragen beantwortet. (»Was empfanden Sie, als Sie erstmals eine ungarische Fahne sahen?« Unmenge ungarischer Fahnen in den Vereinigten Staaten.)*

Lokalreporter des Evening Phoenix *weit intelligenter.*

Personal des Gästehauses überaus hilfreich. Haben offenbar schon der kommunistischen Regierung gedient, darunter wohl auch ehemalige Geheimpolizisten, jetzt alle um ihren Arbeitsplatz besorgt. Nachdem wir Béla zur Ruhe gebracht haben, bitte ich sie, mir ein Taxi zu rufen. »Mein Herr, ein Wagen mit Fahrer und Leibwächter steht Ihnen hier zur Verfügung.« Wagen zu meiner Verfügung ist ein Lada (russischer Fiat), Leibwächter ein Polizist in Zivil, auf den am besten das Adjektiv »stämmig« paßt. (Manche Klischees treffen wirklich zu.) Da ich nicht wußte, wo ich unterkommen würde, hatte ich I. telefonisch gebeten, mir ein Hotelzimmer zu besorgen, und versprochen, sie gleich zu besuchen. Die in die Stadt hinunterführenden Straßen sind grün und golden und alle Bäume belaubt. Dem Fahrer gebe ich ein Trinkgeld und sage ihm, er brauche mich nicht abzuholen. Ich würde einfach ein Taxi nehmen. I.'s kleine Wohnung, in der sie über drei Jahrzehnte Kommunismus überlebt hat, ist eine vollendete Kombination aus Eleganz und Behaglichkeit (nicht im Stil von Schöner wohnen*). Diese Art des Überlebens ist das Beste an Ungarn und den Ungarn. Später am Tag treffe ich einen amerikanischen Diplomaten. »Eines müssen Sie mir erklären«, sagt er. »Woran liegt es, daß alle Ungarn, die ich kennengelernt habe, zutiefst pessimistisch sind, doch gleichzeitig das Leben so sehr genießen?« Das ist eine sehr intelligente Frage. Ich muß über die Antwort nachdenken. »Woran es liegt, kann ich Ihnen nicht sagen. Ich kann Ihnen nur sagen, wie sie's machen.«*

Wieder im Gästehaus der Regierung. Großzügige, beinahe üppige Einrichtung, eher unschön. Béla ruht sich den ganzen Nachmittag aus. Telefon klingelt unablässig. Personal erklärt mir unablässig, sie würden jederzeit auftischen, was immer wir zu essen und zu trinken wünschen. Schließlich sind nur wenige Gäste im Haus. Als George Bush letztes Jahr im Juli (für einen Tag) nach Budapest kam, bestand sein Stab aus mindestens fünfhundert Leuten. (Ist es das, was die Republikaner meinen, wenn sie sagen, sei seien gegen Big Government?*)*

Fahre abends wieder in die Stadt. Gehe mit I. und L. essen. Die wirtschaftliche Not in Ungarn soll sehr groß sein, aber die Restaurants sind voll. Hatte den ganzen Tag mit der Zeitverschiebung zu kämpfen, nehme jetzt eine Schlaftablette und falle ins Bett. An den ehemaligen Geheimpolizisten richte ich eine Bitte: Frühstück auf dem Zimmer, um acht Uhr bitte.

Montag, 30. April. *Ich werde wach, als um 7:59:60 Rie-*

senfrühstück auf Riesentablett hereingebracht wird. Ich liege nackt auf dem Bett, weil ich in der Nacht alle Laken abgeworfen habe. (Servile Bedienstete sind nicht immer die reine Freude.) Ich ziehe etwas über und gehe auf die Terrasse hinaus. Schwerer Fliederduft in der Luft. Zwischen den Bäumen hindurch funkeln, sechs Kilometer entfernt, die Dächer und Türme der Stadt im Sonnenlicht. Garten nicht besonders gepflegt. Denke an das Mähen, das mich zu Hause erwartet. Dem Personal, das bei meiner Ankunft keine Ahnung hatte, wer ich bin (vielleicht ein amerikanischer Geheimpolizist im Gefolge des eigentlichen Gastes?), wurde inzwischen bedeutet, mich mit Professor anzureden. (Na ja, ich weiß von so manchem amerikanischen Professor, der für die CIA gearbeitet hat.) Lese ungarische Zeitungen, finde sie recht gut. Eine Karikatur, die dem alten New Yorker *gut anstünde. Die Kommunisten hatten die Bauernhöfe in Ungarn kollektiviert, aber den Bauern ging es am Ende recht gut, weil jeder in diesen Kollektiven seine eigenen Geschäfte machte. Karikatur zeigt gutgekleidetes Paar in gut eingerichteter Wohnung mit großem Fernseher, Videorecorder, vielen Möbeln. Mann liest Zeitung, wendet sich mit besorgter Miene an seine Frau: »Sie wollen uns unser Land wiedergeben. Was fangen wir bloß an?«*

Abendessen in der Wohnung meines Freundes, des neuen Außenministers. Konnte seiner Frau keine Blumen schicken, da alle Geschäfte geschlossen, weil heute, der Vortag des 1. Mai, Feiertag ist. (Wird es ein Feiertag bleiben?) Unter den Gästen viele seiner Freunde, einige davon künftige Botschafter und Botschafterinnen. E. sehr erstaunt, daß ich weniger trinke als sonst. Fühle mich geschmeichelt, daß einige mich kennen, meine in Amerika und England erschienenen Artikel und Bücher gelesen haben. Kommt in Philadelphia oder Phoenixville nicht vor, aber vielleicht kein großer Verlust. Finde kein Taxi, gehe deshalb durch die warme, klare Nachtluft zum Hotel Intercontinental, vor dessen Eingang noch ein Haufen Deutscher lärmt. Ich spreche den Portier auf unga-

risch an und bekomme ein Taxi vor den Deutschen. Großer Fortschritt das: Es ist noch nicht so lange her, daß man besser englisch sprach, wenn man in Budapest etwas erreichen wollte. Deutet auf ein gestiegenes nationales Selbstvertrauen hin, ohne das die meisten politischen Veränderungen sinnlos wären.

Dienstag, 1. Mai. *Eiliger Anruf des Parlamentsdirektors, Bélas Ankunft, Sitzgelegenheit und Rede morgen vorzubesprechen. Dieser Direktor ist ein ausgezeichneter Mann. Das Gebäude ist glänzend wiederhergerichtet. Ich spüre einen Hauch historischer Kontinuität: die Intaglioarbeiten in der Täfelung, die Beschriftungen von 1900, die Fresken, die gediegenen schimmernden Messingaschenbecher auf den Fensterbänken des Korridors, für die Bequemlichkeit der ehrenwerten Abgeordneten. Das Parlamentsgebäude hat vierundzwanzig Eingänge. Béla wird vor Eingang Sechs vorfahren, von dort ist der Fußweg am kürzesten, und neben dem Eingang befindet sich ein Aufzug. Dann werden wir uns in einem Raum ausruhen, es werden Kaffee und Erfrischungen gereicht. Anschließend geht es durch die hohen Korridore mit ihrem gotischen Gesims in den Plenarsaal. Unterhalb des Rednerpults stehen die roten Samtsessel der Minister. Wird Béla von dort sprechen? Denn dort befindet sich ein Mikrophon. Wird er in der Lage sein, zum Pult hinaufzusteigen? Doch, ja. Es sind nur acht Stufen, mit einem festen Messinggeländer. Aber er kann dort nicht sitzen. Doch nun schafft der Direktor ein Stehpult herbei – es ist ideal. Béla kann sich darauf stützen und den Redetext in seinen alten, liebenswerten, zitternden Händen halten. So wird es sein.*

Dies war, als es 1901 vollendet wurde, das größte Parlamentsgebäude der Welt. Jetzt spiele ich darin eine Rolle, so wie ich eine kleine Rolle in der Verwaltung der Gemeinde Schuylkill spiele, die eines der kleinsten Gemeinderatsgebäude im Chester County hat, wo es jedenfalls weder Intaglio noch Scagliola, weder Marmor noch roten Samt gibt.

Jetzt bin ich, ohne es gewollt zu haben, auch hier in die Politik verwickelt. Man bedrängt uns, dies und das an der Rede zu ändern, dies und das hinzuzufügen. Man will etwas über die historischen Perspektiven meines Heimatlandes Ungarn hören. Das ist auf jeden Fall etwas anderes als meine Verwicklung in den Flächennutzungsplan der Gemeinde Schuylkill, Chester County, Pennsylvania. Jetzt befasse ich mich mit der Formulierung summarischer Urteile über vergangene Jahrhunderte, über das Verhältnis einer ganzen Nation zu Europa und zum russischen Imperium, mit Anspielungen auf die tiefen Differenzen und Risse in dem sich jetzt herausbildenden demokratischen Ungarn, mit bedeutungsschweren Andeutungen – nicht mit Baumdurchmessern, Straßenbanketten, Vorfahrtsregelungen, der Tiefe von Vorgärten und der Aufteilung von Parzellen.

Zwei Arten von Politik. Zwei ganz unterschiedliche Orte. Zwei ganz unterschiedliche Anlässe. Und doch – letztlich *ist das Wesen dieser Dinge dasselbe.*

Zuallererst: Die Geschichte und das Wesen der Politik sind eine Sache von Worten. Das mag in dieser Zeit der bildlichen Darstellungen und der numerischen Computerberechnungen befremdlich klingen, aber so ist es. Am Anfang war das Wort, heißt es in der Bibel, und so ist es immer noch. Es sind Worte, die uns bewegen, uns verletzen, uns beflügeln, uns niederdrücken, weil wir in Worten denken. Wenn in dieser historischen Rede ein oder zwei Wörter geändert werden, ein einziger Ausdruck ausgelassen oder hinzugefügt wird, kann etwas völlig anderes entstehen. Es kann nicht nur den Ton, sondern den ganzen Sinn der Botschaft verändern, die dieser alte, ehrenwerte Mann an eine Nation richtet. Den Gang der Weltgeschichte werden seine Worte höchstwahrscheinlich nicht verändern. Doch zu meinen Lebzeiten hat es Worte gegeben, die den Gang der Geschichte verändert haben: Hitlers Worte, auf die hin eine ganze Nation aufstand, bereit, Waffen zu tragen, und Churchills Worte, die eine andere Nation bewegten, darauf zu antworten, Hitler auch dann zu widerstehen, als sie weitgehend der Waffen beraubt war.

Mir fällt auf, daß die Zukunft der Gemeinde Schuylkill gleichfalls von Worten abhängt. Nicht von »Tatsachen«, denn es gibt auf dieser Welt keine Tatsache, die unabhängig von den Worten existiert, in denen sie ausgedrückt oder gedacht wird. Es sind Worte – über Zonenaufteilung, über Feuchtgebiete, über Parzellengrenzen, über Bodenstrukturen –, die über das Schicksal dessen entscheiden, was an welcher Stelle gebaut wird und was an welcher Stelle erhalten bleibt; es sind Worte, deren sich ein Richter bedient, wenn er ein Urteil fällt und entweder zugunsten eines Bauträgers oder zugunsten einer Gemeinde entscheidet. Das Recht besteht aus Wörtern.

In diesem Augenblick mache ich einen großen Wirbel, weil ein Freund wünscht, daß wir einen Satz ändern, der morgen im Parlament Ungarns vorgetragen werden soll. Letztes Jahr habe ich einen großen Wirbel gemacht, weil die Fachleute, die von der Gemeindeverwaltung beauftragt waren, den neuen Flächennutzungsplan zu entwerfen, beschlossen hatten, unbebaute Parzellen in der Gemeinde Schuylkill als »vakante Gebiete« zu bezeichnen. Dagegen erhob ich Einspruch. »Vakant«, sagte ich, bedeutet verlassen, leer, nutzlos. Heißt das, daß jedes Stück Land von vier oder mehr Hektar in dieser Gemeinde, das noch nicht mit Bauten bedeckt ist, verlassen, leer, nutzlos ist? Einige meinten, ich machte von einer unbebauten Parzelle unnötiges Aufheben oder betriebe nur Wortklauberei. Dabei ging es nicht um die Traditionen der Sprache; es ging um die Wahrung von Ehrlichkeit und Anstand – im Gemeinderatsgebäude von Schuylkill ebenso wie in der Nationalversammlung von Ungarn in Budapest.

Worte sind nicht zu trennen von Ideen. Der Kommunismus ist in Ungarn verschwunden, weil viele Jahre lang keiner an ihn glaubte, darunter Mitglieder der Kommunistischen Partei und jetzt auch der derzeitige Führer des russischen Imperiums. Deshalb hat Ungarn – Gott sei Dank – eine unblutige

Revolution erlebt, und nicht, weil Reagan und Weinberger den Russen einen Rüstungswettlauf aufzwangen, den diese finanziell nicht durchstehen konnten. In der Gemeinde Schuylkill wird die Schlacht gewonnen sein, wenn die Ideen – nicht bloß die Gefühle, die ändern sich bereits – sich so weit geändert haben, daß die Leute die überholte Vision vom technischen Fortschritt durchschauen, die aus der ganzen Welt eine einzige riesige Vorstadtsiedlung mit endlos sich hinziehenden Einkaufszentren oder Flughäfen machen würde.

Die zweite Wesensübereinstimmung zwischen diesen beiden Orten besteht in dem menschlichen Element in der Politik. Die politischen Kräfte Ungarns zerfallen im wesentlichen in zwei große Parteien, das Ungarische Demokratische Forum und den Bund Freier Demokraten. Die buchstäbliche Bedeutung dieser Wörter hat nichts zu besagen, genau wie in den Vereinigten Staaten, wo es keine Monarchisten oder Aristokraten gibt, nur Republikaner und Demokraten. Die eigentliche Einteilung reicht jedoch tiefer. Sie verläuft quer durch die Parteien, nicht zwischen ihnen – in Ungarn genau wie in der Gemeinde Schuylkill. In beiden Parteien gibt es anständige Kerle und üble Kerle. Und wer sind die üblen Kerle? Es sind, ob im Donaubecken oder in Chester County, Pennsylvania, überall dieselben: Es sind Leute, die hauptsächlich von Neid und Ressentiment angetrieben werden – von Neid auf andere, die angesehener oder erfolgreicher sind (oder zu sein scheinen) als sie selbst, von Ressentiment gegen Leute, denen es bessergeht (oder zu gehen scheint), weil sie mehr von der Welt zu verstehen scheinen. Solche Leute gibt es in der Mehrheitspartei in Ungarn, und es gibt sie in der Mehrheitspartei im Chester County. Sie sind eine Minderheit, aber bisweilen eine entschlossene *Minderheit. Genau das kommt in den Zahlenkolonnen der Meinungsforscher nicht vor. Eine entschlossene Minderheit kann – ich sage nicht, daß es so sein muß – einen Einfluß ausüben, der ihre zahlenmäßige Stärke übersteigt, von der Qualität der Männer und*

Frauen, aus denen sie sich zusammensetzt, ganz zu schweigen. Wenn der entschlossenen Minderheit nämlich nicht viel mehr als eine unentschlossene Mehrheit gegenübersteht, kann diese entschlossene Gruppe oder eine gutorganisierte Lobby den öffentlichen Eindruck erzeugen, daß sie die beliebte und angesehene Mehrheit repräsentiert. Das ist die Gefahr einer populistischen Demokratie in Ungarn, zwischen Ost und West, wie in der Gemeinde Schuylkill, zwischen Phoenixville und Valley Forge.

In der Geschichte Ungarns war Dr. Johnsons berühmte Wendung vom Patriotismus als der letzten Zuflucht der Schurken leider oft anwendbar. In Amerika desgleichen, wobei ich hinzufügen muß, daß der Patriotismus des freien Unternehmertums oft das letzte Mittel der Bauträger ist. Die Gefahr für die Demokratie kommt nicht vom politischen Extremismus. Sie kommt von jener Ambition, die getrieben wird von Ressentiment und Gier – wobei die Gier selbst eher eine Konsequenz als eine Ursache ist, eine Konsequenz eines Angstgefühls. Diese Angst ist genaugenommen nicht eine Angst vor finanzieller Unsicherheit. Es ist eine Angst vor der persönlichen Unzulänglichkeit. Der Vater der Gier ist die Eitelkeit – in Budapest und Ungarn genauso wie in jeder amerikanischen Kleinstadt oder Vorstadtsiedlung.

Mittwoch, 2. Mai. *Ein herrlicher Maimorgen voller Verheißung. Ich mache mir Sorgen, ob auch alles wie vorgesehen laufen wird: Hat mein alter Freund seine Tabletten mitgenommen? Wird er die Belastung aushalten, so lange zu stehen? Aber alles geht gut, auch was meine untergeordnete Sorge betrifft: Wird es für mich, der ich ja kein ehemaliges Mitglied des Parlaments bin, sondern nur sein Begleiter, einen Platz auf der Zuschauertribüne geben, nachdem er in den Plenarsaal geleitet wurde? Man führt mich zu einer der sechs Logen für hohe Gäste, die sich, mit vier roten Samtsesseln ausgestattet, im Saal selbst befinden. Ich sitze neben Prinzessin Walburga von Habsburg, der Tochter Ottos von Habsburg, der ebenfalls zugegen ist. Sohn des letzten Königs von Ungarn, ist er heute eine im Lande beliebte Persönlichkeit. Die Prinzessin ist nobel und erklärt mir, sie habe eines meiner Bücher bei sich zu Hause in Bayern auf dem Nachttisch liegen. Bevor ich mich noch geschmeichelt fühlen kann, erheben sich alle. Die Nationalhymne erklingt. Sie könnte in diesem Moment nicht angemessener sein. (Bei den Gemeinderatssitzungen in Schuylkill wird gelegentlich das Treuegelöbnis gesprochen, was ich dort nicht ganz passend finde, aber schließlich geht auch hier ein Schauspieler auf das Podium und trägt ein vor hundertvierzig Jahren verfaßtes Gedicht »An die Nationalversammlung« vor, und ich finde seinen Ton und seine Deklamation nicht ganz passend.) Schließlich erhebt sich mein alter Freund Béla und geht langsam zum Rednerpult. Seine Rede dauert nicht länger als acht Minuten. Sie vergehen wie im Flug. Es ist ein eigentümliches Erlebnis, die Dinge, die er zu sagen wünschte, teils in meinen Wendungen vorgetragen zu hören. Am Schluß steht eine Aussage, die für Ungarn ebenso gültig ist wie für die Vereinigten Staaten, für mein Heimatland ebenso wie für meine Wahlheimat. Die Nazis und die Kommunisten, sagt er, hätten eine heidnische Barbarei verkörpert, von der Ungarn nun befreit sei; »doch vor uns liegen vielleicht die Schatten eines neuen, technologischen Heidentums, das die Natur unseres Vaterlandes, unseres Kontinents, unserer Mutter Erde bedroht«.*

Stehend bringt man ihm Ovationen dar. Es folgen zwei weitere, sehr viel längere Reden. Dann eine Pause. In den Räumen des Präsidenten, hoch über der Donau, gibt es einen Champagnerempfang. Das Sonnenlicht flutet herein. Béla ist müde. Er möchte dem Rest der langen ersten Parlamentssitzung nicht beiwohnen, sondern ins Gästehaus zurückkehren und sich ausruhen. Ich werde ihn begleiten, und so verabschiede ich mich von einigen meiner Freunde und Bekannten und von Walburga: »Je vous prie de bien vouloir soumettre mes hommages à Madame votre mère.« Ich wünschte, meine Mutter hätte diesen Tag noch erleben können und meine amerikanische Frau wäre dabei, aber es sollte nicht sein. In Pennsylvania bricht jetzt der Tag an. Wir haben den 2. Mai, heute findet die monatliche Sitzung des Gemeinderats statt. In Budapest wird das Ende eines langen, schmerzlichen Kapitels und der Beginn eines neuen Kapitels in der Geschichte einer Nation gefeiert. In der Gemeinde Schuylkill wird man über viele Kleinigkeiten diskutieren, aber letztlich geht es nicht nur darum, hier und da ein paar Quadratmeter zu bewahren – es geht um die Bewahrung eines Landstrichs, einer Landschaft, einer Lebensform, eines Landes.

Alle bedeutenden Zeitungen der Welt sind vertreten. Dem Korrespondenten der Frankfurter Allgemeinen *übergebe ich meine englische Übersetzung der Rede von Monsignore Varga. Das Blatt druckt sie anderntags vollständig in deutscher Fassung ab. Bei der* New York Times *oder auch nur beim* Philadelphia Inquirer *wäre das undenkbar. Gelegentlich kommt es allerdings beim* Evening Phoenix *vor, und natürlich beim* Schuylkill Township Civic Association's Newsletter, *wo man die Einzelheiten noch wichtig nimmt.*

1991. *Neun Monate später bin ich überraschend wieder in Ungarn. Ich lehre an der Universität und wohne in einer geräumigen Mietwohnung. Meine Wurzeln sind hier – und in Amerika. Im physischen Sinne ist das unmöglich, nicht aber (wie bei so vielen menschlichen Phänomenen) im geistigen Sinne. Ich bin kein Zwitter. Ich gehöre beiden Ländern an. Doch Amerika, genauer, Pennsylvania, ist jetzt meine Heimat.*

Ich schreibe auf englisch besser als auf ungarisch. Es fällt mir leichter, die Vorlesung auf englisch als auf ungarisch zu halten. Jetzt, wo ich hier bin, spreche ich Ungarisch genauso gut wie Englisch (glaube ich jedenfalls). Ich lese Ungarisch so schnell wie Englisch. Beim Lesen merke ich, daß ich ein empfindliches Gespür für die Nuancen im ungarischen Journalismus habe. Ich entdecke – oft ohne ausdrücklich danach zu suchen – die versteckten Animositäten und Abneigungen, die Opportunismen, die in so vielen Wörtern schlummern und die Wortwahl weniger zu einer stilistischen als zu einer moralischen Frage machen.

Tagsüber spreche und höre und lese ich Ungarisch. Abends greife ich dann zu Trollope oder zu Jane Austen, die auf meinem Nachttisch liegen. Nachts in Budapest Emma zu lesen, das ist wie ein Schluck kühlen, reinen, klaren Wassers aus einem Kristallglas. Diese Reinheit bedeutet mehr als Unschuld, die rosige Unschuld jenes wunderbaren englischen Mädchens (ich meine sowohl Emma als auch Jane Austen), von dem uns jetzt fast zwei Jahrhunderte trennen. Diese englische Prosa ist voller Subtilitäten und Einsichten, sie ist elegant und modern. Vor zweihundert Jahren war sie der osteuropäischen Prosa weit voraus (was für den größten Teil der englischen Prosa von heute wohl nicht mehr gilt – eigentlich schade).

Eines Abends schalte ich das ungarische Fernsehen ein. Ein Film von 1942 mit Fred Astaire. Angesichts seiner gelenkigen Eleganz (und der swingenden Musik) spielt das alberne Drehbuch keine Rolle. Merkwürdig oder vielleicht auch nicht so merkwürdig: Ich bin von dem Film gerührt.

28. Februar 1991. Bush spricht im Fernsehen. Ich war gegen den Golfkrieg. Ich fand, daß das nicht unsere (»unsere« – nur selten kann ich dieses amerikanische Pronomen unbefangen verwenden) Angelegenheit war; daß der Nahe Osten ein Sumpf war und bleiben würde; daß Bushs Art zu reden kläglich ist und seine kindische Denkweise verrät. Aber da fällt ein Satz, der mich bewegt: »Dieser Krieg liegt jetzt hinter uns.« Dieser einfache Satz berührt mich. Für einen Augenblick empfinde ich amerikanisch.

Eines Nachmittags sehe ich über der nördlichen Bastion des Burgbergs eine ungarische Fahne an einem langen, dünnen Mast flattern, und ich bin bewegt von dem Gedanken, daß diese schlichte Nationalfahne irgendwie überdauert hat. Wir haben das Jahr 1991, aber es könnte genausogut 1848 sein. Sie hat etwas so Historisches, daß es fast zeitlos anmutet. Dieses einsame Banner ist nicht anmaßend oder großspu-

rig. Ich empfinde keinen Überschwang, keinen nationalistischen Stolz; ich spüre die Präsenz des Überdauerns von etwas, das anständig und bescheiden und gut ist.

31. März 1991. *Diner in der vertrauten Wohnung von J., dem derzeitigen Außenminister. Von den Anwesenden kenne ich die meisten, fühle mich dort jetzt aber nicht ganz zu Hause.*

9. April 1991. *Diner mit Dervla Murphy in der Residenz des britischen Botschafters. Von den Anwesenden kenne ich kaum einen, aber ich fühle mich dort wie zu Hause, weil es ein sehr schönes Haus ist, weil es einst den Scitovszkys gehörte, einer alten ungarischen Familie aus einer inzwischen verschwundenen Welt.*

Verschwunden ist auch jener Teil des alten, tausendjährigen Ungarn, der nach dem Ersten Weltkrieg von Ungarn losgerissen und anderen, neuen Staaten gegeben wurde. Ich bin empfänglich für das Erinnerungsträchtige bestimmter Ortsnamen, alter amerikanischer Ortsnamen wie Cinnaminson, Christiana, Sumneytown, allerdings nicht Wounded Knee. Und nun solche aus dem alten Ungarn: Vihorlát, Görgényi havasok. In diesen Namen schwingt mehr als Musik mit. Wenn ich sie gedruckt (oder auf einer Karte) sehe, bildet sich eine bestimmte Vorstellung in mir. Aber es ist nicht nur eine Vorstellung. Ich sehe die windgepeitschten, düsteren, abgeschiedenen Bergketten, die in der heutigen Slowakei liegen, und die anderen im heute rumänischen Siebenbürgen. Einsam, geheimnisvoll, mit ihren weitgehend ungestörten Wäldern, durch die ein paar spärliche Pfade führen, auf denen arme Bauern und im Winter die Jäger wandeln. So waren sie, noch aus einer sehr alten Welt, jener anderen Welt, vor 1914, sie gehörten zu uns, dem anderen Ungarn, bevor ich geboren wurde; doch diese Dinge sind in mir. Unvergänglich. »Für eine Nation kann man nicht liebevolle Zuneigung empfinden«, schrieb Simone Weil, »wohl aber für ein Land, für eine Umgebung, auf der Traditionen ruhen, die unvergänglich sind.«

Die Wohnung, die ich mir in Budapest im ausgehenden Winter und Frühling 1991 gemietet hatte, war sehr komfortabel und gut, aber natürlich nicht schön eingerichtet. Sie lag in Pest; Buda wäre mir lieber gewesen, aber ich konnte schon von Glück sagen, überhaupt eine solche Wohnung ergattert zu haben. Sie liegt nur achthundert Meter von dem Sanatorium entfernt, in dem ich geboren wurde, und vierhundert Meter von einem Haus, in dem einmal für kurze Zeit meine Familie gewohnt hat. Die beiden Gebäude gibt es nicht mehr – sie wurden im Sommer 1944 von amerikanischen Bomben zerstört, während die nähere Umgebung weitgehend vom Krieg verschont blieb.

So oft bin ich an grauen Winterabenden, wenn die Straßenlaternen mit schwachem Schein den perlfarbenen Nebel zu durchdringen versuchten, durch diese Straßen gegangen. In dieser Gegend wohnte einst die gehobene Mittelschicht. Die meisten Häuser waren zwischen 1890 und 1910 entstanden, palastähnliche Villen, in jedem Stockwerk eine oder zwei Wohnungen mit großen, hohen Räumen, mit Stuck- oder Kassettendecken, Balkontüren und Parkettboden – eine Atmosphäre, die einen Hauch von prätentiöser Eleganz mit einem kräftigen Schuß bürgerlicher Behaglichkeit verband. Es waren darunter beeindruckende Häuser, die eine hoheitliche Ausstrahlung hatten, einige waren in dem damaligen Pariser Stil errichtet und eiferten den neureichen Villen und Mietshäusern der belle époque *nach, wie man sie im Bois, in Auteuil und Neuilly baute (die österreichisch-deutsche Einzelhausbauweise traf man hier, abweichend von anderen Stadtteilen Budapests, selten an).*

Dann kam 1944–45, das letzte schreckliche Kriegsjahr mit den Bombardierungen und der langen Belagerung Budapests, und kurz darauf die vier Jahrzehnte anhaltende Finsternis – buchstäbliche Finsternis – der kommunistischen Herrschaft. Die vormaligen Eigentümer und Bewohner dieser Häuser verschwanden. Neue, unsichere, finster blickende Bewohner zogen ein: schnell aufgestiegene Funktionäre der herrschenden Partei, Botschaften der Mongolei oder Vietnams, Gewerkschaftszentralen. Vor ungefähr fünf Jahren trat wieder eine Veränderung ein. Die kommunistische Ära ging ihrem Ende zu. In einige der Wohnungen zogen wieder junge Familien ein. Anders als vor fünfzig Jahren stehen an den Straßenrändern jetzt Autos. Das Jahrhundert des Automobils war damals in Budapest noch nicht ganz angekommen – jetzt ist es auf jeden Fall da.

Im winterlichen Nebel werfen nur wenige Lichter aus den kleinen Kristall-Kronleuchtern der Salons oder Wohnzimmer im ersten Stock einen freundlichen Strahl auf die Straße. Viele Fenster sind dunkel. In zehn Jahren wird es hier vielleicht ganz anders aussehen. Eine neue Klasse steigt auf aus den Ruinen des Kommunismus in Ungarn, der eine von außen aufgezwungene Episode war, fast unerträglich lang für diejenigen, die sie durchleben mußten, aber eigentlich nicht sehr lang, gemessen an der Geschichte einer Nation.

Es schneite wieder, und ich ging durch diese Straßen zu einem Restaurant und anschließend wieder heim. Der Abend war schön jetzt, der Schnee fiel durch den Lichtbogen der Straßenlampen und blieb dann auf dem Pflaster liegen, die Luft war metallisch und rein. Es wehte kein Hauch, die fallenden Schneeflocken hatten eine ruhige, ungebrochene Qualität von etwas Stillem und Endlosem. Was fehlte, war der Kontrast zwischen der Friedlichkeit des Winters draußen und der warmen Innerlichkeit drinnen.

Ich liebe den Winter wegen dieses Kontrasts, sei es in meinem ländlichen Pennsylvania oder in einer europäischen Großstadt. Im Budapest des Jahres 1991 gibt es kaum etwas davon. Ein paar blasse Fenster, durch deren zugezogene Vorhänge ein eher gräuliches als gelbliches Licht dringt (ist es das Flackern des Fernsehers?). Von den zehn, zwölf, fünfzehn Balkonfenstern, die auf die Straße hinausgehen, sind hier und da vielleicht zwei oder drei erleuchtet und vermitteln den Eindruck, daß drinnen ein Privatleben stattfindet. Welch ein

Unterschied zu der Zeit vor fünfzig oder sechzig Jahren, als einen Komfort und beeindruckend schöne Räume und Einrichtungen erwarteten, wenn man durch die massive Haustür in ein hell erleuchtetes Foyer oder Vestibül eingetreten war und nach der verschneiten Stille der Straße und der eisigen Treppe das laute Geplapper von Menschen gewahrte oder eine warme Stille ganz anderer Art, den gedämpften Hauch sorgfältig gebürsteter Teppiche und tabakbrauner Plüschmöbel.

Alles, was ich hier jetzt wahrzunehmen vermag, ist eine Art eingeschränktes Leben, ein Sichzusammenkauern unter hohen Zimmerdecken, von einem Privatleben oder auch nur von Behaglichkeit ist nichts zu spüren. Gewiß, die »Privatisierung« wird kommen. Einige dieser Gebäude werden von den derzeitigen Bewohnern und Institutionen und Büros geräumt werden, und neue Neureiche werden in sie einziehen. Das gab es schon einmal. Und sosehr man die Neureichen damals auch verabscheut haben mag, man muß wissen, daß diese damaligen Neureichen sehr rasch lernten (auch das ist sehr ungarisch), sich in Fragen des Geschmacks und der guten Dinge zu orientieren. Innerhalb einer Generation wurden diese palastartigen Häuser von Familien bewohnt, die ihrer würdig waren. Das wird sich jetzt allerdings nicht wiederholen. Es wird keine Großbourgeoisie mehr geben – nicht hier und vielleicht auch nirgendwo sonst auf der Welt. Die Büros werden ebenfalls bleiben, sich sogar ausdehnen, hell erleuchtet von Leuchtstoffröhren an den hohen Stuckdecken. Vor der stumpf gewordenen Holztäfelung werden Computer und große Fernsehgeräte stehen. Eine Art von Bürokratie wird durch die andere ersetzt. Eleganz, nein. Nie wieder.

Die große, grundlegende moralische Unzulänglichkeit des Antikommunismus – das heißt, des Antikommunismus aus sicherer Distanz – hat zwei Ursachen. Die eine besteht in einem Gefühl der Selbstzufriedenheit: Man weiß, daß man auf der richtigen Seite ist, auf der respektablen Seite, zusammen mit all den anderen Menschen mit der richtigen Gesinnung. Die andere besteht in der Übertreibung der teuflischen Fähigkeiten und Machenschaften des Kommunismus und der Kommunisten.

Es ist eine häufig anzutreffende menschliche Unzulänglichkeit, einem Fremden (oder etwas Fremdem) übertriebene Fähigkeiten anzudichten. Sie ist zu unterscheiden von der Paranoia, die die Fähigkeiten eines Menschen (oder einer Sache) übertreibt, der unser entschiedener Gegner ist (oder den wir dafür halten), eines Menschen (oder einer Sache), den wir kennen. Die meisten Antikommunisten sind nicht paranoid. Paranoide Menschen schwelgen in ihren Ängsten – ein masochistisches und nicht sonderlich befriedigendes Schwelgen. Antikommunismus aus sicherer Distanz ist Selbstbefriedigung, mehr noch, man kann daraus sogar persönlichen und beruflichen Nutzen schlagen. Dies gilt selbstverständlich nicht für Menschen, die unterm Kommunismus leben, die von Kommunisten unterdrückt oder bedroht werden. Ihr Kampf gegen den Kommunismus ist bewundernswert.

Ich habe immer wieder die Ideologie des Antikommunismus kritisiert, die gefährliche Neigung, ihn mit Patriotismus gleichzusetzen. Ich habe darauf aufmerksam gemacht, wenn die antikommunistische Ideologie zu einer Fehldeutung der Intentionen der sowjetrussischen Außenpolitik führte oder wenn sie die elementaren Standards traditioneller amerikanischer Institutionen beschädigte. Ich habe einmal kurz erwähnt, daß ich 1945 bei vielen Kommunisten in Ungarn ein Unsicherheits- und Minderwertigkeitsgefühl bemerkt habe; freilich waren sie damals weder an der Macht, noch stand ihre Machtergreifung unmittelbar bevor. Ich wußte, daß sie an die Macht kommen würden, und deshalb habe ich Ungarn 1946 verlassen.

Rund ein Jahr später saß das kommunistische Regime fest im Sattel. Um diese Zeit – 1948 oder 1949 – zogen die damals neuen Bewohner mit ihren Organisationen, Instituten, Kon-

sulaten und Botschaften in diese verlassenen palastartigen Villen ein, die man beschlagnahmt und ihnen zugewiesen hatte. Sie betraten diese Gebäude nicht in gehobener Stimmung, mit der Entschiedenheit von Menschen, die sich ihrer Sache sicher sind. Drei Jahre nach dem Krieg und den entsetzlichen Tragödien, die Budapest widerfahren waren, waren diese Gebäude unangenehm feucht, leer und kalt, von den Wänden bröckelte der Putz, und abgesehen von ein paar zurückgelassenen Möbeln deutete nichts darauf hin, daß hier einmal Menschen gewohnt hatten. Es war anders als im Smolny-Institut oder im Kseschinskaja-Palast drei Jahrzehnte zuvor, wo es von erregten Revolutionären wimmelte. Es war auch anders als in Brest-Litowsk: Diese neuen Botschafter, Minister und Ratsvorsitzenden waren zweit- oder drittrangige ehemalige Intellektuelle, nicht Arbeiter oder Bauern. Und sie waren nicht allein. Anders als die revolutionären Kommunisten zuvor brachten sie nicht ihr eigenes Personal mit. Sie wurden abhängig gemacht von Mitarbeitern, die ihnen von den wahren Herren der Macht, den Chefs der Geheimpolizei, zugewiesen wurden. Diese Hausmeister, Mechaniker, Fahrer, Kellner, Telefonistinnen und Sekretärinnen kamen vielfach aus Arbeiter- oder Bauernfamilien, waren ausgelesen worden aus einer Schar von Freiwilligen, die zum Abschaum des Proletariats gehörten. Befriedigt über den Glückstreffer, der ihnen zugestoßen war, waren sie sich instinktiv der Macht bewußt, die sie über ihre neuen Vorgesetzten besaßen. Sie beobachteten – oft mit jener Verachtung, mit der ein primitiver Knecht einen schwachen Herrn beobachtet –, wie ihre Herren sich unter den kalten, hohen Zimmerdecken bewegten.

Diese neue herrschende Klasse: in den Augen vieler Amerikaner (einschließlich der CIA) idealistische Fanatiker, einem weltrevolutionären Ideal ergeben, mit Feuer und Gift zu bekämpfen, »kommunistische, totalitäre, internationale Weltrevolutionäre«. Allenfalls waren sie kurzfristige Nutznießer der Macht, aber nicht für lange. Sie wußten das. Ihre

Ämter, ihre Wohnungen, ihre Titel und ihre Sondervergünstigungen hingen von anderen ab, und sie konnten nicht hoffen, diese anderen je unter ihre Kontrolle zu bringen. Sie wußten noch etwas, und das trug ebenfalls zu ihrem Minderwertigkeitsgefühl bei. Sie wußten (natürlich, ohne es je auszusprechen), daß alles Russische und Sowjetische und Kommunistische zweitklassig war. Deshalb war es für sie selbst um 1950, als ein ungebremster Stalinismus und der Eiserne Vorhang ihre Blütezeit erlebten, der Gipfel der gesellschaftlichen Anerkennung, wenn sie zum Empfang nicht in die Botschaft eines anderen kommunistischen Staates, zum Beispiel Bulgariens oder auch der Sowjetunion, eingeladen wurden, sondern wenn sie auf einem »westlichen« Empfang erscheinen durften, natürlich nicht auf einem amerikanischen oder britischen, aber vielleicht einem französischen, wenn etwa für einen prokommunistischen Pariser Intellektuellen oder Filmemacher ein Empfang gegeben wurde. Sie wußten, daß im Westen alles besser und reicher war. Sie glaubten nie, daß das Leben (oder ein Posten) in Moskau oder Peking einem Posten in Paris oder Brüssel vorzuziehen sei. Allerdings hofften sie (na ja, vielleicht einige unter ihnen), daß der kommunistische Teil der Welt diese westlichen Standards irgendwann erreichen oder gar übertreffen werde, wenn erst einmal, sagen wir, Frankreich kommunistisch geworden war. Ich denke jedoch, daß sie in ihrem Innersten wußten, daß es dazu nie kommen würde.

Diese Gedanken und Ambitionen und Neigungen einer kurzlebigen neuen Klasse kommunistischer Bürokraten, die von Angst besessen in ihren heruntergekommenen, streng abgeschirmten städtischen Behausungen hockten – diese Abende in diesen Villen während der Jahre um 1950! Kein Balzac wird sie je beschreiben, und das nicht nur wegen des Niedergangs der Literatur. Ich folge hier nicht nur meiner Phantasie oder den Bruchstücken, die über das Leben der hohen kommunistischen Funktionäre in jener Zeit bekanntgeworden sind. Wir schreiben jetzt 1991. Fast täglich komme ich auf dem Weg zur U-Bahnstation Andrássy Avenue an der albanischen Botschaft vorüber. Das Gebäude ist zugesperrt, am Randstein steht ein einzelner Peugeot mit Diplomatenkennzeichen, der mit schmutzigem Schnee bedeckt ist und ebenso verlassen wirkt wie der größte Teil des Botschaftsgebäudes mit seinen abweisenden hohen Eisengittern. Man sieht kaum jemanden, nur gelegentlich hocken hinter dem Zaun zwei unrasierte Männer, drücken ihre Zigaretten aus, reden in einer unverständlichen Sprache und blicken sich mißtrauisch um; ihre rauchgrauen Stoppelgesichter mit den Zahnlücken erinnern an Halbwilde.

April 1991. *Dreitägiger Ausflug nach Nordostungarn mit S. und Dervla. Ich miete ein Auto, einen Lada, er ist am günstigsten zu haben. Gebaut wird er im Herzen Rußlands in einer riesigen Fabrik, geplant und errichtet von Fiat-Ingenieuren Anfang der sechziger Jahre, als selbst ein Chruschtschow der Massenproduktion von Privatautos zustimmen mußte. (Er war, nachdem er Verkehrsstaus in den Vereinigten Staaten erlebt hatte, zunächst dagegen gewesen;* war das *in diesem Jahrhundert des Automobils vielleicht einer der Gründe für seinen Sturz?) Dieser brandneue Lada liegt rund vierzig Jahre hinter westlichen Standards zurück, ist unhandlich (um ihn anzulassen, muß man mit der* linken *Hand unter das Lenkrad greifen), aber Rahmen und Bleche sind sehr viel schwerer als bei japanischen Autos. (Vielleicht war das der Schlüssel zum Erfolg der russischen Panzer im Zweiten Weltkrieg: primitiv, aber robust und schwer.)*

Die ungarische Landschaft macht einen überaus gepflegten Eindruck. Das war schon vor zwanzig Jahren so, unter den Kommunisten; die menschliche Realität (um dieses *Feld kümmert sich* diese *Familie, für* jenen *Garten bist* du *verantwortlich) wurde wichtiger genommen als die offiziellen Bestimmungen der kollektiven Landwirtschaft. Hier in Eger, in den schönen engen Straßen unterhalb der alten Festungsmauern, wird jedes zweite Haus restauriert, neu gestrichen, aufpo-*

liert. Ungarns berechtigte Zukunftshoffnungen ruhen auf diesem Zusammenhang zwischen Privateigentum und privater Initiative: Man tut etwas für sein Eigentum, wie es viele Amerikaner machen, die an ihrem eigenen Haus arbeiten; umgekehrt ist es bei den Bauträger-Gesellschaften, denen es herzlich gleichgültig ist, was da konkret mit dem vorhandenen Kapital gebaut wird. Ich kann mir durchaus vorstellen, hier meine alten Tage zu verbringen. Es wäre ein geruhsames Leben; an kalten klaren Abenden würde ich, in einen dicken Schaffellmantel gehüllt, zum Gasthaus schlendern; morgens würde ich Gäste erwarten, die von weit her kommen; ich wüßte, daß ich dann und wann nach Budapest oder Wien fahren und von dort aus nach Kandersteg oder Brügge fliegen könnte; gelegentlich würde ich, nicht zu tief in Gedanken versunken, einen Spaziergang über den Stadtfriedhof machen.

Die Fahrt geht weiter nach Sárospatak. Da wir zwei Stunden mehr veranschlagt haben, als wir für die Strecke benötigen, machen wir einen Abstecher durch die Berge, die an diesem kalten Aprilnachmittag sehr verlassen sind, nach Lillafüred, zum Palasthotel, wo ich im Januar 1944 fünf phantastische Tage und Nächte verbracht habe. In der kühlen Frühjahrsdämmerung kommen wir dort an. Das Hotel ist noch einigermaßen gut erhalten. In den letzten Kriegsmonaten und noch einige Jahre danach wurde es von den Russen als Militärkrankenhaus genutzt. Danach wurde es zu einem Erholungsheim für Gewerkschaftsmitglieder. Das ist es immer noch, aber inzwischen hat der Eigentümer seinen Anspruch geltend gemacht, und das Hotel nimmt wieder Gäste auf. Es ist kleiner, als ich es mir vorgestellt hatte, aber so geht es einem ja mit allen Dingen, an die man sich aus der Kindheit und Jugend erinnert. Der im Augenblick ungenutzte Speisesaal mit seinen nachgemachten mittelalterlichen Schnitzereien ist noch wie früher. Mein Herz zuckt nur beim Anblick der Biegung des Korridors im Erdgeschoß, wohin ich Nacht für Nacht über die Hintertreppe eilte, zum Zimmer einer Frau, in die ich damals rasend verliebt war.

Es gibt eine Ausstellung von stark vergilbten Fotografien von der Eröffnung des Palasthotels im Jahr 1927 und von Gästen aus den frühen dreißiger Jahren. Es erstaunt mich, wie unglaublich weit das jetzt zurückzuliegen scheint. Die Fotos wecken Erinnerungen an eine Vergangenheit, an Menschen, die ich kannte und ganz genau wiedererkenne, doch hier ist, anders als an anderen Orten der Welt, nichts davon wiederzufinden. Vielerorts trifft man noch so manchen aus jener Zeit, ist die Vergangenheit wenigstens bruchstückhaft noch lebendig. Hier ist die Vergangenheit tot.

In Sárospatak finden wir ein gutes kleines Gasthaus, in einem ehemaligen Kloster aus dem siebzehnten Jahrhundert. Am nächsten Morgen das Schloß Rákóczi-Windischgraetz, aus dem man ein hervorragendes Museum gemacht hat (Lajos Windischgraetz, dieser zweifelhafte Fürst, hatte es 1932 meiner Mutter und meinem Stiefvater für ihre Flitterwochen überlassen, aber es kann unmöglich das ganze *Schloß gewesen sein). Anschließend fahren wir aus der Stadt und suchen fünf Kilometer außerhalb einen schlammigen Feldweg, der zu dem Landhaus führt, in dem ich 1934, als ich zehn war, einen zauberhaften Sommer verbrachte. Tatsächlich finde ich das Haus. Ich trete auf die verlassene Veranda. In einem der hinteren Zimmer scheint noch jemand zu wohnen. Aber es ist ein totes Haus.*

Während ich durch den Schlamm hinaufstapfe, stoße ich auf eine Familie, die im Weinberg arbeitet. Im unteren Teil werden die Rebstöcke von Drähten gehalten, die zwischen Betonpfählen gespannt sind; weiter oben am Berg wachsen sie noch an Holzpfählen. Was die Leute mir über die Lebensbedingungen, die Vor- und Nachteile des »privaten« Eigentums und der Zugehörigkeit zu einem »Kollektiv« erzählen, bestätigt nur, wie durchlöchert diese Begriffe sind. Diese Definitionen decken sich kaum mit der Realität. Eigentum, Besitz, Einkommen und Gewinn, das alles ist jetzt von einer dicken Schicht unterschiedlicher Auslegungen überlagert, und es wird lange dauern, bis diese Dinge geklärt sind und von den Menschen, deren Leben davon abhängt, akzeptiert werden. Die zehn Minuten mit diesen Arbeitern bestätigt mich erneut in meinem grundsätzlich optimistischen Urteil über das Volk, dem ich entstamme: Ihr Verständnis und ihr Selbstvertrauen sind gewachsen; dies ist ein Volk mit großen, vielleicht sogar sehr großen Talenten.

Anderntags nehmen wir in Nyíregyháza (wo ich Krúdys Geburtshaus finde, vor dem ich mich von S. fotografieren lasse) ein furchtbares, ödes Mittagessen ein. Während der Weiterfahrt läßt S. uns auf der nach Osten führenden zweispurigen Landstraße anhalten. Dervla und ich holen ihr Fahrrad vom Autodach herunter. Sie sagt, wir sollten losfahren, da sie mindestens eine Stunde braucht, um die Satteltasche auf dem Gepäckträger zu befestigen. In der Nacht will sie, den Grenzposten an der asphaltierten Straße umgehend, auf einem Feldweg nach Rumänien hinüberfahren. Sollte sie von rumänischen Polizisten oder Soldaten erwischt werden, wird sie ihnen einen (ins Rumänische übersetzten) Brief ihres (und zuvor Byrons) Londoner Verlegers John Murray vorweisen, der mit einem großen Gummistempel versehen ist (letzteres ist in Osteuropa sehr wichtig). Noch riskanter ist, daß sie im Rucksack das ungarische Videoband bei sich hat, das ich in Budapest erhielt, ein Zweistundenband von den schlimmen, blutigen Zwischenfällen in Marosvásárhely, wo der rumänische Pöbel die Magyaren (Ungarn) angriff. Mit einem solchen Videoband nach Rumänien zu fahren ist äußerst gefährlich. Sie hat die Kassette aber mit einem Aufkleber versehen, auf dem La Traviata *steht.*

Doch die umsichtige, bewundernswerte Dervla ist nicht *geneigt, sich ganz und gar auf die Seite der Magyaren in Siebenbürgen zu stellen. Von ihren Erklärungen leuchtet mir nur eine ein: Als Irin, sagt sie, neige sie von vornherein dazu, mindestens Verständnis und bestenfalls Sympathie für die Underdogs aufzubringen, also für diejenigen, auf die man vielfach herabsieht. In gewisser Hinsicht, sagt sie, verhielten sich die Magyaren so, wie sich früher die Engländer verhiel-*

ten, und die Rumänen so wie die Iren. Aber Dervla, sage ich, die Rumänen herrschen dort seit über siebzig Jahren, und sie unterdrücken die Magyaren! Sie sagt, das könne man auch anders sehen; die Beschwerden der Magyaren seien oft unklar und übertrieben (ob sie recht hat?); und an den Ungarn entdecke sie, auch in Budapest, einen Zug, der ihr nicht recht gefalle. Sie seien unfreundlich. Beziehungsweise nicht so freundlich wie die Rumänen. Ich finde das nicht und kann ihr deshalb nicht zustimmen. Doch sie ist so aufmerksam, so scharfsichtig, so intelligent und so ehrlich, daß ich verunsichert bin: etwas *muß dran sein an dem, was sie sagt. Ich weiß aber nicht, was es ist und wieweit es stimmt.*

Gastfreundschaft in Europa, besonders in Osteuropa und in Ungarn. In Osteuropa sind die Menschen gegenüber ausländischen Besuchern außergewöhnlich gastfreundlich. Darin steckt etwas Orientalisches. Sie möchten die Besucher beeindrucken; und sie denken – oft nicht vollkommen bewußt –, sie könnten von dieser Art von herzlicher Gastfreundschaft (und sie kommt wirklich von Herzen, sie ist nicht gespielt) irgendwann und irgendwie profitieren. Dabei laden sie einen nur ein, wenn sie denken, daß sie einem wirkliche Gastfreundschaft bieten können (und müssen). (Ihre Besorgnis hat natürlich einen Grund: ihre beengten Wohnverhältnisse). Das ist ein Handikap für Ausländer. Auf einen Drink hereinzuschauen oder sich mit an den Eßtisch zu setzen, das ist sehr amerikanisch, das gibt es hier nicht (aber auch nicht in Westeuropa). Das ist schade, denn es gibt kaum Kaffeehäuser, Clubs und Wirtshäuser, wo man gesellig zusammenkommen kann.

Eines, was ich jetzt vermisse: eine gut ausgestattete amerikanische Bar in einer amerikanischen Großstadt, im Zentrum, mit einer dichten Reihe glitzernder Flaschen, die sich hübsch ausnehmen bei dem Schimmer dunklen Holzes und angenehmer Beleuchtung, um sechs Uhr abends, wo man sich mit jemandem verabredet hat, bevor man essen geht – einer der besten Momente des amerikanischen Alltagslebens, reich und gelassen, während der Alkohol die Stimmung hebt, doch das ist bloß nebensächlich.

Budapest hat ein riesiges Problem, das zu beheben Milliarden von Dollars erfordern würde. Die Stadt (besonders die Pester Seite) ist schnell gewachsen, sie wurde in einem beispiellosen Kraftakt aus dem Boden gestampft, mit dem Ergebnis, daß die meisten Häuser vor fast genau hundert Jahren gebaut wurden und jetzt die dringendsten Reparaturen fällig sind. Und wir sind hier in Europa, wo der Raum begrenzt ist. Es ist nicht so wie in einer schnell wachsenden amerikanischen Stadt, wo man die Häuser verfallen oder innerhalb einer Generation nach dem Erstbezug verslumen läßt. Diese Häuser waren durchgängig bewohnt, und die Menschen, die dort dicht aufeinander wohnten, waren ängstlich darauf bedacht, ihre Wohnung jahrzehntelang zu behalten. Hätte ich vor fünfzig Jahren über ihre Zukunft spekuliert, dann hätte ich mir vorgestellt, daß man diese Mietskasernen um das Jahr 1990 *oder* 2000 *großflächig abreißen würde und auch abreißen sollte und daß an ihrer Stelle eine neue Stadt von sonnendurchfluteter Modernität mit viel Glas entstehen würde oder entstehen sollte. Jetzt nicht. Das ist nicht mehr wünschenswert. Sie müssen wieder instand gesetzt werden, behutsam, um ihren Bestand und ihre Bewohnbarkeit zu sichern, so daß die Bewohner und die Touristen in hundert Jahren sagen werden: Wie schön ist das hier, diese Stadt aus dem späten neunzehnten Jahrhundert! Dies ist eines der Dinge, die für mich denkbar und vorstellbar sind. (Ich befürchte allerdings, daß es, von wenigen Ausnahmen abgesehen, nicht so kommen wird.)*

Auf dem Köröndd, dem Rond Point von Budapest. Diese prächtigen – häßlichen, aber prächtigen – 1890er *Paläste von Mietshäusern mit ihren deutsch-wilhelminischen Türmen. Im April* 1940 *war ich in einem dieser Paläste auf einer Party von jungen Leuten, bei einem der* jours, *die besorgte Mütter für ihre Töchter gaben und zu denen die Jungen und Mädchen aus ihrer Tanzschule eingeladen wurden. Jetzt sind die riesigen Eisengitter verrostet, in den Höfen wuchert mannshoch das Unkraut, es erinnert mich an die Ruinen der Dresdener Altstadt, die ich vor sechs Jahren sah. In einigen Fenstern ist jedoch Licht, sie sind also bewohnt.*

Die angrenzenden Straßen, in denen die Unterschicht wohnt, sind stärker belebt, von jungen und älteren Leuten, die letzteren mit harten, verkniffenen Mündern und Gesichtern, nicht sehr viel anders als in der Vergangenheit, vielleicht ausgenommen der allgegenwärtige, giftig-süße Geruch von Dieselqualm in der ansonsten dünnen und trockenen kontinentalen, östlichen Luft.

Was in dieser Stadt gut erhalten ist, ist sehr schön, dank der Hingabe der Menschen, die sich darum kümmern. Das Kunstmuseum zum Beispiel. Auch das erschien mir vor fünfzig Jahren monumental. Seine Innenräume und seine Fassade sind noch immer von beeindruckender Größe, doch jetzt sehe und erkenne ich, daß sein Umfang und seine Proportionen nahezu perfekt und kleiner sind.

Mai 1991. *Auch wenn mein Zuhause und meine Familie nicht in Pennsylvania wären, glaube ich nicht, daß ich in Budapest zufrieden leben könnte, außer vielleicht in dem unwahrscheinlichen Glücksfall, daß ich auf dem Burgberg eine kleine Wohnung fände, mit Biedermeiermöbeln und einem großen, nach Westen gehenden Balkonfenster über dem Burgweg. Selbst dann nur für einen Teil des Jahres. Es liegt an der Politik. Ich würde mich zu tief verwickeln lassen (ich bin es bereits), würde mich aufregen über die Dummheiten und die Demagogie und den Opportunismus des politischen Kampfes. Ich sehe, wie die Nationalisten, überwiegend die von der regierenden Partei, ihre Kontrolle der Fernsehnachrichten und anderer Programme Schritt für Schritt verschärfen, wie ihr Ton sich graduell ändert. Den meisten fällt das vermutlich nicht auf, denn die Auswahl dessen, was im*

Fernsehen gezeigt beziehungsweise nicht gezeigt wird, ist ein verborgener, schwer zu definierender Vorgang.

Wird mein Telefon jetzt abgehört? Ich halte das nicht für unmöglich.

Aber dieses Volk, dem ich entstamme, ist ein sehr talentiertes Volk. Die letzten fünfzig Jahre haben ihm keine bleibenden Schäden zugefügt. Das ist natürlich eine ungeheure Verallgemeinerung, bei der seine Leiden und seine physischen, seelischen und geistigen Schäden unberücksichtigt bleiben. Dennoch: So wie Gorbatschow und Co. sich bereits als besser erwiesen haben als Kerenski und Co. im Jahr 1917, so war auch in Ungarn Imre Nagy, der einstige kommunistische Bauer, Märtyrer und Held des Aufstands von 1956, tapferer und mannhafter als Admiral Horthy, der einstige Adjutant von Franz Joseph und Reichsverweser Ungarns von 1920 bis 1944. Ich habe Horthy oft (und auf die Gefahr hin, mich unbeliebt zu machen) verteidigt. Doch als die SS und die ungarischen Nationalsozialisten ihn 1944 zur Abdankung zwangen, unterschrieb er das Papier. (Das Leben seines Sohnes, wenn auch nicht sein eigenes, war in Gefahr.) Imre Nagy ging 1958 an den Galgen, als er durch eine einzige Unterschrift oder Erklärung, die abzugeben er sich weigerte, nicht nur sein Leben, sondern auch seine persönliche Freiheit hätte retten können.

Ich bin kein Bewunderer von Sportlern, die im Fernsehen interviewt werden, doch wenn ich sehe, wie ungarische Fußballspieler einem Reporter antworten, finde ich, daß sie intelligent und recht bescheiden sind; sie drücken sich vor der Kamera viel besser aus als bekannte amerikanische Sportler, die mit Kaugummi im Mund ein paar unbeholfene Phrasen ausspucken.

Meine schlechtesten ungarischen Studenten (die nicht den vorgeschriebenen Stoff gelesen haben und bei der schriftlichen Prüfung die Antworten zusammenstoppeln) schreiben besser als meine besten amerikanischen Studenten. Der Grund ist einfach: Die ungarischen Hochschulen verlangen trotz ihrer offenkundigen Verschlechterung mehr Arbeit und legen höhere Maßstäbe an als die amerikanischen. Andererseits sehe ich Horden von Ungarn, junge und sogar solche mittleren Alters, die unablässig Kaugummi kauen. Die einstmals eleganteste Straße, die Váci-utca, ist heute fast ein orientalischer Basar.

Ich hatte, bewußt und ausdrücklich, eine Rekonstruktion – nicht bloß eine Erinnerung – von Vergangenem geplant. Um 1943, als ich an der Universität studierte, ging ich gelegentlich durch diese Innenstadtstraße und traf mich dann mit meiner schönen Mutter, die frisch von ihrem wöchentlichen Friseurtermin bei Femina (dieser Frisiersalon existiert immer noch an derselben Stelle) kam, bei Gerbeaud, wo ich mich für ein halbes Stündchen zu ihr und ihren Freundinnen setzte, bevor ich mit dem Bus nach Hause fuhr. Ich erzählte S. und L. von meinem Plan, aber aus irgendeinem Grund klappte die Verabredung nicht. Ich gab ihn auf. Statt dessen bat ich S., in einem Café in der Váci-utca auf mich zu warten. Dort treffen wir uns, nachdem ich mit meinen Vorlesungen an der einige hundert Meter entfernten Universität fertig bin, und gehen anschließend essen. Wir machen das ein- oder zweimal, und das Wissen, daß ich diese Straße entlanggehe, um sie in einem Café zu treffen, erfüllt mich mit einem unsagbar wehmütigen Gefühl der Freude. Das Leben des Menschen ist eine Pilgerfahrt, nicht ein Kunstwerk (weshalb einige der intelligentesten Ästheten und Hedonisten ihr Leben verpfuschen). Dennoch erlaubt Gott dann und wann (und inspiriert einen dazu), dem eigenen Leben ein kleines pentimento hinzuzufügen: eine weitere Schicht (statt einer Rekonstruktion) von etwas Schönem, Melancholischem und Nostalgischem.

Doch ich kann hier nicht enden. Es ging um diese Episode, eine kostbare, denkwürdige Wiederbelebung eines Fragments aus meiner Vergangenheit, eine Leistung mit einem psychischen, wenn nicht gar geistigen Ziel. Doch der Weg, auf dem ich es erreichte, war ein anderer. Ich meine *nicht den selbstverständlichen Unterschied zwischen mir mit zwanzig und mit siebenundsechzig. Ich meine das Überqueren derselben Straße, der Váci-utca, damals und heute. Die Eleganz, die sie 1943 besaß, will ich weder übertreiben noch idealisieren. Trotzdem: Es ging dort schick zu, mit gutgekleideten Männern und Frauen in der Mitte Europas inmitten des entsetzlichen Zweiten Weltkriegs, mit allen möglichen Leuten in ihren Espressobars und »einer fieberhaften Unterströmung gesellschaftlicher Ambitionen und Brüskierungen«. (Sie wirkte selbst damals eher mittel- als westeuropäisch.) Einiges davon ist erhalten geblieben (genauer gesagt, es behauptet sich immer wieder): die Fassaden einiger Gebäude, ein paar äußerlich elegante Ladenfronten neueröffneter Boutiquen, der Blumenladen, der immer noch derselbe ist wie damals, und zwei hervorragende Buchläden, die freilich nicht an die wunderbaren Buchläden heranreichen, in denen ich vor annähernd fünfzig Jahren mein Geld (und das meines Vaters) ausgab. Doch was heute auf der Straße umherlatscht, sind ungepflegte Touristen und dazwischen finstere Grüppchen von Geldwechslern und sonstigen anrüchigen Gestalten, die sich von einer Handvoll Polizisten in schlechtsitzenden Uniformen kaum beirren lassen. Beide Straßenseiten sind gesäumt von einer Kette von alten Frauen und einigen Männern aus Siebenbürgen oder Gott weiß woher, die den Touristen ihre Waren feilbieten: Schaffelle, buntbestickte Tischdecken und Westen. Ein beinahe orientalischer Basar ist aus dieser einstmals elegantesten Straße der Innenstadt geworden. Die Café-Bar, in die ich zum Rendezvous mit meiner hübschen, fröhlichen Frau eile, ist weder hübsch noch fröhlich, sondern voll von zweifelhaften Gestalten und Touristen, die sich auf den niedrigen und unbequemen modernen Sitzbänken breitmachen. Aber das ist schließlich nichts besonders Östliches mehr: Bald wird ganz Europa, die ganze westliche Welt so aussehen.*

1991. Ist Osteuropa noch das andere Europa?

Ja und nein. Die Frage ist falsch formuliert. Als Lady Mary Wortley Montagu vor zweihundertachtzig Jahren durch Ungarn und den Balkan nach Konstantinopel reiste, wäre es ihr nie in den Sinn gekommen, daß sie durch »Osteuropa« fuhr. Ich weiß nicht, ob Balzac etwas mit dem Wort »Osteuropa« anfangen konnte, als er auf seiner letzten traurigen Reise, die ihn zu Madame Hanska in die Ukraine führte, durch Polen ratterte. Osteuropa – dieser verschwommene und ungenaue Begriff, dem ein eigenartiger, starker kultureller Beigeschmack anhaftet, kam vor etwas mehr als hundert Jahren in Umlauf.

Wie abgeschieden waren Polen und Ungarn vor zweihundert Jahren von »West«- oder auch nur von »Mittel«-Europa! Ein Beispiel: Gut zweihundert Kilometer donauabwärts von Wien war das, was wir Budapest nennen, nicht existent. Es gab nur zwei staubige, schmutzige Dörfer namens Buda und Pest, getrennt durch die Donau und nicht durch Brücken miteinander verbunden, unter deren Bevölkerung, die vielleicht ein Zehntel der Bevölkerung Wiens betrug, die Magyaren in der Minderheit waren. Doch einhundert Jahre später war ein Budapest entstanden, in der Größe fast mit Wien zu vergleichen, urban, zivilisiert, strotzend vor Selbstvertrauen und Vitalität, wegen der Schönheit seiner Lage, seiner Brükken und Gebäude und seines Grundrisses von deutschen, französischen und amerikanischen Stadtplanern und Architekten bewundert. Jetzt, am Beginn des einundzwanzigsten Jahrhunderts, sind Wien und Budapest zumindest in der einen oder anderen Hinsicht im Begriff, zu Zwillingsstädten zu werden, fast so wie Buda und Pest vor zweihundert Jahren Zwillingsstädte gewesen waren.

Der *Zigeunerbaron* wurde vor etwas mehr als hundert Jahren komponiert und uraufgeführt. Seine Entstehung spiegelte die sich damals herausbildende Symbiose zwischen Wien und Budapest wider: Die Musik stammte von Johann Strauß Sohn, das Libretto beruhte auf einer Erzählung von

Mór Jókai, dem ungarischen Dickens. Die Handlung spielt in einem dünnbesiedelten, feudalen, halbwilden, phantastischen und exotischen ländlichen Ungarn um 1720. Es geht darum, daß der Kaiser und König einem ungarischen Edelmann in einem weiten, leeren, flachen Landstrich, aus dem die Türken erst kurz zuvor vertrieben wurden, ein riesiges Landgut schenkt, die Lehnsgüter eines Millionärs und Schweinehirten, eben des Zigeunerbarons. Im Jahre 1890 war das noch eine brauchbare Story, denn das Wiener Publikum konnte mit einigen Szenen und Figuren noch etwas anfangen. Heute, hundert Jahre später, ist der *Zigeunerbaron* vollkommen unverständlich geworden (trotz der in den Budapester Touristenrestaurants allgegenwärtigen, unerträglichen Zigeunerkapellen). Für die Ungarn von heute ist der *Zigeunerbaron* weiter weg als Homer für die Griechen der Gegenwart.

Ungarn, Polen und Tschechen (und außerdem Slowaken, Slowenen und Kroaten) behaupten, daß sie nicht zu Ost-, sondern zu Mittel- bzw. Zentraleuropa gehören. Gewiß war der kalte Krieg, der sie vom »Westen« abschottete, eine Anomalie. Gewiß ist »Osteuropa« zu einem Großteil, wenn auch nicht vollständig, als »zentral«europäisch zu betrachten. Aber schließlich geht es hier nicht nur um die »Kultur« (inklusive Cafés, Restaurants, Theaterstücke, Romanschriftsteller und Autoren, die Artikel in *Granta* und *The New York Review of Books* veröffentlichen). »Osteuropa«, das wohl auch den europäischen Teil des russischen Imperiums umfaßt, ist möglicherweise zum *zentralen* Schauplatz der Weltgeschichte geworden.

Dies bedarf einer Erklärung – einer Erklärung, bei der es darum geht, was die Abwicklung von Imperien bedeutet.

Die Ereignisse der Weltgeschichte während der gesamten Neuzeit, also der letzten fünfhundert Jahre, sind zu einem beträchtlichen Teil als Folgen der Auflösung zweier Imperien zu verstehen: des spanischen im Westen und des türkischen im Osten. Die Türken drangen zur gleichen Zeit nach Südosteuropa vor, in der die letzten Araber aus Südwesteuropa vertrieben wurden. Die Türken zogen sich an der Südgrenze Ungarns zusammen, als das spanische Imperium sich sagenhaft nach Westen über den Globus auszubreiten begann. Das war eine Expansion Europas, einer bestimmten Art von Europa. Ein Jahrhundert später begann der Niedergang des spanischen Reiches, und zugleich begannen England, Holland und Frankreich aufzusteigen. Nochmals ein Jahrhundert später begannen die atlantischen Weltkriege zwischen England und Frankreich. Es waren Weltkriege, in deren Kontext die Geburt der unabhängigen Vereinigten Staaten von Amerika nur eine Teilepisode war, Kriege, in denen es hauptsächlich um die Hinterlassenschaft eines bankrotten spanischen Reiches ging – bankrott vor allem, weil es nicht hinreichend Seemacht war. Nochmals ein Jahrhundert später sollten nicht England oder Frankreich, sondern die Vereinigten Staaten die Überreste des spanischen Reiches erben. Als das geschah – 1898 usw. –, konnte niemand (nicht einmal die klügsten Köpfe: Admiral Mahan, der junge Churchill, Theodore Roosevelt) sich vorstellen, daß es mit dem Primat der Seemacht bald vorbei sein würde, daß der Primat der Landmacht nach über fünfhundert Jahren zurückkehren würde (wobei die Automobilisierung der Welt ihr Hauptinstrument war). Jetzt, nochmals ein Jahrhundert später, hat der Atlantik aufgehört, das zentrale Meer der Geschichte zu sein. Das britische Empire (das ausschließlich auf Seemacht beruhte) ist verschwunden; in den Häfen von New York und London sieht man, abgesehen von ein paar Kreuzfahrtschiffen, keine Schiffe mehr, nichts mehr von dem einstmals gewaltigen Verkehr über die großen atlantischen Meere. Es ist Osteuropa, es sind die Gebiete, um die die großen Landmächte des zwanzigsten Jahrhunderts, Deutschland und Rußland, gekämpft haben, die erneut voller Geschichte sind. Voller Geschichte, leider. (Saki [Munro] läßt einen seiner Engländer um 1912 sagen: »Die Menschen von Kreta machen unglücklicherweise mehr Geschichte, als sie am Ort verzehren können.« Siehe Jugoslawien heute.)

Diese Geschichte – der Rückzug des anderen, des türkischen Reiches mit all seinen langfristigen Folgen – begann ebenfalls vor mehr als dreihundert Jahren. Das Zurückweichen des türkischen Reiches, das 1683 vor den Mauern Wiens für kurze Zeit seine Hochwassermarke erreicht hatte, begann Ende des siebzehnten Jahrhunderts. Bald sollten die österreichischen und russischen kaiserlichen Truppen die Türken immer weiter in die verlassenen Schlupfwinkel Südosteuropas zurückdrängen. Auch andernorts verloren die Türken die Herrschaft, in Nordafrika und im östlichen Mittelmeer, wo die Briten an ihre Stelle traten, um sich den Seeweg nach Indien zu sichern: die Ionischen Inseln, Malta, Zypern, Suez; Ägypten gegen Ende des neunzehnten Jahrhunderts, Palästina zu Beginn des zwanzigsten. Ein Jahrhundert lang machten sich die seeorientierten Briten Sorgen wegen der Expansion der landorientierten Russen, während das türkische (und, in gewissem Maße, das alte chinesische) Reich zu zerfallen schien, doch in den Anfängen des zwanzigsten Jahrhunderts erkannten sowohl die Russen als auch die Briten, daß möglicherweise nicht einer von ihnen der gefährlichste Eindringling im Nahen Osten war, sondern Deutschland, mit der Türkei als Klientelstaat. Im Jahre 1913 – zweihundert Jahre nach dem entsetzlichen Geheul vor den Mauern Wiens – war die Türkei in Europa auf einen kleinen Streifen des östlichen Thrakien reduziert, und kein Jahr darauf begann der Erste Weltkrieg.

Der Erste Weltkrieg wäre nicht im Juli 1914 ausgebrochen, wenn die Führer der Großmächte nicht zu dem verheerenden Entschluß gelangt wären, daß ein Krieg, wenn er schon unvermeidlich war, besser – besser im Interesse ihrer eigenen Länder, wie sie meinten – jetzt als später geführt werden sollte. Es war eine katastrophale Verkettung von Kalkulationen – Fehlkalkulationen, wie wir heute wissen, was sie damals aber nicht wußten. Aber diese Kettenreaktion begann in Osteuropa und wegen Osteuropas. Im Unterschied zu den bisherigen, den atlantischen Weltkriegen begann der Erste

Weltkrieg dort. Als er endete, kam es zu einer umfassenden Neuordnung. Vier Monarchen und Monarchien – die deutsche, die österreichische, die russische und die türkische – waren verschwunden. Zwei der großen multinationalen Reiche, das österreichisch-ungarische und das türkische, waren ebenfalls weitgehend verschwunden. Das Deutsche und das Russische Reich waren reduziert, befanden sich in einem – wie sich bald zeigen sollte, temporären – Rückzugsstadium. In Osteuropa, zwischen Deutschland und Rußland, wurde ein Dutzend neuer »unabhängiger« Staaten gebildet oder bildeten sich. Diese Ordnung war nicht von Dauer, aus vielen Gründen. Der wichtigste war der Wiederaufstieg Deutschlands. Schon vor Hitlers Machtergreifung und mitten in der Weltwirtschaftskrise hatte Deutschland größten wirtschaftlichen und kulturellen Einfluß in Osteuropa, und auch sein politischer Einfluß wuchs zusehends. Der Zweite Weltkrieg brach denn auch in Osteuropa und wegen Osteuropas aus. (Zum ersten und fast gewiß zum letzten Mal in seiner Geschichte glaubte das ferne England gezwungen zu sein, einem osteuropäischen Land, Polen, seinen Beistand anbieten zu müssen, nur zu dem Zwecke, die Deutschen abzuschrecken. Es klappte nicht.) Die entscheidenden Landschlachten des Zweiten Weltkriegs wurden in Osteuropa geschlagen, zwischen den gewaltigen Armeen der Deutschen und der Russen. Am Ende des Krieges wurden die Deutschen aus Osteuropa vertrieben, von den Russen, die Europa (und Deutschland) in der Mitte teilten – deshalb der kalte Krieg zwischen der Sowjetunion und den Vereinigten Staaten von Amerika. Fünfzig Jahre später endet der kalte Krieg – weil die Russen Osteuropa verlassen.

Was wird nun aus Osteuropa werden? Nach dem derzeitigen Anschein sieht es so aus: Zwischen einem geläuterten und demokratischen Deutschland und einem geläuterten und verkleinerten Rußland hat sich eine Phalanx von Staaten und Zwergstaaten unterschiedlicher Größe gebildet, eine Reihe, die von Finnland im Norden bis Griechenland im Süden reicht, allesamt Mitglieder eines Völkerbunds (der jetzt Vereinte Nationen heißt), einige davon assoziiert mit einer Handvoll bürokratischer »europäischer« Organisationen: neue parlamentarische, konstitutionelle Demokratien, erpicht auf und anscheinend angewiesen auf die Zustimmung und die Segnung »des Westens« (was immer das heißen mag) – kurz, im großen und ganzen eine Rückkehr zu etwas Ähnlichem wie 1920. Auf diesen Anschein vertraue ich nicht.

Vor zwanzig Jahren schrieb ich: »Europa ist nur von außen betrachtet eine Einheit. 1939 gab es kaum einen Europäer. Die nationalen Unterschiede waren stark. Von den Albanern und Andorranern bis zu den Serben und Türken – es gab mehr europäische Nationen, als das Alphabet Buchstaben hat.« Das gilt 1991 ebenso, wie es 1939 galt, mit einem gewichtigen Unterschied. Die Nationen Europas sind amerikanisiert worden. Irgendwann um 1920 geschah in den Vereinigten Staaten etwas, das in der Geschichte der Menschheit ohne Beispiel war. Bis dahin glich die Struktur aller Gesellschaften einer Pyramide: oben die relativ wenigen Mächtigen und Reichen, unten die verarmten und weitgehend machtlosen Massen, und irgendwo dazwischen innerhalb der sich verengenden Seite der Pyramide die Mittelschicht oder Mittelschichten. In den zwanziger Jahren glich die Form der amerikanischen Gesellschaft nicht einer Pyramide, sondern einer riesigen Zwiebel oder einem Ballon. Die Ausbauchung in der Mitte hatte enorme Ausmaße angenommen. Es war eine – oberflächlich – homogene Gesellschaft, mit einer einzigen riesigen Mittelschicht (das ging so weit, daß man fast nicht mehr wußte, was »Mitte« ursprünglich bedeutete), einer kleinen Oberschicht (die Spitze der Zwiebel) und dem etwas breiteren, aber nicht mehr wesentlichen Wurzelende der Armen (die, wie Jesus gesagt hat, immer unter uns sein werden). Ich denke – und befürchte –, daß solche Ballons früher oder später platzen werden und sich wieder so etwas wie eine neue Pyramidenform ergeben wird. Aber darum geht es mir hier nicht.

Es geht mir darum, daß die Gesellschaftsform (aber nur die Form) der Nationen Europas – inzwischen allesamt »Demokratien« – jener der Vereinigten Staaten ähnelt, und dies trifft auf die »neuen Demokratien« Osteuropas vielleicht noch stärker zu als auf die demokratischen Nationen des Westens. Es gab zwar eine Nomenklatura (eine politische Oberschicht), aber dennoch haben fünfundvierzig Jahre kommunistischer Herrschaft zu einer Homogenisierung der Gesellschaft beigetragen. Das frühere Proletariat ist zurückgegangen. Man kann, wie in den Vereinigten Staaten, nicht mehr sinnvoll unterscheiden zwischen »Arbeitern« und »Bürgern«, zwischen der Arbeiterschaft und dem, was man als untere Mittelschicht bezeichnen könnte. Es besteht ein gewisser, aber nicht sehr großer Unterschied zwischen einer unteren und einer oberen Mittelschicht, aber dieser Unterschied ist, wie in den Vereinigten Staaten, nicht so sehr finanzieller oder materieller als vielmehr kultureller Art, und auch der ist – im Zeitalter des Fernsehens – am Schwinden. Es gibt oben eine Handvoll neuer Reicher, aber eine Oberschicht nicht nur im traditionellen, sondern auch in einem funktionalen Sinne existiert kaum.

Dies ist einer der Gründe, warum die im Westen vorherrschende Ansicht über Osteuropa falsch ist. Dieser Ansicht zufolge ist die tiefe Krise in Osteuropa wirtschaftlicher Natur, und als eine Folge davon stößt die Entwicklung der osteuropäischen Nationen zur liberalen Demokratie auf Hindernisse. Im großen und ganzen ist – und ich wiederhole, daß zwischen, sagen wir, Albanien und Ungarn oder zwischen, sagen wir, Serbien und Polen tiefgreifende Unterschiede bestehen – das Gegenteil dieser verbreiteten Ansicht richtig. Die großen, nachhaltigen Probleme sind politischer, nicht wirtschaftlicher Natur. Es geht um die Machtgier, nicht um die Geldgier. (Aber das trifft schließlich schon seit Adam und Eva auf die ganze Menschheit zu, nur hat Adam Smith es ebensowenig verstanden wie Karl Marx.)

Die materiellen Probleme (ich spreche lieber von »materiellen« als von »wirtschaftlichen«) sind in der Tat schwerwiegend. Man glaubt gemeinhin, sie seien das Ergebnis von fünfundvierzig Jahren kommunistischer Mißwirtschaft. Daran ist viel Wahres, nur ist es nicht die ganze Wahrheit. Die materiellen Lebensbedingungen der meisten osteuropäischen Völker unterscheiden sich von denen der westeuropäischen Völker heute *weniger* stark als vor fünfundvierzig Jahren (wovon Rumänien vielleicht partiell eine Ausnahme macht). In allen osteuropäischen Ländern bestand die große Mehrheit vor fünfundvierzig Jahren aus Bauern, während es heute kein Land gibt (vielleicht mit Ausnahme Albaniens), in dem mehr als eine Minderheit in der Landwirtschaft arbeitet. In ganz Osteuropa gibt es Menschen, die vor fünfundvierzig Jahren nicht einmal davon zu träumen wagten und heute doch ihr eigenes Auto, einen Kühlschrank und einen Fernseher besitzen und mit Strom versorgt werden.

Richtig ist nach wie vor, daß kommunistische Regierungen diese Entwicklung erheblich verzögert – und gefährdet – haben. Ohne ein kommunistisches Regime hätten diese Länder ihren gegenwärtigen materiellen Standard fünfundzwanzig oder fünfunddreißig Jahre früher erreicht. Aber selbst in diesem Fall hätten sie nicht die in Finnland oder Österreich geltenden Standards erreicht – das erstere, durch den Krieg verstümmelt und verarmt, mußte sich anschließend in seinen Vorstellungen vom nationalen Interesse gewissen Wünschen der russischen Außenpolitik fügen, das letztere war bis 1955 teilweise von sowjetischen Truppen besetzt. Die nationalen Voraussetzungen und, doch, doch, der Nationalcharakter sind nach wie vor wesentlich, mag der Kommunismus auch alle Völker für gleichartig erklärt haben. Jugoslawien proklamierte 1948 seine Unabhängigkeit vom Sowjetblock, öffnete bald darauf seine Grenzen und begann vor über dreißig Jahren eine gemischte Wirtschaftsform anzusteuern, doch selbst damals hatte Budapest mehr von einer westlichen Stadt als Belgrad, und heute ist es natürlich nicht anders.

Das bringt mich auf die Anomalien und Widersprüche in den wirtschaftlichen »Tatsachen« – oder vielmehr in den von Ökonomen festgelegten Kategorien, die mit den Realitäten des Alltags, auch seinen materiellen Realitäten, kaum etwas zu tun haben. In Polen (als einzigem Land im Sowjetblock) war die Landwirtschaft nicht kollektiviert – und dort steht sie jetzt schlechter da als in fast allen osteuropäischen Ländern. Rumänien ist das einzige osteuropäische Land, das seine Auslandsschulden vollständig abgetragen hat – und dort sind die materiellen und finanziellen Bedingungen schlechter als in jedem anderen Land Osteuropas. In Ungarn bessern sich die materiellen Bedingungen sichtlich, und die ungarische Währung kommt inzwischen westlichen Standards der internationalen Konvertibilität sehr nahe, wird also weltweit akzeptiert, und doch zeigen Meinungsumfragen ebenso wie persönliche Gespräche, daß die Ungarn unter den Völkern Osteuropas die größten Pessimisten sind – was nichts mit dem Bruttosozialprodukt Ungarns zu tun hat, aber sehr viel mit der Prosodik der poetischen magyarischen Sprache, die durch einen ständig fallenden Ton gekennzeichnet ist.

Dieses zwanzigste Jahrhundert ist nun vorüber, und im Laufe des einundzwanzigsten werden West- und Osteuropa sich, was die materiellen Bedingungen angeht, angleichen. Dazu werden ausländische Investitionen in Osteuropa zwar beitragen, doch werden sie – wiederum im Gegensatz zu verbreiteten Ansichten – langfristig keine so große Rolle spielen, aus verschiedenen Gründen, darunter auch der, daß ausländische Investoren in Osteuropa kurzfristig Gewinne machen wollen. Ihr gegenwärtiger Vorteil sind die immer noch niedrigen Lohnkosten in Osteuropa, die jedoch früher oder später steigen werden.

Überall auf der Welt wird die internationale Finanz gern mit der Ökonomie verwechselt. Die erstere ist, zumindest in der absehbaren Zukunft, wirklich international, denn Gelder fließen ziemlich ungehindert über Grenzen (Rußland könnte in dieser Hinsicht eine Ausnahme bleiben); aber andererseits ist das Kapital immer abstrakter geworden, und je abstrakter Geld wird, desto weniger dauerhaft ist es. Die Ökonomie dagegen in ihrer eigentlichen, ursprünglichen Bedeutung hat es mit der sparsamen Verwendung der Haushaltsmittel im griechischen und biblischen (aber auch deutschen: *Wirtschaft*) Wortsinn zu tun. Es ist Unsinn zu glauben, die Slowaken oder Bulgaren seien jetzt in die kapitalistische Phase ihrer historischen Entwicklung »eingetreten« oder »wiedereingetreten«. Der Kapitalismus hat sich allmählich und unter Schwierigkeiten entwickelt, in Westeuropa dreihundert Jahre lang, und hat seine volle Entfaltung im neunzehnten Jahrhundert erfahren. Er war das Ergebnis bestimmter sozialer, politischer, religiöser und geistiger Voraussetzungen, die in Osteuropa damals kaum gegeben waren und auch heute nicht gegeben sind. Der Kapitalismus war ebenso wie der parlamentarische Liberalismus ein Phänomen des neunzehnten Jahrhunderts, das für das einundzwanzigste Jahrhundert kaum relevant ist und dessen gegenwärtige materielle Realitäten verschleiert werden durch eine veraltete Terminologie der Ökonomen, deren Definitionen mehr und mehr ihren Sinn verlieren.

Ein Beispiel dafür liefert der jetzt häufig benutzte Ausdruck »Privatisierung«. Aufgeblähte Industrien, aufgeblähte Bürokratien und eine lückenhafte oder gar betrügerische Buchführung waren Ergebnisse der sozialistischen Ordnung – oder korrekter, des Parteistaates. Gleichzeitig hat es in weiten Teilen Osteuropas ein Wachstum des wirklich privaten Unternehmertums gegeben. In der Landwirtschaft ging es dabei um mehr als die mit großer Energie betriebene und auf jeden Fall beträchtliche Produktion auf den sogenannten Privatparzellen. Es ging um die Tatsache, daß die Kollektivfarmen in mehr als einer Hinsicht nur dem Namen nach kollektiv waren: Bestimmte Familien kümmerten sich, was Bestellung und Ernte anging, um bestimmte Felder oder um die Tierhaltung, und ihnen ist auch ein ansehnlicher Teil der Gewinne zugeflossen. Die Parzellierung der meisten Kollektivfarmen und die Rückkehr zu einer Landwirtschaft, in der jeder Bauer nicht mehr als zwei bis vier Hektar besitzt, führt zu nichts. (Ist aber andererseits das in den Vereinigten Staaten praktizierte Agrobusineß privates Unternehmertum? Kaum; dort bestimmen Aktiengesellschaften, und wenn es profitabel ist, dann nur dank staatlicher Subventionen.) Unterdessen arbeiten in Ungarn, Polen und der Tschechoslowakei immer weniger Menschen in der Landwirtschaft. Was wächst, wie übrigens auch im Westen, ist der Dienstleistungssektor. Dort war privates Unternehmertum schon Jahrzehnte vor den politischen Veränderungen der Jahre 1989–90 entstanden. Der Staat ließ in diesem Sektor seit Jahren private Serviceanbieter zu, seien es Schuster oder Fernsehmechaniker, und auch ohne offizielle Genehmigungen haben die Menschen die von ihnen benötigten Dienstleistungen eigens bezahlt, sei es an Maurer oder an Ärzte.

Natürlich werden staatliche oder kommunale Betriebe in beträchtlichem Umfang in Privathand überführt, und das ist fast ausnahmslos eine gute Sache. Es bleibt jedoch die Frage, wer in diesen Betrieben arbeiten wird. Meistens sind es dieselben Leute. Man kann eine gewisse, aber keineswegs eine dramatische Leistungssteigerung erwarten. Das liegt daran, daß die Wörter »Beschäftigung« und »Arbeitslosigkeit« ungenau sind (im Westen übrigens auch). Die Frage ist nicht, ob »Arbeit« vorhanden ist – Arbeit gibt es wahrlich genug. Was die Leute aber suchen, ist nicht Arbeit, sondern eine Stellung – eine Stellung mit einem annehmbaren und sicheren Gehalt (und entsprechender Pension). Es interessiert sie nicht, wer ihnen diese Stellung beschafft, ob es die staatliche oder eine kommerzielle Bürokratie ist, eine »öffentliche« oder eine »private« Firma. Im Kulturbereich – Universitätsgehälter, Theater, Verlage – geht es nicht um Privatisierung, sondern um eine Senkung der staatlichen Subventionen, und dies hat in der Tat zu einer kritischen Situation geführt. Zum Ausgleich werden jedoch unter anderem Titel – beispielsweise als Forschungs- oder Reisestipendien – weiterhin solche staatlichen Subventionen gewährt. Der unterbezahlte Professor einer osteuropäischen Universität befindet sich in derselben Lage wie ein etwas unterbezahlter leitender Angestellter in Amerika, dem die Firma die Auslandsreise bezahlt. (Daß es zweierlei Geld gibt, privates Geld und Spesenkonto-Geld, und daß die Verwaltung und der reale Wert dieser Arten von Geld sich im besten Fall überlappen, während sie für die Nutznießer eine völlig verschiedene Bedeutung haben, ist bis heute nicht in die Vorstellungen der Ökonomen eingedrungen, weder im Osten noch im Westen, und ich fürchte, daß es nie dazu kommen wird.)

Das große Problem in Osteuropa ist das Wohnungsproblem – und auch hier ist nicht entscheidend, ob das »Eigentum« in privater oder öffentlicher Hand ist, sondern entscheidend ist das Gefühl, etwas zu besitzen. Die meisten Menschen in Budapest, Prag und Warschau (aber auch in Wien, Berlin und Paris) sind Wohnungsmieter, nicht Hauseigentümer (oder auch nur Besitzer einer Eigentumswohnung). Der Unterschied ist, daß die Mieten in osteuropäischen Städten immer noch niedrig sind. (Auch dieser Unterschied schrumpft, da die Regierungen gezwungen sind, alle Gebühren anzuheben.) Zwei Dinge müssen hier jedoch berücksichtigt werden. Erstens, daß ein Osteuropäer, der viele Jahre, oft sogar Jahrzehnte in ein und derselben Wohnung lebt, ein weit stärkeres Gefühl der dauerhaften Verbundenheit mit seiner Wohnung und des Besitzes dieser Wohnung hat als ein Hauseigentümer in Amerika, der alle drei Jahre umzieht und dann »sein« Haus verkauft. Zum anderen ist in einigen osteuropäischen Ländern die Zahl derjenigen, die *Eigentümer* von Immobilien – meistens Sommerhäuser oder Eigentumswohnungen – sind, so hoch wie noch nie, und dieser Privatbesitz wurde überwiegend während der letzten zwanzig bis fünfundzwanzig Jahre unter der offiziell immer noch kommunistischen Herrschaft erworben.

In Osteuropa (wie auch anderswo) ist die einst klare

Trennung zwischen dem Privaten und dem Öffentlichen keineswegs klar. Sie hat sich im Laufe dieses Jahrhunderts verwischt. Ironischerweise ist bei den Osteuropäern (dies gilt vielleicht auch für die Russen), die Privateigentum haben, das Gefühl für den privaten Charakter ihres Besitzes sehr viel stärker als im Westen. Aber auch das hängt damit zusammen, daß die Bedeutungen unserer noch immer gängigen wirtschaftlichen Terminologie verfälscht und untergraben wurden. Was ist »privat«? Was ist »Eigentum«? Was ist »Besitz«? (Bares Geld? Kreditrahmen? Spesengeld?) Kurz, die wirtschaftlichen Probleme der osteuropäischen Länder sind in den neunziger Jahren zwar schwerwiegend, aber sie unterscheiden sich nicht grundsätzlich von denen im Westen, und die Unterschiede werden sich verringern. Wo wirklich große Unterschiede bestehen, liegt es nicht an verschiedenen wirtschaftlichen, sondern an verschiedenen politischen Gebräuchen und Strukturen und Gewohnheiten. *Das* sind die tieferen Probleme, sowohl die offenkundigen als auch die verborgenen.

Ich habe einen Freund, der nach vierzig Jahren in den Vereinigten Staaten für immer nach Ungarn zurückgegangen ist. Er war ein junger Rechtsanwalt und Abgeordneter, bis er 1949 vor der sich zusehends ausweitenden Gewalt des kommunistischen Terrors floh. Er hatte in den Vereinigten Staaten eine passable Karriere gemacht. Er war im Staat New York als Anwalt zugelassen und betätigte sich als Rechtsanwalt, und nebenbei war er in der Emigration aktiv. Vor einem Jahr beschloß er, für immer nach Ungarn zurückzukehren, und weil ungarische Emigranten, die sich im Ausland einen Namen gemacht hatten, damals ein (inzwischen schwindendes) Prestige genossen, wurde er zu einer führenden Gestalt einer der kleineren Parteien, aus denen die Regierungskoalition sich zusammensetzt. Im Mai las ich einen Auszug aus einer seiner Reden in der Zeitung. »Die Opposition«, sagte er, »ist der Feind des ungarischen Volkes.« Vierzig Jahre liberaler Demokratie in den Vereinigten Staaten waren in der Hitze des politischen Gefechts dahingeschmolzen. Zuvor hatte ich eine Äußerung eines seiner nicht einmal extremistischen Parteifreunde gelesen – er ist sogar Unterstaatssekretär. »Der Feind des ungarischen Volkes«, sagte dieser Mann, »ist nicht länger der Kommunismus. Es ist der Liberalismus, der atheistische Liberalismus.« Ich bin weder atheistisch noch liberal, aber was ich da las, hat mir jedenfalls nicht gefallen.

Die zentrale politische Realität in Osteuropa – eine Realität und kein Gespenst – ist der Nationalismus. Der entscheidende Faktor der beiden Weltkriege des zwanzigsten Jahrhunderts war der Nationalismus, und beide Kriege brachen in Osteuropa aus, ebenso wie der kalte Krieg, der jetzt vorüber ist, während der Nationalismus nach wie vor stark ist. In Osteuropa ist der Nationalismus die einzige populäre Religion, und damit meine ich, die einzige Religion, die noch eine populäre Sprache spricht. (Daß die traditionellen christlichen Bekenntnisse des Westens keine populäre Sprache mehr sprechen, muß nicht unbedingt ein Verlust sein – aber *das* weiß nur Gott allein.) Wenn ich zu einem amerikanischen Nationalisten sage, daß man nicht zwangsläufig in den Himmel kommt, weil man ein guter Amerikaner ist, wird er vielleicht verblüfft sein, aber er wird es verstehen und vermutlich auch akzeptieren. Wenn ich zu einem ungarischen Nationalisten sage, daß man, nur weil man ein guter Ungar ist, nicht zwangsläufig in den Himmel kommt, dann *ist* er verblüfft, und er wird es vielleicht schwer akzeptieren können. Der populistische Nationalismus ist, im Unterschied zu der inzwischen fast ausgestorbenen Spielart der liberalen Nationalismen, ein modernes und demokratisches Phänomen. Populistische Nationalisten sind eher unsicher als selbstsicher, extravertiert, hochgradig aggressiv und humorlos und argwöhnisch gegenüber Angehörigen ihrer Nation, die mit Teilen ihrer populistischen und nationalistischen Ideologie nicht übereinzustimmen scheinen. Deshalb weisen sie ihnen den

Status von Minderheiten zu, und sie deuten an – gelegentlich sprechen sie es auch aus –, daß solche Minderheiten nicht zum eigentlichen Körper des Staatsvolkes gehören und gehören können. Dies ist natürlich wieder ein Beispiel für die potentielle Tyrannei einer Mehrheit, worin, wie Tocqueville bemerkte, die große Gefahr demokratischer Gesellschaften in demokratischen Zeiten besteht.

Als 1931 der König von Spanien abdankte und eine liberale parlamentarische Republik ausgerufen wurde, sagte Mussolini, dies sei eine »Rückkehr zu Öllampen im Zeitalter der Elektrizität«. Er hatte recht. Der parlamentarische Liberalismus gehörte zum neunzehnten Jahrhundert, nicht zum zwanzigsten. In Spanien entartete er dann auch bald zu einem kläglichen Durcheinander und nach fünf Jahren zum Bürgerkrieg. Aber dann kam der Zweite Weltkrieg und das Ableben Hitlers und Mussolinis, wodurch das Prestige des Kommunismus (der jetzt verschwunden ist) und der Demokratie amerikanischen Typs wuchs, die noch nicht verschwunden ist. Dafür müssen wir dankbar sein, und wir dürfen die Auswirkungen, die sie hat, nicht unterschätzen. Es ist dem Prestige des Westens zuzuschreiben, wenn der populistische Nationalismus und die Tyrannei der Mehrheiten sich in Osteuropa auf absehbare Zeit in gewissen Grenzen halten werden. Das heißt aber nicht, daß der parlamentarische Liberalismus – mit den dazugehörigen Bräuchen des Dialogs und des Kompromisses und dem Gefühl, daß die Mitglieder des Parlaments eine gewisse Gemeinschaft bilden – in Osteuropa die dominierende politische Realität ist oder sein wird. Der parlamentarische Liberalismus war wie der Kapitalismus des neunzehnten Jahrhunderts das Resultat nicht nur bestimmter Ideen, sondern auch einer spezifischen Gesellschaftsstruktur. Die Gesellschaft war halbaristokratisch und bürgerlich – es gab nicht bloß eine Mittelschicht, sondern ein Bürgertum, eine Klasse mit einem Hauch von Patriziertum, eine Klasse, aus der die meisten Verwaltungsbeamten und Direktoren, Akademiker und Parlamentsabgeordneten stammten. Gesellschaften wie diese gibt es heute nicht, zumal nicht in Osteuropa.

Daß der Nationalismus eine starke Kraft ist, hatten die Kommunisten (einschließlich Stalins) längst verstanden. Lange vor 1989 hatten die kommunistischen Parteien Osteuropas zwei Flügel, einen internationalistischen, der immer schwächer wurde, und einen nationalistischen. Es steckt also nicht nur Opportunismus dahinter, wenn viele der Populisten in den neuen demokratischen Parteien und selbst in den Regierungen Osteuropas ehemalige Kommunisten sind – natürlich vom nationalistischen Flügel. Denn was 1989–90 geschah, war mehr als das Ende des Kommunismus. Es war, wie ich oben schrieb, das Ende eines Jahrhunderts, das gekennzeichnet war von den beiden Weltkriegen und ihren Folgen. Und eine nicht unwesentliche Folge des Endes des Zweiten Weltkriegs war der Bannfluch, der über Hitler und das Dritte Reich verhängt wurde. Doch in einem bestimmten Sinne hat der nationalistische Sozialismus Hitler überlebt. Alle Staaten dieser Erde sind so etwas wie Wohlfahrtsstaaten geworden, und Osteuropa macht davon keine Ausnahme. Der internationale Sozialismus ist eine Illusion. Das Finanzkapital ist internationaler als der Sozialismus, weshalb Hitler es haßte und nationalisierte, deutschen Bedürfnissen unterordnete. Das war einfach, weil das Geld dem Druck des populistischen Nationalismus noch schneller nachgibt als das Klassenbewußtsein.

Die nationalistischen Regierungen Osteuropas der Zeit vor und während dem Zweiten Weltkrieg genießen heute wachsende Anerkennung, steigende Nostalgie. Natürlich ist das von Land zu Land verschieden. Zumindest zwei »unabhängige« Staaten in Osteuropa, die Slowakei und Kroatien, wurden von Hitler geschaffen. Es gibt weitere Nationen, deren antikommunistische und nationalistische Vergangenheit von der Allianz mit Hitlers Reich während des Zweiten Weltkriegs nicht zu trennen ist. In Rumänien werden jetzt in einer Stadt nach der anderen Straßen und Boulevards umbenannt zu Ehren von Marschall Antonescu, dem rumänischen *Conducator* (Führer), dessen Persönlichkeit Hitler hochschätzte. In der Slowakei gilt diese Heldenverehrung Pater Tiso, dem nationalistischen Geistlichen, dem von Hitler ernannten Staatspräsidenten der Slowakei, der noch vor entsprechendem Drängen Hitlers einen außergewöhnlichen Eifer zeigte, die Juden seines Landes an die Deutschen auszuliefern (was für sie Auschwitz bedeutete). In Kroatien werden Schulen und Straßen nach Mitgliedern der nazifizierten kroatischen Regierung der Jahre 1941–45 benannt. In Ungarn gibt es (anders als in Rumänien, wo die Eiserne Garde sich jetzt einer wiederkehrenden Woge nostalgischen Prestiges erfreut) keine nachträgliche Würdigung des ungarischen nationalsozialistischen Pfeilkreuzes. Aber viele betrachten den Nationalismus vor 1945 inzwischen als etwas Gesundes, das Ungarn in Ehren halten sollte.

Schließlich ist da noch die Aussicht, daß Deutschland wieder zu einer großen Macht wird. Noch ist es nicht soweit. Mit dem ostdeutschen Schlamassel haben die Deutschen auf einige Jahre hinaus alle Hände voll zu tun. Außerdem – und das ist gewichtiger – hat die Mehrheit der Westdeutschen wirklich ihre Vergangenheit bewältigt, so daß die Idee einer erneuten Ostexpansion Deutschlands ihnen noch fremd ist. Doch in Osteuropa besteht ein großes politisches Vakuum, und man kann durchaus annehmen, daß es am Ende von Deutschland ausgefüllt werden wird. Dies bezieht sich auch auf die politischen Konstellationen in den einzelnen Ländern; es wird Parteien geben (und gibt sie schon), die es verlockend finden und bereit sind, sich politisch lieber auf Deutschland als auf andere Westeuropäer oder auf Amerika zu stützen. Man bedenke auch die zu erwartende Zersplitterung Osteuropas: Slowenien, Kroatien, die Slowakei, die baltischen Staaten und die Ukraine sind natürliche Verbündete Deutschlands. Was sich in Osteuropa inzwischen vollzieht (ein Beispiel ist, während ich dies schreibe, die Jugoslawienkrise), bedeutet nicht nur, daß Jalta und damit die Ergebnisse des Zweiten Weltkriegs beseitigt werden. Was wir hier und da sehen, bedeutet die Beseitigung von Versailles, der Ergebnisse des Ersten Weltkriegs. In der Tat, das zwanzigste Jahrhundert ist vorüber.

Dies sind beunruhigende Vorzeichen. Sie werden jedoch aufgewogen durch andere gewichtige Realitäten. Wenn Tocquevilles prophetische Warnungen vor der Tyrannei der Mehrheit noch heute Gültigkeit haben, dann auch das andere scharfsinnige Kapitel seines Buches *Die Demokratie in Amerika* mit dem Titel: »Warum große Revolutionen künftig selten werden«. Revolutionen werden von verzweifelten Menschen gemacht, und es gibt in Osteuropa nicht viele Menschen, die so verzweifelt sind, daß sie ihren mühsam erworbenen und eifersüchtig gehüteten Privatbesitz riskieren würden. Das Zeitalter der großen Revolutionen und der großen Kriege scheint vorüber zu sein. Daß an die Stelle von großen Revolutionen und großen Kriegen zwischen Nationen langwierige Guerillakriege treten, nicht nur zwischen verschiedenen Nationalitäten, sondern auch zwischen verschiedenen Teilen der Bevölkerung, ist bereits Tatsache – nicht nur in, sagen wir, Jugoslawien, sondern vielerorts im Westen, zum Beispiel in Ulster, im spanischen Baskenland und in Teilen der einstmals bedeutenden Städte der Vereinigten Staaten. Die Frage, ob ein Guerillakrieg mit seiner anhaltenden Ungewißheit und seinen Brutalitäten einem Bürgerkrieg vorzuziehen ist, ist nicht zu klären. Langfristig wird die Macht des Staates, der Zentralregierung, überall schwächer werden, auch in Osteuropa. Das ist mit einem tiefgreifenden Wandel in der Struktur der Gesellschaft, ja sogar im Gefüge der Geschichte verbunden. Ob es Gutes oder Böses verheißt, läßt sich noch nicht sagen.

Das private Streben breiter Massen in Osteuropa nach Mittelschicht-Besitztümern mag nicht sonderlich reizvoll sein, macht aber immun gegen demagogische, darunter auch extrem nationalistische Appelle. Außerdem hegen etliche

Osteuropäer einen oft unrealistischen und illusionären Wunsch, zu »Europa« zu gehören, was unter anderem den Wunsch einschließt, vom »Westen« anerkannt zu werden. Wie lange das dauern wird, weiß ich nicht. So etwas wie ein vereintes Europa wird es in absehbarer Zeit nicht geben. Doch die Unterschiede zwischen West- und Osteuropa werden sich Jahr für Jahr verringern. Und ich sehe die Zukunft Osteuropas manchmal optimistischer als die Westeuropas, gerade weil der Osten immer noch hinter dem Westen herhinkt, weil er den Westen in einigen Realitäten noch einholen muß – bevor er die zweischneidige und oft verderbliche Natur mancher dieser Realitäten erkennt. Für den Westen ist bereits die Zeit gekommen, den Sinn des »Fortschritts« völlig neu zu durchdenken, während die praktische Umsetzung dieses Umdenkens in Osteuropa noch einige Jahre Zeit hat. Nicht in jeder Hinsicht: Manche Umweltprobleme sind in Osteuropa sehr viel gravierender als im Westen, gerade wegen der stupiden, ruinösen Industrialisierungspläne und Produktionsziele der Kommunisten. »Grüne« sind in Osteuropa noch dünn gesät. Ich wünschte, es gäbe mehr von ihnen und weniger von jenen frischgebackenen »Christlich-Konservativen«, deren Traditionalismus nichts anderes ist als jene Art von Nationalismus, die einen Religionsersatz darstellt, so daß sie weder richtig konservativ noch wirklich christlich sind – wie manche amerikanischen Konservativen, bei denen der Haß auf die Liberalen stärker ist als die Liebe zur Freiheit.

Eine neue Art von Demokratie entwickelt sich in Ungarn – und vermutlich in ganz Osteuropa.

Beim Zusammenbruch der kommunistischen Herrschaft entstand zunächst der Anschein, als entwickle sich eine liberale, parlamentarische Mehrparteiendemokratie westlichen Zuschnitts mit Pressefreiheit (leider auch für die Pornographie). Doch wie lange und auf welche Weise wird sich das behaupten, zumal in Ländern, in denen es an bewährten Erfahrungen mit dieser Art liberaler Demokratie und an einer sie tragenden Gesellschaftsstruktur fehlt?*

Etwas Ähnliches vollzog sich in weiten Teilen Europas nach dem Ersten Weltkrieg. Der Sieg der westlichen Demokratie führte dazu, daß man in ganz Europa Verfassungen und politische Strukturen nach französischem (hier und da auch nach britischem und schweizerischem) Vorbild gestaltete. Doch diese Anzüge von ausländischer Machart paßten nicht zu dem stämmigen Körperbau ihrer zeitweiligen Träger. Bald platzten die Nähte. Der Stoff hielt nicht. *Diese* Art von parlamentarischem Liberalismus gehörte dem neunzehnten Jahrhundert an, nicht dem zwanzigsten.

Spätestens vierzehn Jahre nach 1920 hatten die meisten süd- und osteuropäischen Länder – Italien, Portugal, Spanien, Griechenland, Österreich, Ungarn, Jugoslawien, Bulgarien, Polen, Estland, Lettland, Litauen – die parlamentarische Demokratie aufgegeben. (Das geschah wohlgemerkt, bevor Hitlers Drittes Reich ihnen einen entsprechenden Wandel nahelegte oder aufzwang).

Heute liegen die Dinge anders. Zum einen ist das Vorbild nicht Frankreich oder die Schweiz oder England, sondern die Vereinigten Staaten (und manchmal das demokratische Westdeutschland). Wichtiger ist, daß es, anders als in den zwanziger und dreißiger Jahren, keine Einmanndiktatur (weder eine totalitäre noch eine autoritäre) geben wird. Nicht nur die Ära Stalins, auch die Mussolinis und Hitlers gehört der Vergangenheit an. (Und die Peróns. Einige intelligente Leute in Osteuropa sagen: Wir werden wie Lateinamerika werden. Nein: Es gibt langfristige Bürden, die drückend auf dem Geschick der osteuropäischen Nationen lasten, doch zu

* Wohlwollende und gutunterrichtete Intellektuelle wie Timothy Garton Ash, der in den Jahren 1988 und 1989 in *The New York Review of Books* interessante und oft intelligente Artikel über die osteuropäischen »Refolutionen« (sein Wort) veröffentlichte, sahen in Osteuropa eine liberale Demokratie von der besten Sorte erblühen. 1991 sind diese Artikel hoffnungslos veraltet. Seine Hoffnungen und die der meisten seiner Helden haben sich nicht erfüllt.

ihnen gehört nicht der indianische Fluch, der auf dem Land lastet).

Was kommen wird und bereits geschieht, ist die Entstehung neuer Einparteienstaaten. Die Regierungspartei mag (zusammen mit ihren Koalitionspartnern) zunächst nur eine knappe Mehrheit im Parlament haben, sie mag nicht einmal sehr populär sein. Aber sie wird alles tun, um an der Macht zu bleiben, und wahrscheinlich wird es ihr gelingen.

Daran sind mehrere Faktoren auf unterschiedlichen Ebenen beteiligt. Ich will sie zu beschreiben versuchen, allerdings nicht in der Reihenfolge ihrer relativen Bedeutung.

Was bereits geschehen ist, ist die Ersetzung einer Art von staatlicher Bürokratie durch eine andere: einer nominell (aber oft nur nominell) kommunistischen durch eine nationalistische, die sich oft aus derselben Art von Leuten und manchmal aus denselben Leuten zusammensetzt. (Beispiel: der derzeitige Innenminister in Ungarn; sein Befugnisse sind umfassend und geheim). Der Staat besitzt in Osteuropa noch immer sehr große Befugnisse.

Das Wesen der liberalen (genauer, der nicht-antiliberalen) Demokratie besteht in der Tolerierung der Rechte und der Achtung der Meinungen einer Minderheit, auch der parlamentarischen Minderheit. Das ist in Ungarn jetzt am Zerbröckeln – zwei Jahre nach dem *annus mirabilis* 1989, der neuen Verfassung, dem neuen frei gewählten Parlament. Es gibt dafür unzählige Beispiele. Die Opposition wird als antinational, antichristlich, wurzellos, kosmopolitisch und subversiv hingestellt. Ich höre das von meinen Bekannten (und sogar Freunden) in der Regierungspartei.*

* Ich kenne keine wichtigen Leute aus der Oppositionspartei, mit Ausnahme eines hervorragenden Mannes, eines untadeligen Charakters (er hat während der kommunistischen Ära im Gefängnis gesessen, hat politische Häftlinge tapfer vor Gericht verteidigt, wird von vielen geachtet und bewundert). Ich erwähne seinen Namen gegenüber einem Freund, der ein sehr hohes Regierungsamt bekleidet. »Ja«, sagt er, »er ist ein ausgezeichneter Mann. Wir sind sogar eng befreundet. Aber seine Frau ist Jüdin.« Er erklärt, sie habe ihren Mann vor zwei Jahren dazu gebracht, in die andere Partei einzutreten. Das über

Viele Leute in der ungarischen Regierungspartei sind nicht sehr intelligent, aber das schadet ihnen nicht sonderlich. (Hat Reagans Dummheit den Republikanern in den achtziger Jahren ernstlich geschadet?) Doch die Regierung weiß, daß die nachhaltige Wiederholung bestimmter Parolen und Ideen die Haltung der Menschen am Ende doch beeinflussen kann. Sie versuchen deshalb, die Kontrolle über die Zeitungen zu verstärken, mit wechselndem Erfolg. Wichtiger sind das ungarische Fernsehen und der Rundfunk, die in den letzten Jahren des nominell kommunistischen Regimes immer unabhängiger wurden und in den letzten zwei Jahren ein beachtliches Niveau gehalten haben. Die Regierung versucht jetzt, sie unter Kontrolle zu bringen. Das ist wichtig, weil der Einfluß der Tageszeitungen ein wenig nachläßt,* während der des Fernsehens wächst, besonders was die Nachrichten angeht. Diese werden zunehmend regierungsfreundlich. (Die nicht von Werbung unterbrochene tägliche Nachrichtensendung dauert eine halbe Stunde oder länger; aus ihr beziehen die meisten ihre Nachrichten – und einige auch ihre Meinungen.)

Manchmal wird ein hoher Regierungsvertreter dabei ertappt, daß er einen Fehltritt begangen und sich anschließend herauszulügen versucht hat. Die Opposition macht einen großen Wirbel im Parlament, aber ihm passiert nichts. Früher, selbst unter dem undemokratischen Regime vor dem Zweiten Weltkrieg, hätte er zurücktreten müssen. Heute

diese reizende, intelligente, bescheidene, zurückhaltende Frau! Ich bin entsetzt und bringe das auch zum Ausdruck. Es hilft nichts. Dabei ist der Mann, der sie hier bezichtigt, kein überzeugter Antisemit. (Er hält sich jedenfalls nicht für einen.) Was er der Frau vorwirft, ist nicht, daß sie Jüdin ist, sondern daß sie ihren Mann politisch beeinflußt habe. Die Bezeichnung »Jüdin« ist nur ein zusätzliches politisches Argument.

* Bei anderer Gelegenheit sagt derselbe Freund von der Regierung: »Die Presse lügt.« Ich hätte ihm antworten sollen, daß auch die Regierung lügt und daß dies einfach zu einer modernen Demokratie dazugehört, wobei der Unterschied zur Diktatur darin besteht, daß allgemein gelogen wird und die Lügen nicht zentral gesteuert und ausgestrahlt werden. (Frage: Werden die Menschen, die Amerikaner eingeschlossen, einmal soviel Scharfsinn entwickeln, daß sie sagen: »Das Fernsehen lügt«, genauer: »Ich glaube nicht, was ich im Fernsehen sehe«?)

nicht. Die Mehrheit regiert, unbeeindruckt und kompromißlos; die Minderheit zählt nicht; Mehrheitsvertreter sagen – und meinen es vermutlich ernst –, dies sei Demokratie. (Ich las die Äußerung eines litauischen Regierungsvertreters: »Jetzt sind *wir* die Mehrheit, die Minderheit sollte lieber die Klappe halten.«) Man zollt der amerikanischen Demokratie und der amerikanischen Verfassung zwar Respekt und hat in den neuen osteuropäischen Verfassungen sogar einige Anleihen bei ihr gemacht, doch das amerikanische System der wechselseitigen Kontrolle der politischen Kräfte funktioniert hier kaum. Ich kann mir leider allzu gut eine Situation vorstellen, in der die Minderheitspartei machtloser wird als in irgendeinem westlichen Land und die Regierung nicht nur das Parlament, sondern mehr und mehr auch die öffentliche Meinung beherrscht, eine Situation, in der die Justiz, die Beamtenschaft und der diplomatische Dienst zu einer Bürokratie werden, die sich aus der Regierungspartei und ihren Partnern zusammensetzt. Gewiß, es wird weiterhin eine Opposition geben. Doch sie wird sich zunehmend beschränken auf einige Zeitungen und Zeitschriften, auf Künstler- und Intellektuellenzirkel; sie wird immer einflußloser werden wegen des Strukturwandels dessen, was man einst, im guten alten neunzehnten Jahrhundert, öffentliche Meinung nannte (sie war nicht unbedingt identisch mit dem Volksempfinden).

Eine neue Art von Diktatur? Nein, Tocquevilles Tyrannei der Mehrheit oder, genauer gesagt, derer, die denken und sagen, sie verträten die Mehrheit, und deren Treiben die wirkliche Mehrheit nicht in Frage zu stellen wagt.

Der Antisemitismus ist ein Problem in Ungarn, hauptsächlich deshalb, weil viele die Juden (einschließlich Christen jüdischer Abstammung) als eine nichtmagyarische Minderheit betrachten. Vielleicht besteht hier ein interessanter Unterschied zum Antisemitismus der Vergangenheit. Man trifft jetzt auf Leute, die mit dem gesetzlichen Schutz von Minderheitenrechten einverstanden sind, aber nicht anerkennen wollen, daß Juden – auch solche, deren Familie seit über hundert Jahren in Ungarn lebt – *keine* festumrissene nichtungarische Gruppe bilden. (Was diese Frage noch zusätzlich kompliziert, ist die Tatsache, daß von ungarischen Juden, besonders von Vertretern der Orthodoxen, der Zionisten und der jüdischen Gemeinden, behauptet wird, die Juden seien doch eine festumrissene ethnische Minderheit.)

Ungarn und Frankreich sind heute die einzigen europäischen Staaten, in denen die Juden etwa ein Prozent der Bevölkerung ausmachen. (Vor dem Zweiten Weltkrieg betrug der Bevölkerungsanteil der Juden in mehreren Ländern Osteuropas fünf, sechs und in Polen sogar zehn Prozent.) Das Überleben von etwa einem Drittel der ungarischen Juden in den Jahren 1944–45 ist eine kompliziertere Geschichte, als es bislang dargestellt wurde. (Noch komplizierter sind die ungarischen Erinnerungen an diese Zeit und ihre Bedeutung.) Heute leben mehr als neunzig Prozent aller ungarischen Juden in Budapest. Bezeichnend dürfte sein, daß in einigen Provinzen, wo es keine Juden gibt, der Antisemitismus stärker ist als in Budapest, wo sie immerhin fünf bis zehn Prozent der Bevölkerung bilden.

Das heutige Ausmaß des Antisemitismus in Ungarn wird freilich oft übertrieben. Seine Stärke und sein Wesen sind nicht leicht zu klären, aber er ist nicht entfernt vergleichbar mit dem Meinungsklima, das beitrug zu den Demütigungen und Verbrechen, die vor fünfzig Jahren von einigen, aber bestimmt nicht von allen Ungarn an den Juden verübt wurden.

Ein möglicherweise tiefgreifender Unterschied zwischen Ungarn und Amerikanern (genauer: Amerikanern am Ende des zwanzigsten Jahrhunderts). In Ungarn wird ein Mensch, der tatsächlich oder tendenziell etwas gegen Ihre Ansichten (und vielleicht gegen Ihre Herkunft, Ihre soziale Stellung oder Ihre politischen Neigungen) hat, Ihrer Darlegung Ihrer Ideen oder Ansichten aufmerksam lauschen, auch wenn sich überraschend zeigen sollte, daß sie mit den seinen übereinzustimmen scheinen, und dabei ständig nach Punkten suchen, die ihn in seinen bisherigen politischen oder sozialen Vorurteilen bestätigen. In Amerika will im Grunde niemand etwas von Ihrer Darlegung Ihrer Ideen hören. Vielleicht ist die amerikanische Praxis besser.

Was in den Vereinigten Staaten beklagenswert und schädlich ist, das ist die Suche nach dem und die Kultivierung des kleinsten gemeinsamen Nenners, wenn es um die Anpreisung bestimmter Güter, von Unterhaltung, Filmen, Fernsehen, ja sogar der Bildung geht: das Prinzip ihrer Verkäufer. Andererseits sind in der Gesellschaft, im geistigen Leben, in der Politik nach wie vor bestimmte Tabus in Kraft (einige sind vielleicht unverdientermaßen sakrosankt). Was in Osteuropa beklagenswert ist, das ist die Neigung, in der Politik an den kleinsten gemeinsamen Nenner zu appellieren.

Ich lese bei George William Russell (AE), dem irischen Schriftsteller, in *Co-operation and Nationality* (1912): »Menschen, deren Leben von nicht endender Borniertheit erfüllt ist, erfüllen einen mit tiefer Verzweiflung und innerer Wut.« Er dachte an die damalige kleinbürgerliche Mentalität in Irland. Ich denke an gewisse Akademiker in Amerika und in Ungarn, aber sie erfüllen mich nicht mit »innerer Wut«. Schlimmstenfalls empfinde ich etwas, das eher von Swifts Wendung umschrieben wird: *ubi saeva indignatio cor lacerare nequit* (wo grimmige Empörung das Herz nicht mehr verletzen kann).

Besagter AE: »Die Menschen gehen mit kühlen Blicken aneinander vorbei, ohne freudige Erregung, einen Mitmenschen zu erblicken.«* Das gilt nicht für die Demokratie, weder in Budapest noch in New York, wo die Blicke der

* Dies ist interessant, weil es etwas zu tun haben könnte mit der rätselhaften und bis heute nicht erklärten Wendung, die Yeats für seinen Grabstein wählte: »Wirf einen kühlen Blick… Reiter, zieh weiter.« Ist das schon jemandem aufgefallen?

Menschen nervös flackern und eine kurze Aufmerksamkeit zeigen (weil sie nervös sind und flackern, sind sie nicht aufmerksam genug).

Derselbe AE, 1912, sein Ideal (er blieb auch in seinen letzten Lebensjahren völlig illusionslos): »Ein umfassendes Netz von lebendigen, fortschrittlichen Organisationen wird das ländliche Irland überziehen, demokratisch verfaßt und regiert von der Aristokratie des Geistes und des Charakters.« Eine hübsche Illusion, besonders was den Charakter angeht. Leider kam Wilde der Wahrheit näher: »Hohe Hoffnungen wurden einmal in die Demokratie gesetzt; doch Demokratie bedeutet einfach das Drangsalieren des Volkes durch das Volk und für das Volk.« Einziger Einwand: nicht einfach. Kompliziert.

Ich habe immer die Bedeutung von Ideen anerkannt, aber ich sehe ihre Bedeutung anders als Dostojewski u.a.: Daß es viel wichtiger und aufschlußreicher ist, was Menschen mit Ideen machen, als was Ideen mit Menschen machen; daß sie ihre Ideen den Umständen anpassen werden, statt zu versuchen, die Umstände den Ideen anzupassen. (Ich lese einen Satz von Robert Musil, einem Wiener, der gut hierherpaßt: »Er ging durchs Leben, belastet mit seinen Ideen, und das ist eine Bürde, die für den, der sie trägt, lebensgefährlich ist, solange die Menschen noch nicht erkannt haben, daß etwas daran ist, was sie für sich nutzen können.«)

Essen bei den H.s in Budapest. Wir sehen vieles in gleicher Weise und haben vieles gemein. Ich bin froh, daß es diesen Menschen, die dem ehemaligen, enteigneten und vielfach verfolgten Landadel angehören, jener Klasse, die unter den ersten Jahrzehnten der kommunistischen Herrschaft wohl am meisten gelitten hat, recht gut geht; praktisch entsprechen die Atmosphäre, das Ambiente und die Einrichtung (sowie das exzellente Essen) in ihrer Villenwohnung weitgehend dem, wie sie vor fünfzig Jahren gewesen sein müssen. Ein sehr ungarischer Erfolg, der fast einem Wunder gleichkommt.

H.s Frau ist erfreut darüber, daß ich ihre schönen Gemälde zu schätzen weiß. (Gemälde in Familienbesitz überstanden die kommunistischen Enteignungen häufiger als andere Besitztümer.) Als wir dann über Politik sprechen (nicht sehr viel und ganz beiläufig), bemerkt sie, daß ich kein vorbehaltloser Anhänger der Regierungspartei bin. Sie wird ein bißchen kühler. Sie erkennt, daß ich nicht ganz der bin, für den sie mich gehalten hat. In Amerika oder England oder Irland würde das nicht passieren, dieses kleine Gift der Politik.

Ein anderes Beispiel, vielleicht eher zu erwarten, weil es sich unter Akademikern abspielt. Jeden Mittwoch halte ich vor meiner Vorlesung ein kurzes Schwätzchen mit meinen Kollegen an der Universität. An diesem Institut (Kulturgeschichte) sind die meisten populistische Nationalisten. Trotzdem sind es nette Menschen, und wir haben gemeinsame historische und geistige Interessen. Doch gerade ist um die Budapester Weltausstellung ein großer Wirbel entstanden. Die Regierung hat Pläne für eine 1995 oder 1996 vorgesehene Weltausstellung in Budapest gebilligt (zunächst war eine Doppelausstellung zusammen mit Wien gebilligt, doch die Wiener haben sich in einem Referendum dagegen ausgesprochen). Die Opposition sowie die Stadtverwaltung von Budapest stellen diese Prioritätensetzung und die Aufwendungen in Frage. Meine Kollegen wollen wissen, was ich davon halte. Ich sage, ich sei dagegen, weil Weltausstellungen veraltet seien – ich erwähne die New Yorker Weltausstellung von 1939, die ein Erfolg war, und die von 1964, die ein Mißerfolg war –, denn heute, im Zeitalter der schnellen Flugverbindungen, brächten Weltausstellungen nicht mehr die großen Investoren, wohl aber Horden von Touristen, die eine Stadt überschwemmen würden, die bereits an Touristenmassen erstickt, so daß der schmale finanzielle Gewinn die enormen Investitionskosten nicht decken würde. Das ist ein anderes Argument, als es die Opposition vertritt, doch überzeugt es die Kollegen nicht. Einer sagt: »Ich wußte nicht, daß Sie deren Meinung vertreten.«

Dies ist besonders aufschlußreich, weil die Ausrichtung einer Weltausstellung, die Ausländer, internationalen Kapitalismus usw. mit sich bringt, an sich nicht zu den Dingen gehört, die von Nationalisten und Populisten geschätzt werden. Eher würde es zum Programm der internationalistischen Liberalen und der Oppositionspartei passen. Wenn diese dafür wäre, wären meine Kollegen entschieden dagegen. Im Grunde ist ihnen alles egal, Hauptsache, wir *sind* wir *und* sie *sind* sie.

Weil ich Historiker bin (und meine prägenden Jahre in die Zeit des Zweiten Weltkriegs fielen), stimmt mich eines traurig. Wir werden – vielleicht besonders in Osteuropa – Zeugen eines neuen historischen Revisionismus, was die Erinnerungen an den Zweiten Weltkrieg und seine Deutung betrifft. Eine Rehabilitierung Hitlers wird es nicht geben (außer in einigen Fällen, wo man sie in bestimmten Phrasen verstecken wird). Aber es wird eine Rehabilitierung einiger seiner Verbündeten geben – es gibt sie schon –, von Männern und Frauen, die gegen die Kommunisten und die Russen gekämpft haben (einbezogen werden auch diejenigen, die gegen die Briten und Amerikaner gekämpft haben würden oder gekämpft haben). Die Gefahr sehe ich hier nicht bloß in einer abermaligen Verdrehung der historischen Tatsachen, sondern in der Erosion traditioneller Werte und Maßstäbe – ein Resultat der nationalistischen Tendenz, alle Feinde auf der Linken und keinen auf der Rechten zu sehen. (Dabei bin ich zeitlebens ein »Rechter« gewesen...) In Europa glaubt heute, weniger als zwei Jahre nach dem Ende der kommunistischen Regime, praktisch niemand mehr an den Kommunismus oder Marxismus. Doch fünfzig Jahre nach seinem Ende gibt es immer noch Bewunderer des Dritten Reiches. In *The Duel* schrieb ich, maßgebend für unsere historische Perspektive bleibe der Zweite Weltkrieg, ein Krieg, »der für Millionen Menschen eine Katastrophe war, dessen Ausgang der Welt jedoch eine noch schlimmere erspart hat«.

Freilich dürfen diese Gefahren nicht übertrieben werden. Fünfzig Jahre sind verstrichen; neue Generationen sind hervorgetreten; die Ideen, die Sorgen, die Neigungen, die Vorzüge und Fehler dieser neuen Generationen sind andere. Ich wage die Behauptung, daß sie bessere Menschen sind. Das kommunistische Experiment hat ihnen einen gewissen Hang zur Freiheit eingegeben. Das ist heute das positive Element in Ungarn, während das negative darin besteht, daß es schwieriger ist, frei zu sein, als nicht frei zu sein.

Juli 1992. *Jetzt, da ich seit einem Jahr wieder in den Vereinigten Staaten bin, fällt mir etwas auf, woran ich schon einmal gedacht hatte, aber nicht in dieser Weise. Amerika und Osteuropa (eigentlich Amerika und ganz Europa) sind heute weiter voneinander entfernt als während des ganzen historischen zwanzigsten Jahrhunderts. In den amerikanischen Zeitungen steht praktisch nichts, in den Zeitschriften kaum etwas über Ungarn. (Die* New York Times *hatte jahrelang einen ständigen Osteuropa-Korrespondenten, der in Budapest stationiert war, aber jetzt nicht mehr.) Selbst die tragischen und entsetzlichen Ereignisse in Bosnien und Herzegowina werden nicht so beachtet, wie sie früher beachtet worden wären (und es vielleicht verdienten). Darin äußert sich das derzeit mangelnde Interesse der Amerikaner an Europa, wenn nicht gar Gleichgültigkeit, nun, da der kalte Krieg vorüber ist. Darin äußert sich auch die allmähliche, aber massive Verlagerung der amerikanischen Bevölkerung nach Westen, fort von Europa; ferner die Unzulänglichkeit ihres Geographieunterrichts und ihre Abhängigkeit von der beklagenswerten Unzulänglichkeit der Fernsehnachrichten; und schließlich das allmähliche Verschwinden einer gebildeten Schicht, überwiegend von der Ostküste, deren Interesse, jedenfalls in dem jetzt verflossenen Jahrhundert, auf Europa gerichtet war. Daß diese wachsende Trennung – denn es ist eine Trennung – der Vereinigten Staaten von Europa sich in einer Zeit vollzieht, in der Millionen von Menschen den*

Atlantik in beiden Richtungen innerhalb weniger Stunden überqueren und in der »die Weltgemeinschaft« und »Interdependenz« geläufige Schlagworte sind, beweist einmal mehr, daß die realen Bewegungen der Geschichte, einschließlich der Beziehungen ganzer Staaten und Nationen, kaum etwas mit der Technik zu tun haben, daß sie von anderen Bedingungen abhängig sind.

Dieses Nachlassen des Interesses an Europa ist nicht rundherum negativ. Es deutet auf das Ende des American Century, des amerikanischen Jahrhunderts hin, das gleichbedeutend war mit dem Wunsch des amerikanischen Volkes, als Führungsmacht der Welt zu handeln (und sich nicht nur als solche zu betrachten). Das ist bereits am derzeitigen Präsidentschaftswahlkampf zu erkennen. George Bush sieht das natürlich nicht – was zu seinem Nachteil ausschlagen könnte. In diesem Wahlkampf zeichnet sich eine Tendenz ab, die auf die zentrale Frage des einundzwanzigsten Jahrhunderts hindeutet, das zentrale Problem besonders für die Amerikaner: die Notwendigkeit, den Sinn des »Fortschritts« neu zu durchdenken. Bush und die Republikaner sprechen sich dafür aus, öffentliche Mittel aufzuwenden (und überflüssige »Arbeitsplätze« zu schaffen), um technologische Schildbürgerstreiche wie die Star Wars (das geht jetzt zurück) und Superbeschleuniger in Texas auszuführen. Die Demokraten scheinen eher umweltbewußt zu sein, doch ist nicht sicher, ob sie das als ein Grundproblem erkennen und daran festhalten werden. Dabei ist das vermutlich das Grundproblem. Unseren »Konservativen« ist die Bewahrung der amerikanischen Landschaft gleichgültig. Doch es zeichnet sich ab, daß sich vor allem an dieser Frage die Geister scheiden werden, mehr als an der Steuerpolitik, mehr als an der Bildungspolitik, mehr als an der nationalen Sicherheit, mehr sogar als an der peinlichen Abtreibungsdebatte. So ist es auch in meiner Gemeinde. Hier verläuft die Scheidelinie zwischen denen, die Baugebiete ausweisen, Bauten errichten und noch mehr Beton und Zement in die Landschaft kippen wollen, und anderen, die die

Landschaft (und die Stadtlandschaft), in der sie leben, bewahren möchten. (Landschaft, nicht unberührte Natur. Es ist der verhängnisvolle Fehler vieler amerikanischer Umweltschützer, daß sie sich für eine unberührte »Natur« einsetzen, in der der Mensch nicht vorkommt.) Hinter dieser Scheidelinie sehe ich bisweilen die Unterscheidung zwischen wirklicher Vaterlandsliebe und der phrasenhaften Liebe zu Symbolen wie der Fahne im Namen eines mythischen Volkes; zwischen den Idealen amerikanischer Häuslichkeit und denen eines beinahe nomadischen Lebens; zwischen Privatheit und Öffentlichkeit; zwischen den Idealen der Stabilität und denen endlosen »Wachstums«. Gewiß, noch grassiert der Nationalismus in Osteuropa – und, in mancherlei Form, in den Vereinigten Staaten. Er ist mehr als eine Woge der Vergangenheit, er ist immer noch die Flut der Gegenwart, aber möglicherweise nicht der Zukunft. Das denke ich jedenfalls – und hoffe es.

VII
EUROPA… EUROPA?

Juni 1991. *Wenn ich jetzt Ungarn verlasse, ist nicht mehr das Gefühl der Erleichterung da, das ich am Ende früherer Besuche empfand, wenn das Flugzeug anrollte und die letzte Uniform des Polizeistaates aus meinem Blickfeld verschwand.*

Trotzdem: Wenn ich am Ende dieses Budapest-Kapitels meines Lebens in Zürich lande, um anschließend in eine Maschine umzusteigen, die mich über den Atlantik bringen wird, reagieren Herz und Kopf in einer Weise, die andere Ungarn in der Vergangenheit empfanden (und festhielten: Sándor Márai, László Cs. Szabó). Diese Ankunft in – oder Rückkehr nach – Westeuropa stimmt fröhlich. Wir haben Ost-, vielleicht sogar Mitteleuropa hinter uns gelassen.

Zürich. Ich gehöre auch zu diesem Europa: zu den bürgerlichen und patrizischen Überresten einer Welt, nach der ich in Pennsylvania genauso wie in Ungarn eine schmerzliche Sehnsucht verspüre, nach einer Atmosphäre, in der ich mich zu Hause fühle. Europa ... Europa ... Ich bin Ungar und Amerikaner. Aber ich bin ein europäischer *Amerikaner und ein* europäischer *Ungar.*

Europa. Wenn ich in die Schweiz komme, befinde ich mich in einem bestimmten Europa. Ich denke und empfinde dies nicht zum ersten Mal. Es ist nicht bloß, daß man aus dem Osten in den Westen kommt. Ich empfand das vor dreißig Jahren, als ich aus Madrid kommend in Genf landete. Nicht, daß Budapest und Madrid nicht zu Europa gehören. Doch die Zivilisation der Schweiz ist bei all ihrer Borniertheit und

Steifheit eine Zivilisation des bürgerlichen Europa. Eine bürgerliche Zivilisation, das heißt: die Zivilisation von mindestens zwei oder drei Jahrhunderten, vor denen es auch schon wunderbare Errungenschaften gegeben hatte und Europa das Zentrum der Welt gewesen war, als allerdings die Wörter »Europa« und »Zivilisation« noch kaum existierten.

Das Vorbild für die eventuell entstehenden vereinigten Staaten von Europa (»vereinigt« ist mit Absicht klein geschrieben) ist die Schweiz, nicht die Vereinigten Staaten von Amerika. Und diese Vereinigung Europas wird, falls es überhaupt zu ihr kommt, sehr viel Zeit in Anspruch nehmen.

Die drei Schweizer Urkantone (Uri, Schwyz und Unterwalden, noch heute in versteckten Tälern der Deutschschweiz gelegen) erkämpften ihre »Unabhängigkeit« von einem Habsburger im Jahre 1291. Eine vereinigte Schweiz entstand erst 1847 (nach einem kleinen Bürgerkrieg zwischen zwei Gruppen von Kantonen). Zuvor hatte die Schweiz weder eine Bundeshauptstadt noch eine Verfassung (diese erst ab 1874), noch nicht einmal eine Nationalfahne. Von Wilhelm Tell bis zur einer vereinigten föderativen Schweiz hat es über fünfeinhalb Jahrhunderte gedauert.

Am Ende des neunzehnten Jahrhunderts war die Schweiz neutral, pazifistisch und wohlhabend. Auch das hatte lange gedauert. Die Schweizer waren keine Pazifisten gewesen, sondern Söldner – ein Beispiel ist die Schweizergarde, die ein belagerter Papst sich im sechzehnten Jahrhundert zulegte. (Noch heute ist die Schweiz eine Militärdemokratie, was sich am ungewöhnlichen Charakter ihrer Armee zeigt; jeder Schweizer unterliegt einer langjährigen Dienstpflicht und muß seine Ausrüstung und seine Waffe zu Hause bereithalten – einmalig unter allen Demokratien der Erde.) Die Schweizer waren nicht völlig neutral: Noch während des Ersten Weltkriegs hätten die meisten Deutschschweizer einen Sieg der Deutschen, die meisten Welschschweizer einen Sieg der Franzosen am liebsten gesehen. Die Schweizer waren arm gewesen; bis vor etwa zweihundert Jahren zählten sie zu den ärmsten Nationen Westeuropas. Dann entdeckten sie ihre Talente für disziplinierte Feinarbeit, von der Herstellung von Schokolade bis zur Anfertigung von Uhren und mechanischen Instrumenten. Sie erkannten auch die Gewinnchancen, die in der Dienstleistung stecken, die kapitalen Chancen einer gediegenen, rühmlichen Hotellerie. Das alles beruhte auf der Qualität ihrer Arbeit, also auf etwas Immateriellem. Immateriell war auch das sich wandelnde Bild der Schweiz. Owen Barfield hat das sehr tief erfaßt: »Die Wirtschafts- und Sozialstruktur der Schweiz ist merklich beeinflußt von ihrem Fremdenverkehrsgewerbe, und das beruht nur zum Teil auf erleichterten Reisemöglichkeiten. Es beruht nicht minder auf [der Tatsache], daß ... die *Berge*, die der Mensch des zwanzigsten Jahrhunderts sieht, nicht die Berge sind, die der Mensch des achtzehnten Jahrhunderts gesehen hat.«

Am Ende des zwanzigsten Jahrhunderts ist eine ganze Reihe anderer europäischer Nationen wohlhabend und friedlich und abhängig vom Massentourismus. Aber sie haben noch einen weiten Weg vor sich, bevor sie sich zu einer Konföderation oder einer Föderation zusammenschließen. Die Schweizer zögern noch, sich den politischen oder auch nur den wirtschaftlichen europäischen Organisationen anzuschließen, und die Schweizer, die im neunzehnten Jahrhundert allen möglichen politischen Flüchtlingen freundliche Aufnahme geboten hatten, taten während des zwanzigsten Jahrhunderts ihr Bestes – eigentlich ihr Schlimmstes –, um die meisten Einwanderer nicht hereinzulassen.

Der Kern des Unterschieds ist folgender: Die Schweizer wissen (und sind stolz auf diese Tatsache), daß sie Schweizer sind. Die meisten Europäer wissen, daß sie Europäer sind, aber nur undeutlich, und sie sind selten stolz auf diese Tatsache – falls es Tatsache ist.

Das Bewußtsein, Europäer zu sein, ist weder weit verbreitet noch alt. Schon die Idee »Europa« ist sehr viel jüngeren

Datums, als wir gemeinhin denken. Vor fünfhundert Jahren, als Menschen von Europa aus hinausfuhren, um neue Kontinente zu entdecken, waren »Asien« und »Afrika« gebräuchliche Begriffe (»Amerika« und »Australien« sollten später folgen). Das Substantiv »Europa« war völlig ungebräuchlich. Das geläufige Wort war »Christenheit«. Im Jahre 1496 gab Heinrich VII., der erste Tudor-König von England, John Cabot einen Freibrief, Länder zu erforschen, die bis dahin »allen Christen unbekannt« waren; 1764 erteilte König Georg III. John Byron den Auftrag zur Erforschung von »Ländern, die bislang von keiner europäischen Macht besucht worden« waren. Vor fünf oder sechs Jahrhunderten wußten unsere Vorfahren nicht, daß sie Europäer waren. Das Adjektiv »europäisch«, bezogen auf einen einzelnen Bewohner eines besonderen Kontinents, taucht in den westeuropäischen Sprachen erst im siebzehnten Jahrhundert auf, in den osteuropäischen Sprachen später. Die Ostgrenze »Europas« (der Ural und der Kaukasus, die »Europa« vom »asiatischen« Rußland trennen) wurde erst 1833 von dem deutschen Geographen Volger festgelegt. Kurz, die Idee »Europa« war ein Produkt der Neuzeit. Nun, da die Neuzeit (ein unkorrekter Ausdruck) vergeht, gibt es viele Gründe, sich dessen bewußt zu bleiben.

Noch jüngeren Datums als die »neuzeitliche« Idee von Europa ist die Entwicklung eines europäischen Bewußtseins. Seine geistigen Vorläufer – darunter Grotius, Sully und Kant – waren in dieser Beziehung utopische Denker, ihre Ideen blieben folgenlos. Die Erkenntnis, daß Europa nur eine kleine Halbinsel Asiens ist und durch den Aufstieg von Großmächten in anderen Teilen der Welt überschattet zu werden drohte, dämmerte erst in den Anfängen des zwanzigsten Jahrhunderts so unterschiedlichen Denkern wie Paul Valéry und Oswald Spengler. Erst nach dem Ersten Weltkrieg fand der Wunsch nach einem vereinten Europa einige Anhänger. Erst nach dem Zweiten Weltkrieg begann er sich auszubreiten – allerdings sehr ungleichmäßig und sehr unzureichend.

Gleichwohl gab es schon gewisse Elemente des »Europäertums«, bevor diese Erkenntnis ins Bewußtsein drang. »Europäisch« ist zugleich neuer und älter, als wir denken. Das drückte Ortega y Gasset aus, als er schrieb, der »europäische Mensch« sei nicht nur »demokratisch« und »liberal« gewesen, sondern auch »absolutistisch« und »feudal« (und »christlich«, wie wir hinzufügen dürfen) – was er nun nicht mehr ist. »Das heißt nicht, daß er nicht in einem gewissen Sinne fortfährt, all das zu sein; er tut es in der ›Form, es gewesen zu sein‹.« Daher ist die Tatsache, daß die Vereinigten Staaten mitten in die Neuzeit hineingeboren wurden, kein unzweifelhafter Vorzug, wie so viele (auch Europäer) glauben. Es könnte sein, daß die Amerikaner am Ende der Neuzeit gegen bestimmte Gefahren weniger immun sind als ein Großteil Europas, denn sie könnten gefährlichen Folgen des Zerfalls ihrer bestehenden Institutionen und einiger ihrer gewohnten Denkweisen ausgesetzt sein.

Unzweifelhaft ist die Existenz dreier offenkundiger Tatsachen. Europa ist der einzige Kontinent, der gänzlich innerhalb der gemäßigten Zone liegt, der einzige Kontinent ohne Wüsten. Es ist der einzige Kontinent, der fast ausschließlich von der weißen Rasse bewohnt wird. Außerdem hat die jetzt entstehende, beispiellose einheitliche Weltzivilisation (einheitlich nur auf bestimmten Ebenen) ihren Siegeszug um die Erde von Europa aus angetreten, eine Zivilisation, deren gute wie schlechte Seiten den Rückzug der europäischen Mächte und der europäischen Kolonisation überstanden haben. (Dazu zählt die Tatsache, daß die verbreitetste Weltsprache Englisch ist, genauer das amerikanische Englisch, gefolgt vom Spanischen, wobei allerdings die Gesamtzahl der Englisch und Spanisch sprechenden Völker geringer ist als die Zahl der Chinesen.)

Der Erste Weltkrieg führte zum Ende der weltweiten Vorherrschaft europäischer Mächte, Großbritannien eingeschlossen. Dazu kam es, obwohl die Amerikaner und die Russen sich nach diesem Krieg aus Europa zurückzogen. (Der amerikanische Isolationismus jener Zeit war selektiv, und die Vereinigten Staaten waren bereits zur größten Macht der Erde geworden. Wäre es 1917 nicht zur Revolution in Rußland gekommen, das heißt, hätte Rußland sich nicht aus diesem Krieg und aus Europa zurückgezogen, so hätte es damals seinen Einfluß auf Osteuropa verstärkt, es wäre aber auch, anders als nach dem Zweiten Weltkrieg, europäischer geworden.)

Jedenfalls führte die Erkenntnis vom Niedergang Europas bei einigen zu einem wachsenden »europäischen« Bewußtsein und zur ersten organisierten Bewegung für ein geeintes Europa. Es war die Paneuropa-Bewegung, die 1923 von Richard Graf Coudenhove-Kalergi, einem hochgebildeten Mann mit einem österreichischen Vater, griechischen Großeltern und einer japanischen Mutter, gegründet wurde. Dieses Streben nach einer europäischen Konföderation entsprach den Ideen bedeutender und angesehener Denker, darunter beispielsweise die Spanier Salvador de Madariaga und Miguel de Unamuno und der deutsche Hermann Keyserling. In den zwanziger Jahren genoß die paneuropäische Bewegung die Wertschätzung solcher Persönlichkeiten wie Aristide Briand, Gustav Stresemann und sogar Winston Churchill. Das alles wurde hinweggespült von den radikalen nationalistischen Bewegungen der dreißiger Jahre, deren herausragendes Beispiel die Hitlerbewegung war. Nationalisten – nicht nur in Deutschland – empfanden das Adjektiv »europäisch« und die Bezeichnung »Europäer« als herabsetzend, als gleichbedeutend mit kosmopolitisch, antinational, dekadent. Diese abschätzige Bedeutung verschwand erst nach dem Zweiten Weltkrieg (und bis zu einem gewissen Grade während dieses Krieges).

Die beiden Protagonisten des letzten europäischen Krieges, der ersten, entscheidenden Phase des Zweiten Weltkriegs, waren Hitler und Churchill. Beide dachten europäisch, wenn auch auf ganz unterschiedliche Weise. Hitler dachte, anders als der Kaiser, grundsätzlich in Kategorien der Land-, nicht der Seemacht; er erstrebte eine deutsche Vormachtstellung in Europa und im europäischen Rußland. (Und zwar nicht aus Bescheidenheit, sondern aus Berechnung: Er wußte, daß Deutschland, sollte es die Herrschaft über den größten Teil Europas und Rußlands erringen, zur größten Macht Europas würde.) Doch seine Idee von »Europa« war die von einem deutsch beherrschten Europa. Als er 1940 seine eigene Version einer »europäischen« Monroedoktrin ausgab – »Europa den Europäern, Amerika den Amerikanern« –, sollte das die Amerikaner beeindrucken, sie aus dem Krieg heraushalten, sie davon abhalten, sich an der Seite Englands zu engagieren. Das erreichte er nicht. Als er dann sein großes Hasardspiel in Rußland zu verlieren begann, hielten er und Goebbels es für zweckmäßig, »Europa« anzupreisen und sich als dessen Verteidiger aufzuspielen. Nach Stalingrad rief Goebbels aus: »Das Abendland ist in Gefahr!« Andere vage Äußerungen über eine »Neue europäische Ordnung« tauchten auf. Etwa einen Monat vor der deutschen Kapitulation und vor seinem Selbstmord sagte Hitler: »Ich war Europas letzte Hoffnung.« (Irgendeines Europas. Irgendeine Hoffnung. Glaubte er selbst, was er sagte?) Noch heute gibt es Leute, die unter Hinweis auf ihre Waffenkameradschaft, zumeist in irgendeiner Formation der Waffen-SS (eine französische SS-Brigade »Charlemagne« kämpfte noch in den letzten Kriegstagen in den Straßen Berlins), von sich behaupten, sie hätten 1944 und 1945 gemeinsam »Europa« verteidigt. Freilich bedeutete das Europa der Nationalsozialisten verschiedener Länder nichts anderes als ihre verzweifelte Bereitschaft, sich in einem barbarischen Europa unter deutscher Herrschaft zu behaupten, in dem ihnen die militärische Macht Deutschlands ihre Stellung garantierte.

Churchill führte den Krieg nicht so sehr um des britischen Empire willen als vielmehr wegen Europas. Das mag überraschend klingen; es ist von Europäern, von Historikern, ja selbst von seinen Bewunderern nicht hinreichend verstanden worden, aber so war es. Churchill war von Anfang an, jedenfalls früher als irgend jemand sonst, überzeugt, daß Hitler eine tödliche Gefahr für Großbritannien darstellte – nicht, weil er es erobern wollte, sondern wegen seines Ziels, Europa zu erobern und zu beherrschen. Auch noch nach seinem phantastischen Sieg in Westeuropa wiederholte Hitler im Juli 1940 sein »Friedensangebot«: Großbritannien solle den Kampf gegen ihn einstellen; er werde das britische Empire nicht antasten. Churchill ließ sich nicht zu einer Antwort herab. Lieber hätte er Teile des Empire den Vereinigten Staaten übertragen, als mit Hitler Frieden zu schließen – das heißt, ihm die Herrschaft über Europa einzuräumen. Andere britische Politiker mögen erwogen haben, ernsthaft auf Hitlers Angebot einzugehen – nicht, weil sie mit Hitler oder dem Nationalsozialismus sympathisierten, sondern weil sie nicht die traditionsbewußte Wertschätzung Europas und der Stellung Englands innerhalb der europäischen Zivilisation teilten, die der Halbamerikaner Churchill besaß. In der Schlacht um England ging es also um das Überleben Englands und Europas. Während der schweren Kriegsjahre war London die Hauptstadt eines freien Europa, war es die Zufluchtsstätte ganzer Exilregierungen und der umgruppierten Überreste ihrer Armeen und Kriegsflotten. Es war die Zeit, in der freie Menschen in Europa lernten, sich auf die British Broadcasting Corporation zu verlassen, die Nachrichten – und Hoffnung – in allen europäischen Sprachen ausstrahlte und deren Sendungen mit einem symbolträchtigen, traditionellen Klang europäischer, ja deutscher Kultur begannen, dem ersten Takt von Beethovens Fünfter Symphonie. Nach dem Krieg war es wiederum Churchill, der in einer bemerkenswerten Rede in Zürich 1946 eine neue Art von europäischer Einheit vorschlug, deren Kern als eng miteinander verbundene Länder Frankreich und Deutschland bilden sollten.

Als Churchill 1951 wieder Premierminister wurde, stand ein eventueller politischer oder auch nur wirtschaftlicher

Anschluß Englands an europäische Organisationen nicht auf seinem Programm. Dreißig Jahre später stand der Toryismus Margaret Thatchers dem Mittelschicht-Toryismus Chamberlains näher als dem Konservativismus Churchills. Sie war stärker auf die Insellage Englands fixiert, als es Churchill gewesen war; sie drückte im großen und ganzen die Wünsche ihres Volkes aus, das mit einer europäischen Konföderation oder einer von den Vereinigten Staaten unabhängigen europäischen Armee nichts zu tun haben möchte. Falls die Briten zwischen »Europa« und den Vereinigten Staaten wählen müssen, werden sie, zumindest in der absehbaren Zukunft, den letzteren den Vorzug geben. Sie könnten sogar recht daran tun, wenn auch vielleicht aus anderen Gründen, als sie denken. Sie könnten recht haben, nicht weil die gegenwärtigen Projekte für ein vereintes Europa zu weitgehend sind, sondern weil sie nicht weit genug gehen. Die Projekte (und die dahinterstehenden Ideen) der Planer und der bürokratischen Führer in Brüssel sind antiquiert und locken niemanden hinter dem Ofen hervor. Was Männer wie die Herren Delors und Attali unter Europa verstehen, knüpft an das Denken des achtzehnten Jahrhunderts an, ist bestimmt von der Ökonomie und einem oft abstrakten Rationalismus, vom kartesianischen *esprit de la géométrie*. Sie (und außer ihnen leider viele Franzosen) verstehen nicht, daß das kartesianische Bild der Realität am Ende der Neuzeit überholt und oft unbrauchbar ist, daß es auf jeden Fall unbrauchbar ist, wenn es darum geht, ein neues Europa zu bauen.

Die ersten Konföderationsbemühungen wurden während des Krieges von Exilregierungen in London unternommen. Ein polnisch-tschechoslowakisches Abkommen in diesem Sinne wurde 1942 geschlossen. Es verlief im Sande, weil die Tschechen sich um Stalins Gunst bemühten – sie waren so opportunistisch, ihm zuliebe von den Polen abzurücken. 1944, kurz vor ihrer Rückkehr in ein befreites Westeuropa, schlossen die Regierungen Belgiens, der Niederlande und Luxemburgs das

Beneluxabkommen, das sie zu einer wirtschaftlichen Konföderation verband. Auch sie verschwand nach einigen Jahren und ging in der ersten Stufe des Gemeinsamen Marktes auf. 1950 wurde mit dem sogenannten Schumanplan der erste Schritt zu einer westeuropäischen Wirtschaftsgemeinschaft getan. »Westeuropäische Union«, »Europäisches Parlament«, »Gemeinsamer Markt«, »Europäische Wirtschaftsgemeinschaft«, »Europäische Freihandelsassoziation« – all das folgte in den nächsten zehn Jahren. Schließlich traten die Briten, die Iren, die Spanier, die Portugiesen und die Griechen diesen weitgehend wirtschaftlich orientierten Vereinigungen bei. Aus ihnen ergaben sich gewisse politische Konsequenzen, aber nicht viele. Es wurde viel über ein vereintes Europa geredet, das am 1. Januar 1992 entstehen sollte. Als ich im Oktober 1991 die erste Fassung dieses Kapitels schrieb, war vieles davon bedeutungslos geworden, und während ich jetzt, im April 1992, diese Endfassung schreibe, hat sich meine Skepsis leider bestätigt. Die Einschaltung europäischer Organisationen mit dem Ziel, den Bürgerkrieg in Jugoslawien zu beenden, ist immer wieder erfolglos geblieben – ein jämmerliches Versagen, das vielen Osteuropäern die Augen geöffnet und sie zu der Erkenntnis gebracht hat, daß »Europa« ein trügerisches Wort ist. Unterdessen ist es Deutschland und nicht »Europa«, das die Initiative (eine zweifelhafte Initiative) ergreift und die neuen osteuropäischen Zwergstaaten anerkennt und unterstützt. Noch vor einem Jahr sprach man in Paris und Bonn von einer kleinen »europäischen« Sicherheitsstreitkraft – auch davon ist nichts mehr zu hören, und nicht nur, weil die Briten dagegen sind. Bleibt das Problem der Nato. Die Nato und eine europäische Armee sind nicht miteinander zu vereinbaren. Die Deutschen waren emsig bemüht, die Differenzen zwischen der Nato und »Europa« zu übertünchen; bald werden sie sich nicht mehr darum kümmern.

Charles de Gaulle hat das fast als einziger schon vor dreißig Jahren verstanden. Er wußte, daß die Wirtschaft und die

Bürokratie der Politik und der Macht folgen, nicht umgekehrt. Aus einer »europäischen« Bürokratie in Brüssel, angenehm eingerichtet (und bezahlt), untergebracht in abscheulichen technokratischen Bauten (deren Stil und Form allein schon den veralteten Charakter eines nunmehr vergangenen Jahrhunderts verrät), wird kein Europa entstehen.

Die Geschichte wiederholt sich nicht, aber es gibt beunruhigende Parallelen zwischen der sinkenden politischen Autorität der europäischen Institutionen heute und jener des Völkerbundes etwa im Jahre 1935.

Doch, es gibt mehr und mehr »europäische« Institutionen, und einige funktionieren auch, zum Beispiel der erleichterte Verkehr von Waren und Personen über die durchlässiger werdenden Grenzen der westeuropäischen Staaten. Doch die Begeisterung für ein vereintes Europa und damit der reale Fortschritt auf dieses Ziel hin hat nicht zu-, sondern abgenommen, ist nicht stärker, sondern schwächer geworden. Am stärksten war der Wunsch nach einer westeuropäischen Union oder Einheit unmittelbar nach dem Krieg, besonders unter der Jugend. Doch dreißig, vierzig, fünfundvierzig Jahre später ist diese jugendliche Begeisterung zurückgegangen, wenn nicht gar völlig verschwunden. Die Gründe sind zahlreich und verwickelt. Zumindest einer davon ist offenkundig. Den wirtschaftlich-bürokratischen »europäischen« Institutionen fehlen ein einheitlicher Charakter und ein gemeinsames Ziel. Sie sind – was immer sie im Materiellen erreichen mögen – nicht nur weit von einer funktionierenden politischen Realität entfernt, sondern auch von einem bewußten (und damit historischen) Ideal.

Es besteht also eine Differenz zwischen der schrittweise erfolgenden Schaffung der wirtschaftlichen und bürokratischen Institutionen »Europas« auf der einen und dem Auf und Ab der Schaffung eines europäischen Bewußtseins auf der anderen Seite. Diese beiden Entwicklungen differierten nicht nur, sie waren sogar vielfach widersprüchlich.

Der Widerspruch (wenn er denn einer ist) beruht auf dem

Unterschied zwischen zwei Arten von Internationalismus. Eine – die weithin anerkannte und vorherrschende – Vorstellung von Internationalismus ist wirtschaftsbezogen und fortschrittlich, materialistisch und zugleich abstrakt. Sie ist abstrakt wegen der gängigen Bedeutung des Wortes »international«. Diese Bezeichnung ist falsch, weil die Institutionen und Beziehungen, auf die sie angewandt wird, nicht Nationen, sondern Staaten miteinander verbindet. »International« in diesem Sinne bedeutet nur »zwischenstaatlich«. Das ist nicht bloß eine sprachliche Ungenauigkeit. Die Beziehungen zwischen Staaten betreffen heute die Beziehungen zwischen ganzen Nationen, sie betreffen die Beziehungen zwischen ihren Regierungen, aber zugleich viel mehr. Der »Internationalismus« in dem Sinne, wie das Wort heute benutzt wird, ist eine Illusion. Die Marxisten haben das ebenso verkannt wie die Kapitalisten. Marx verkannte die große Anziehungskraft des Nationalismus im Zeitalter der Massen, seine Zugkraft bei den Arbeiterinnen und Arbeitern der einzelnen Nationen. Außerdem warf er Staat und Nation in einen Topf, betrachtete sie als synonym, was sie nicht sind. Die Kapitalisten stützen sich auf den abstrakten Mythos des *homo oeconomicus* und halten die zwischenstaatlichen Kapitalbewegungen fälschlich für eine entscheidende Realität; sie glauben, diese Dinge bestimmten das Alltagsleben und die Wünsche verschiedener Völker. Sie verkennen die Tatsache, daß – zumal im Zeitalter der Demokratie – die wirtschaftlichen Transaktionen, mehr noch, die materiellen Realitäten im Leben der Menschen von dem abhängen, was diese Menschen glauben und was sie denken.

Was für Europa verheerend war und noch immer verheerend ist, ist nicht die Existenz von verschiedenen Nationen, sondern die Existenz des Nationalismus. Für Europa besteht die wirkliche Alternative zum Nationalismus nicht in einem bürokratischen, materialistischen und abstrakten Internationalismus, sondern in jener Art von Internationalismus, die sich aus einem wachsenden gegenseitigen Verstehen (und folgerichtig einer wachsenden kulturellen Symbiose) seiner verschiedenen Nationen entwickelt. Hier verbirgt sich ein wichtiges Prinzip. Ein wesentliches Element des Nationalismus ist die Xenophobie, die Abneigung gegen Fremde und die Angst vor ihnen. Das angemessene und wünschenswerte Gegenteil der Xenophobie besteht jedoch nicht in einer unterschiedslosen Xenophilie, einer gedankenlosen und abstrakten Toleranz. Es besteht vielmehr in einer die bestehenden Unterschiede anerkennenden *Xenologie*, einem umfassenden und einfühlsamen Verstehen der anderen, der Fremden.

Vor sechzig Jahren, im Jahre 1933, gab es eine auf hohem Niveau geführte Auseinandersetzung zwischen diesen beiden Arten von Internationalismus. Der französische Intellektuelle Julien Benda wandte sich in einem berühmten Buch *(La Trahison des clercs)* schon gegen die Tatsache, daß es überhaupt unterschiedliche Nationalkulturen gibt. Der große niederländische Historiker Johan Huizinga antwortete Benda in einem scharfen Essay. Warum nicht die Harmonie eines potentiellen Europa, »in dem die verschiedenen Nationen weiterleben könnten«? »Warum dieses tiefe Mißtrauen gegen einen harmonischen Akkord? [...] Hat auch der Gedanke keine Nationalität, so doch die Ausdrucksweise.« (Es dürfte aufschlußreich sein, daß Huizinga den Hitlerismus vorhersah, Benda dagegen nicht.) Benda war ein oder hielt sich für einen Internationalisten, worunter er das genaue Gegenteil eines Nationalisten verstand. Doch das wahre Gegenteil eines Nationalisten war Huizinga, der sowohl ein niederländischer Patriot als auch ein wahrer Europäer war.

Huizinga hätte die Unterschiede zwischen dem amerikanischen und dem Schweizer Modell verstanden, hätte erkannt, daß das amerikanische Modell für Amerika und das Schweizer Modell für Europa taugt. Europäer sprechen und denken in verschiedenen Sprachen. Das wird noch lange so bleiben. Nicht nur die amerikanische Verfassung, sondern die gesamte Existenz der Vereinigten Staaten beruhte (und beruht wohl noch immer) auf der Tatsache, daß die überwiegende Mehrheit ihrer Einwohner Englisch sprachen und bis heute sprechen.

Es gibt einen weiteren Faktor: daß das amerikanische Konzept des Internationalismus im großen und ganzen das Wilsonsche war – abstrakt, legalistisch und mechanisch –, während das Schweizer Experiment organisch und historisch war.

Die Fahne ist das Symbol nicht einer Nation, sondern eines Staates. Es gibt keine europäische Nation (und wird sie auf lange Zeit hinaus nicht geben). Doch auch wenn die Existenz eines Volkes der Existenz eines Staates vorausgeht, muß doch von Anfang an die Idee von einer Art Staat und seinen Symbolen dasein. Die Frage einer europäischen Fahne ist deshalb mehr als eine ästhetische Angelegenheit. Die Fahne muß Symbol von etwas Besonderem sein. Die derzeitige Europafahne ist unzureichend. Sie unterscheidet sich nicht von der »Fahne« der Nato. Die zwölf in einem Kreis angeordneten Sterne sind nicht begeisternd. Sie werden wieder und wieder neu angeordnet werden müssen, falls und wenn andere europäische Staaten Mitglied der »Gemeinschaft« werden. Das Banner der Europabewegung der späten vierziger Jahre, ein grünes E auf weißem Feld, sagte mehr aus, war unverwechselbar und angemessen. Sein wesentliches Merkmal war ein Buchstabe, und die Kultur Europas ist nicht zu trennen von einer Kultur des Buchstabens.

Die Europaidee verlangt nicht nur die Verteidigung einer bestimmten Kultur, sie *beruht auf ihr*, und diese europäische Kultur ist nichts, wenn sie nicht in der Verteidigung einer bestimmten Vorstellung von der menschlichen Natur besteht. Deshalb muß die Zusammensetzung »Europas« bestimmte Nationen ein- und andere ausschließen: einschließen muß sie diejenigen, deren politische und staatliche Strukturen Ausdruck dieser Vorstellung von der menschlichen Natur sind, ausschließen diejenigen, wo das nicht – oder noch nicht – der Fall ist.*

Es ist aufschlußreich, daß der Wunsch – oft unausgegoren und nicht wirklich zu Ende gedacht; aber ist das nicht bei den meisten Wünschen der Fall? –, zu »Europa« zu gehören, am ausgeprägtesten bei einigen Intellektuellen der vor kurzem frei gewordenen osteuropäischen Völker ist. Das hat einen einfachen Grund. Diejenigen, die noch draußen sind, möchten dazugehören, während diejenigen, die schon dazugehören, von der Europaidee nicht mehr sonderlich angetan sind. Die letzteren nehmen die jetzt vorhandenen Institutionen »Europas« bestenfalls als eine Selbstverständlichkeit. Schlimmstenfalls wissen sie, daß ein »Europa« ohne Macht und ohne inspirierende Symbole nicht viel mehr ist eine Platitüde – eine umfassende Platitüde vielleicht; aber es ist eine Eigenschaft von Platitüden, so umfassend zu sein, daß sie banal sind.

Der Widerstreit zwischen den zwei deutschen Idealen, dem Ideal Goethes und dem Wagners, dem deutscher Zivilisation und dem deutscher Macht, dem des alten, aus vielen Kleinstaaten zusammengesetzten Deutschland und dem des Großdeutschen Reiches, war vielleicht einmal das große deutsche Problem. Aber die Geschichte sollte uns lehren, daß Probleme selten gelöst werden – man wächst vielmehr über sie hinaus. Möglicherweise sind diese einst verhängnisvollen Alternativen heute bedeutungslos geworden. Deutschland ist jetzt geeint und homogen, und es ist in mehr als einer Hinsicht ein Teil »Europas«. Europa muß jetzt all die Tugenden – ohne die Laster – eines aus Kleinstaaten zusammengesetzten Gebildes verkörpern. Vielleicht stehen wir am Beginn einer weltgeschichtlichen Entwicklung, die im einundzwanzigsten Jahrhundert dazu führt, daß Europa in der Welt im größeren Maßstab eine ähnliche Funktion ausübt wie die Schweiz

* Einer der Gründe, warum die gegenwärtige Tendenz zur voreiligen diplomatischen Anerkennung – die dann als moralische Anerkennung verstanden wird – der meisten nationalen Zwergstaaten kurzsichtig und unentschuldbar ist.

innerhalb Europas während der letzten hundert Jahre. Vielleicht steuern wir auf ein Zeitalter zu, in dem es große Kriege und große Revolutionen nicht mehr geben wird, dafür aber eine Fülle neuer, gravierender Probleme, darunter gespenstische Gefahren, die von der Technik ausgehen, und eine neue Spielart der Völkerwanderung – eine Zeit, in der Kultur und Tradition, Normen der Moral und des Anstands wichtiger werden als politische Macht, in der sie aus nur intellektuellen und geistigen zu greifbaren patriotischen Aktiva werden. Das liegt daran, daß – mag auch der äußere Anschein dagegen sprechen – die abstrakte (jawohl, die abstrakte) Philosophie des Materialismus am näher rückenden Ende der Neuzeit nicht mehr so gut funktioniert, wie es scheint oder wie es in der Vergangenheit der Fall war. Wir leben in einer Zeit der wachsenden Vergeistigung der Materie, des verstärkten Eindringens des Geistes in die Materie. Dessen – seiner Verheißungen wie seiner Gefahren – muß Europa (und Deutschland in seiner Mitte) sich besonders bewußt sein, und zugleich muß es ein Bewußtsein seiner überkommenen Vorzüge entwickeln, die es nicht nur zu bewahren, sondern auch darzustellen hat.

Im achtzehnten Jahrhundert hat es tatsächlich so etwas wie ein Europa gegeben – Zarin Katharina las in St. Petersburg Diderot und hatte ihn zu Gast, Friedrich der Große las in Potsdam Voltaire und hatte ihn zu Gast, und die diplomatischen Berichte selbst der englischen Botschafter waren nicht selten französisch abgefaßt. Aber das war nur ein aristokratisch-intellektuelles Gemisch führender Geister, und es war in Wahrheit mehr französisch als europäisch. Der Verfall des halbaristokratischen Europa zog sich bis 1914 hin, als, unberührt vom Fieber der siedenden und wogenden nationalistischen Leidenschaften ganzer Völker, einige aristokratische Botschafter fast die einzigen waren, die die schreckliche Tragödie erfaßten, die der nahende Weltkrieg mit sich brachte. Ihnen hat der konservative französische Historiker Henri Contamine ein schönes, eindrucksvolles Buch gewidmet, das 1953 unter dem Titel *L'Europe est derrière nous* (Europa ist hinter uns) erschien. Doch 1914 dachten die Franzosen und Französinnen nicht, daß sie »Europäer« sind, und ich bin mir nicht sicher, ob sie es heute denken.

Daß Engländer und Engländerinnen nicht denken, daß sie »europäisch« sind, ist natürlich. Vierhundert Jahre lang, während der gesamten Neuzeit, war der Ärmelkanal breiter als der Atlantik, und die Engländer haben mehr mit den Amerikanern gemein als mit ihren Nachbarn auf dem Kontinent. In mancher Hinsicht war auch der Atlantik ein entfremdendes Meer, doch die unruhigen Gewässer des Ärmelkanals waren es in noch höherem Maße. Das hat sich jetzt zu ändern begonnen, aber sehr, sehr langsam. General de Gaulle wußte das. Deshalb sprach er vor über dreißig Jahren, auf dem Höhepunkt des kalten Krieges, von einem Europa »vom Atlantik bis zum Ural«. Er sah ein Rußland voraus, das seiner nichtrussischen Völker und ihrer Länder beraubt sein würde. (Er hätte statt »Ural« »Kaukasus« sagen sollen. Er mag sich geographisch nicht klar ausgedrückt haben, aber es war klar, was er meinte: ein europäisches Rußland.) Er wußte, daß die Briten, vor die Wahl gestellt, noch auf viele Jahre hinaus nicht zugunsten einer Verbindung mit »Europa« entscheiden würden, wenn dies zu Lasten ihrer Verbindung mit den Vereinigten Staaten von Amerika ging.

Ich verstehe das, doch es könnte sein, daß die Briten zweimal ihre Chance verpaßt haben. In den 1770er Jahren verkannten und mißverstanden sie ihre amerikanischen Verwandten, wodurch sie die Gelegenheit verpaßten, ein neues, konföderiertes englischsprachiges Imperium zu schaffen. Statt dessen erwarben und errangen sie ausgedehnte imperiale Besitzungen in Asien und Afrika, aber das war nicht von Dauer. Ihre zweite Chance kam 1945, unmittelbar nach dem Zweiten Weltkrieg. Sie besaßen noch – vor allem in Europa und nur in Europa – ein solches Prestige, daß sie die Führung eines mehr oder weniger geeinten Westeuropa für ein Butterbrot hätten haben können. Doch irgendwie war es ihnen fremd, behagte es ihnen nicht. Ich will Clement Attlee oder

Margaret Thatcher keineswegs mit Lord North vergleichen. Ich hege sogar eine gewisse Sympathie für die Weigerung der Engländer, ihre Eigenarten und Freiheiten den Entscheidungen und Verordnungen unterzuordnen, die von einer Bürokratie in Brüssel zusammengeschustert werden. Von einem solchen Europa sollen sie sich von mir aus ruhig fernhalten. Europa und die Vereinigten Staaten brauchen ein unabhängiges England. Doch diese Unabhängigkeit darf nicht Gleichgültigkeit und kalte Teilnahmslosigkeit bedeuten, besonders nicht wegen der Vorgänge in Osteuropa und Rußland. Dort waren britische Präsenz und britischer Einfluß schwach. Aber dieser Einfluß – in jedem Sinne einer Präsenz: politisch, finanziell, wirtschaftlich, kulturell, intellektuell – ist dort aus vielen Gründen nötig, auch um dem deutschen Einfluß etwas entgegenzusetzen, kurzfristig und langfristig.

Es ist lachhaft, wenn man glaubt (und viele glauben das, auch der eine oder andere in Osteuropa), die Nato und eine eventuelle europäische Konföderation seien miteinander zu vereinbaren. Die Nato existierte nur, um der Gefahr zu begegnen, daß die Russen über den damaligen Eisernen Vorhang hinaus vorstoßen könnten. So zweifelhaft diese Eventualität auch gewesen sein mag – diesen Zweck hat die Nato im großen und ganzen erfüllt. Diese Gefahr ist jedoch verschwunden, und zwar seit langem (wenn sie überhaupt jemals real war). Die amerikanische Militärpräsenz in Europa muß folgerichtig zurückgehen, wenn sie nicht sogar gänzlich aufgegeben wird. Eine Nato ohne Amerika wäre jedoch nichts. Sie war ein amerikanisches Bündnissystem mit vielen Mängeln, das zum Glück nie ernsthaft auf die Probe gestellt wurde. (Ein Beispiel: Achesons Idee, Griechenland und die Türkei in die Nato einzubeziehen. Was hatten diese östlichen Länder mit dem Nordatlantik zu tun?) Wichtiger noch: Die Nato hatte zur Spaltung Europas beigetragen. Washingtons Ziel war, die russische und die kommunistische Herrschaft von Westeuropa fernzuhalten, nicht sie in Osteuropa in Frage zu stellen, jedenfalls nicht auf die Gefahr eines bewaffneten Konflikts hin. Das war schon in den fünfziger Jahren deutlich; es ging Hand in Hand mit der starren (und oft sorgsam versteckten) Ablehnung einer Ausweitung eines »bündnisfreien« Europa in der Mitte des Kontinents, also des beiderseitigen, russischen und amerikanischen Truppenabzugs von dort. Das ist es aber, was jetzt geschieht: Russen und Amerikaner ziehen sich aus Europa zurück, aus anderen Gründen als nach dem Ersten Weltkrieg, und es ist ein nicht unbedingt gleichzeitiger Rückzug, aber ein beiderseitiger Rückzug ist es dennoch.

Dieser amerikanische Rückzug wird von vielen in den Vereinigten Staaten und von einigen in West-, allerdings nicht in Osteuropa ungern gesehen. Ihre Gründe sind vielfältig. Sie reichen von unentschuldbarem Egoismus bis zu entschuldbaren Ängsten. Aber so wird es kommen.

Große offene Fragen – für Europa vielleicht mehr als für andere Kontinente – stecken in der sich jetzt abzeichnenden neuen Struktur der Geschichte. Was wird im einundzwanzigsten Jahrhundert von größter Bedeutung sein: die Konflikte von Klassen? Von Staaten? Von Nationen? Von Rassen? Mit anderen Worten: Revolutionen? Kriege? Stammeskriege? Massenwanderungen?

Es scheint tatsächlich, als sei die Zeit der großen Revolutionen und wohl auch die der großen Kriege zwischen Staaten vorüber. Wobei die letztere Entwicklung jünger ist als die erstere. In den letzten dreihundert Jahren waren – zumindest in der Geschichte West- und Osteuropas – Kriege und ihre Folgen wichtiger als Revolutionen und ihre Folgen.

Das Wort »Revolution« fand erst im achtzehnten Jahrhundert Eingang in die Politik. Jawohl, die wesentlichen Ereignisse dieses Jahrhunderts, des Zeitalters der Vernunft oder der Aufklärung, waren die drei großen westlichen Revolutionen, die die Bewegung zur Demokratie hin in Gang setzten: die sogenannte Glorreiche Revolution in England, die Amerikanische und dann die Französische Revolution. Ihre geistige und politische Nachwirkung war von langer Dauer. Doch ob sie die Klassenbeziehungen grundlegend verändert haben, kann man zumindest bezweifeln. War die demokratische Entwicklung Englands, Amerikas und Frankreichs langfristig nicht so gut wie unausweichlich?

Im achtzehnten und auch noch im neunzehnten Jahrhundert hat es in Westeuropa jedenfalls noch eine andere wichtige Realität gegeben. Das war die politische Geographie Westeuropas, die bei einem Blick auf die Landkarte in die Augen springt. Von 1689 bis 1789, während dieses Jahrhunderts der großen Revolutionen, hat sich an der Ausdehnung Frankreichs, Spaniens, Portugals und der Niederlande und an ihren Grenzen kaum etwas geändert.

Doch in Osteuropa war das Gegenteil der Fall. Die Ideen und die Konsequenzen der westeuropäischen und amerikanischen Revolutionen waren kaum dorthin durchgedrungen. Dennoch vollzog sich in der politischen Ordnung Osteuropas, auf der Landkarte, eine gewaltige Revolution. Im Jahre 1700 waren Schweden, Polen und die Türkei die größten Staaten, die Hauptmächte in Osteuropa. Bis zum Jahre 1800 (bestimmt aber bis zum Jahre 1815) waren Rußland, Preußen und Österreich an ihre Stelle getreten. Schweden war gezwungen worden, sich auf das westliche Ufer der Ostsee zurückzuziehen; es wurde so etwas wie ein Königreich mittlerer Größe. Die Türkei war auf den Balkan zurückgedrängt worden, entwickelte sich zu dem, wie man sie bald nennen sollte, »kranken Mann Europas«. Polen verschwand völlig von der Landkarte, aufgeteilt zwischen Rußland, Preußen und Österreich. Das war eine Revolution der politischen Geographie Europas, die für die Zukunft von immenser Bedeutung war.

Man kann durchaus die Meinung vertreten, daß der Aufstieg Preußens und Rußlands seinerzeit für die Zukunft Europas mindestens so bedeutend, wenn nicht noch bedeutender war als die Französische Revolution. Es zeigte sich, daß die drei großen Wogen europäischer Revolutionen während des neunzehnten Jahrhunderts – die der Jahre 1820, 1830 und 1848, von denen die letztere für einen kurzen Moment den ganzen Kontinent zu erfassen schien – nicht so bedeutend waren wie die Schaffung eines geeinten Italien und vor allem eines geeinten Deutschland. Letztere griff in den 1860er Jahren entscheidend in die Landkarte Europas ein und führte in der Tat zum Ersten Weltkrieg.

Nach 1848 waren Kriege entscheidender als Revolutionen – und in unserem kurzen zwanzigsten Jahrhundert ebenfalls: Seine beiden großen Kriege waren weitaus bedeutender als jede Revolution, einschließlich der russischen kommunistischen Revolution, deren zentrale Bedeutung und Konsequenz nicht der Kommunismus war, sondern Rußlands politischer und kultureller Rückzug aus Europa nach dem Ersten Weltkrieg und sein – allerdings nur auf militärischer Macht beruhendes – Wiedererscheinen in Osteuropa während des Zweiten.

Dennoch hatte der ein demokratisches Zeitalter einleitende Wandel im Gefüge der Geschichte bereits zwei Jahrhunderte zuvor seine Auswirkungen in der Staatskunst gehabt. Die am Ende des achtzehnten Jahrhunderts erfolgten Teilungen Polens waren verfügt und durchgeführt worden von Herrschern und ihren Kabinetten, in denen Staatsmänner saßen, denen die Masse der polnischen Bauern ebenso gleichgültig war, wie den Bauern damals noch weitgehend gleichgültig war, wer ihre fernen Könige und Königinnen waren. Gleichwohl trat ein Wandel ein. Ein unabhängiger polnischer Staat war praktisch von der Landkarte verschwunden, doch die polnische Nation blieb erhalten, und wenn sie – so tröstete Talleyrand die Polen in Wien – mit ihrer Sprache, Religion und Kultur ihr nationales Bewußtsein wahren sollte, werde Polen dereinst wieder zur Staatlichkeit gelangen. Das trat 1918 ein, als die Bedingungen dafür herangereift waren, weil Rußland und Deutschland geschlagen und auf dem Rückzug waren.

1939 schritten Hitler und Stalin dann erneut zur Teilung Polens. Diese sollte aber nicht von Dauer sein, und nicht nur deshalb, weil Hitler geschlagen wurde. Nicht einmal Stalin wagte es, Polen der Sowjetunion einzuverleiben. Er begnügte sich damit, es zu einem kommunistischen Satellitenstaat zu machen, der die Symbole und gewisse Restbestände polnischer Souveränität behielt. Zwei Jahrhunderte konnte man den alten polnischen Staat verschwinden lassen, doch ein Nationalstaat konnte nicht mehr gänzlich verschwinden.

Das Gegenteil davon trifft gleichfalls zu. England und Frankreich erklärten Deutschland 1939 den Krieg, weil Deutschland in Polen eingefallen war. Sie wollten oder konnten nichts tun, um den Polen gegen die rasche Unterwerfung durch die Deutschen und die anschließende Teilung durch Hitler und Stalin beizustehen. Sechs Jahre später hatten die westlichen Demokratien den Krieg gewonnen. Hitler war verschwunden. Wieder konnten oder wollten sie wenig tun, um Stalin davon abzuhalten, mit Polen nach Gutdünken zu verfahren. Doch ein polnischer Staat blieb erhalten. Dreißig bis fünfunddreißig Jahre später begann er, den Kommunismus und seine Abhängigkeit von der Sowjetunion abzuschütteln, und nochmals neun Jahre später war er beides los.

1991, zwei Jahre danach, sind einige der Eigenarten und traditionellen Schwächen der polnischen Politik – jener Schwächen, die zweihundert Jahre zuvor dazu beigetragen hatten, daß Polen so leicht von seinen Nachbarn geteilt werden konnte – erneut zutage getreten. Der Held Wałesa weist gewisse Kennzeichen eines Piłsudski aus der Arbeiterklasse auf. Es herrschen Unordnung, Korruption, Mißwirtschaft, die Parteien zerfleischen sich, unfähig, sich in wesentlichen nationalen Fragen zu einigen. Die Russen haben sich zurückgezogen; die Deutschen haben feierlich die Existenz von polnischen Grenzen anerkannt, durch die riesige Gebiete, die jahrhundertelang zu Deutschland gehörten, Polen einverleibt werden. Doch ungeachtet dessen, was ihre Regierungen anerkannt haben mögen – eine sonderliche Zuneigung für die Polen empfinden weder die Russen noch die Deutschen. Polen steht wieder allein, ohne machtvolle Bundesgenossen, und auf militärische Rückendeckung im Westen, sei es Englands oder Frankreichs, kann es gewiß nicht rechnen. Eine erneute Teilung Polens zwischen Deutschland und Rußland ist derzeit undenkbar (wobei man aber gelegentlich über das »Undenkbare« nachdenken sollte). Die Struktur der Geschichte hat sich geändert, weil Nationen ebenso wichtig, vielleicht sogar noch wichtiger geworden sind als Staaten.

Vor zweihundert Jahren begann der nationale Inhalt den Rahmen von Staaten auszufüllen. Das war gut und schlecht zugleich – gut wegen der Entwicklung der Demokratie und des Bewußtseins, schlecht, weil es zu Haß und brutalen Kriegen führte, in denen ganze Nationen übereinander herfielen. Jetzt hat der nationale Inhalt hier und da begonnen, diesen Rahmen zu sprengen – nicht nur in Jugoslawien und der Tschechoslowakei, sondern möglicherweise auch in Kanada. (Nicht in der Schweiz, deren Völker eher Schweizerdeutsche als Deutschschweizer, eher Schweizerfranzosen als Frankoschweizer, eher Schweizeritaliener als Italoschweizer sind. Aber dazu hat es lange gebraucht, und vielleicht war es einzigartig und wird einzigartig bleiben – es sei denn, daß Europa daraus lernt.)

Am Ende des zwanzigsten Jahrhunderts kann Frankreich – erstmals in vier Jahrhunderten – keinen Verbündeten gegen eine überragende deutsche Macht finden, jedenfalls nicht im Osten. Im siebzehnten Jahrhundert hatten seine katholischen Könige und königlich-katholischen Staatsmänner keine Bedenken, den ungläubigen Türken gegen die Habsburger beizustehen. Vor dem und während des Ersten Weltkriegs war das republikanische Frankreich mit dem zaristischen Rußland gegen Deutschland verbündet. Nach dem Ersten Weltkrieg schloß es Bündnisse mit einer bunten Schar neuer osteuropäischer Staaten, darunter Polen; nach Hitlers

Machtergreifung schloß Frankreich ein militärisches Abkommen mit Sowjetrußland. Nachdem das Dritte Reich erstarkt war, ließen die meisten Verbündeten Frankreichs, auch das Rußland Stalins, es im Stich und stellten sich lieber freundlich gegenüber Deutschland. 1944 versuchte de Gaulle, das französisch-russische Bündnis wiederzubeleben. Der kalte Krieg ließ dieses Bemühen sinnlos werden. Um einer amerikanischen Vorherrschaft und einer zeitweilig möglich erscheinenden amerikanisch-deutschen Allianz entgegenzuwirken, strebten die Franzosen, de Gaulle eingeschlossen, daraufhin eine Allianz mit Westdeutschland an, in der Hoffnung, diese werde den Charakter einer Allianz von Ebenbürtigen annehmen. Nachdem Ende 1989 die Berliner Mauer gefallen war, machte Präsident Mitterrand ein paar schwache Gesten und Äußerungen in der Hoffnung, die vollständige Wiedervereinigung Ost- und Westdeutschlands zu verhindern. Diese Illusion zerstob alsbald. Das deutsche Nationalgefühl war eine Realität, die stärker war als jeder diplomatische Schritt des Elysee oder des Quai d'Orsay.

Französische Regierungen denken im zwanzigsten Jahrhundert noch immer in Kategorien von Staaten. Die Franzosen haben Schwierigkeiten, die Postmoderne zu akzeptieren. Die Neuzeit oder Moderne war weitgehend ein französisches Zeitalter, und nicht nur in kultureller Hinsicht. De Gaulle hatte das begriffen.* Er war ein einsames Genie. Er wußte auch, daß der Zweite Weltkrieg zwar eine Fortsetzung des Ersten war, aber auch mehr als das. 1940 war für Frankreich eine Katastrophe, von der sich die Franzosen noch nicht erholt haben. De Gaulle richtete den französischen Staat wieder auf, was keine geringe oder leichte Sache war. Doch 1940 stellte eine tiefe Verletzung dar – nicht nur militärisch

* Sein Denken und sein Wesen knüpften an das französische siebzehnte Jahrhundert an, nicht an das achtzehnte. Er war kein Talleyrand (und kein Clemenceau); bei aller Schärfe seines Witzes gab es nicht einen Hauch von Voltaire (geschweige denn Rousseau) bei de Gaulle, dessen Geist (und Prosa) an Corneille und Racine gemahnten.

oder politisch, sondern auch kulturell und mental. Nach 1815 hatte das intellektuelle, künstlerische, kulturelle, individualistische Selbstbewußtsein der Franzosen die Niederlage Napoleons überlebt. 1945 gelang es de Gaulle, den französischen Staat unter die Sieger einzureihen, doch die tiefe, vielfach verborgene Verletzung des französischen Selbstbewußtseins war nach dem Schock von 1940 nicht geheilt – und ist es bis heute nicht.

1940 wurde die Einheit Frankreichs zerschlagen, und zwar vernichtend. Schon in der Vergangenheit war diese Einheit immer wieder zeitweilig zerbrochen worden, durch soziale Fehden, interne politische Streitigkeiten, Revolutionen – doch was 1940 geschah, war etwas anderes, und es ging vielleicht tiefer. Das Nationalgefühl selbst war gebrochen. Anzeichen davon hatte es schon vor der schmählichen Demütigung im Juni 1940 gegeben. Die Verfechter eines Waffenstillstands, die Pétainisten und ihr Anhang, standen schon vor dem Juni 1940 bereit (und waren im Parlament aktiv) – und ich denke hier nicht nur an die kleinen Zirkel französischer Faschisten oder an Laval. So unterschiedliche Männer wie de Monzie, Montigny, Bergéry, Flandin, Fabre-Luce, Baudouin, Martin du Gard, Meaulnier, Montherlant, Morand, Leute, die in ihren eleganten englischen Anzügen zu *tout Paris* zählten, waren keine Fanatiker und keine Revolutionäre: sie waren gesittete Großbürger und Intellektuelle. Sie waren gegen den Krieg, sie waren dagegen, Hitler Widerstand zu leisten, gegen eine Allianz mit den Briten. Sie waren bereit, ein Frankreich hinzunehmen, in einem Frankreich zu leben, als Franzosen in einem Europa zu leben, in dem Hitlerdeutschland dominierte und regierte. Sie hielten sich für französische Patrioten, und in einem gewissen Sinne waren sie es auch; was sie bewegte – und das ganze Volk bewegte –, war die Erinnerung an den ungeheuren Blutzoll, den Frankreich zwanzig Jahre zuvor gezahlt hatte. Doch selbst der defensivste, friedfertigste Patriot, dem die Gefahren, die der Krieg für sein Land mit sich bringt, Sorgen bereiten, sollte es sich zweimal überlegen (und die Franzosen denken nicht gern zweimal nach, nachdem sie sich von der Logik ihrer Ideen überzeugt haben), ob der Friede um den Preis erkauft werden darf, daß eine große Nation in eine Machtlosigkeit versinkt, die sie dazu verurteilt, sich in verächtlicher Weise den Wünschen ihres mächtigen Nachbarn zu fügen – eines Erbfeindes, der nicht nur von der Gleichgültigkeit Frankreichs gegenüber dem Rest Europas (also praktisch dessen Preisgabe) profitieren würde, sondern obendrein nichts als Verachtung übrig haben würde für eine Nation, deren Selbstsucht nichts anderes ist als der kurzsichtige Egoismus der Feigheit, gleichbedeutend mit der Aufgabe der Selbstverteidigung auf Kosten der Ehre.*

Neben den Pétainisten und gesondert von ihnen gab es die echten französischen Revolutionäre, Intellektuelle, die Deutschland und Hitler bewunderten – wiederum eine vielfältige Schar brillanter, kämpferischer Geister wie Brasillach, Béraud, Drieu, Céline. Auch sie gehörten zu den Nutznießern der Meinungsfreiheit und der Toleranz unter der Dritten Republik. Sie hielten sich für die wahren Nationalisten, doch knüpften sie ihre Hoffnungen an den Sieg Deutschlands, und zwar nicht nur im Jahre 1940 – während der Ardennenschlacht 1944 hofften sie, daß die Deutschen zurückkehren und die Befreiung Frankreichs vereiteln würden. Brasillach schrieb im Gefängnis: »Wir schliefen mit den Deutschen, und – geben wir es zu – es gefiel uns.« Meinte er mit dem »wir« die deutschfreundlichen Kollaborateure oder das französische Volk insgesamt? Ich kann das nicht entscheiden, aber ich kann nicht ausschließen, daß er beides gemeint haben könnte; in diesem Fall hätte der couragierte Hasser mit einer letzten boshaften Bemerkung sein eigenes Volk zu peinigen versucht.

* Während diese französischen »Konservativen« den politischen und parlamentarischen Sumpf der Dritten Republik – nicht ohne Grund – verachteten, lehnten sie 1939 einen Krieg ab, der die Fortdauer des korrupten süßen Lebens, dessen Nutznießer sie waren, gefährden würde.

Auf jeden Fall hatten diese französischen Radikalen begriffen, daß die Zeit der Aufklärung vorüber war. Sie vertraten einen französischen Radikalpopulismus, den in der Gegenwart Le Pen vertritt.

Die Franzosen haben im Grunde ihren Platz im zwanzigsten Jahrhundert nicht gefunden. Möglich, daß sie mit Debussy, Ravel, Poulenc und Duruflé in der Musik den Riesenvorsprung der Deutschen im neunzehnten Jahrhundert aufgeholt haben, doch einen erstrangigen Maler haben sie nach dem Ersten Weltkrieg nicht hervorgebracht, und die moderne Architektur Frankreichs schneidet in Westeuropa ganz schlecht ab. Tatsächlich ist vieles von dem, was Speer entworfen hat, besser als beispielsweise Le Corbusier. Was nach dem Abtreten de Gaulles in Paris gebaut wurde – das Pompidou-Beaubourg, die neue Bastille Opéra, die Monstrosität von La Défense, die Pyramide im Louvre –, ist teils lachhaft, teils entsetzlich.

Wenn Paris trotzdem schön ist, dann deshalb, weil es eine der wenigen europäischen Hauptstädte ist, deren gebaute Landschaft sich seit etwa 1910 kaum geändert hat. Was dort an Altem restauriert wird, ist schön – es ist nicht bloß antiquarisch, es ist phantasievoll. Die Franzosen können nämlich auf ein großes geistiges, intellektuelles und künstlerisches Kapital zurückgreifen, das noch längst nicht erschöpft ist, und wenn sie es intelligent nutzen, wirft es immer noch Zinsen ab. Was völlig erschöpft ist, ist ihr geistiges Kapital aus dem achtzehnten Jahrhundert, aus einem atheistischen oder agnostischen Zeitalter der Vernunft. Deshalb die außergewöhnlichen Schöpfungen französischer religiöser Schriftsteller in diesem Jahrhundert, von so unterschiedlichen Autoren wie Péguy, Simone Weil, Bernanos.

Die Franzosen sind ein konservatives Volk, manchmal im besten, manchmal im schlimmsten Sinne von »konservativ«. Sie sind auch sehr bürgerlich, im besten und im schlimmsten Sinne – wobei der beste sich hoffentlich auf die Dauer durchsetzt. Im zwanzigsten Jahrhundert haben sie ihr inneres Gleichgewicht verloren. Sie werden, denke ich, ein neues Gleichgewicht finden, wenn ihre besten Köpfe wissen, wenn sie gelernt haben werden, wo ihre wahren Stärken liegen. Das neunzehnte und das frühe zwanzigste Jahrhundert war die Zeit der großen Konsolidierung der Völker Europas. Während die nationale Bevölkerung der jeweiligen Länder den großen Rahmen des alten Regimes der Staaten auszufüllen begann, gab es trotz der Entwicklung von Verkehr und Kommunikation, trotz der vertikalen und horizontalen sozialen Mobilität kaum eine Wanderung zwischen den Ländern Europas. Die stärkste Wanderung vollzog sich innerhalb der Staaten, vom Land in die Stadt. (Vor 1800 lebten viele Menschen in Europa noch immer in einem Umkreis von weniger als fünfzig Kilometern um den Wohnort ihrer direkten Vorfahren.) Zwischen 1820 und 1920 sind an die sechzig Millionen Menschen aus Europa und von den Britischen Inseln in andere Kontinente ausgewandert, doch kaum jemand ist, ich betone es nochmals, aus einem europäischen Land in ein anderes gezogen. (Die einzige nennenswerte Ausnahme bilden die Juden, von denen im Jahre 1820 etwa neunzig Prozent im damaligen Russischen Reich lebten; in den folgenden hundert Jahren zogen sie zu Millionen westwärts.)

Mit dem Ende des Zweiten Weltkriegs begann eine andere große Wanderung, die einige Jahre anhielt. Viele Millionen Deutsche zogen teils als Flüchtlinge, teils als Vertriebene in das, was von Deutschland geblieben war. Hinzu kamen ein bis zwei Millionen Verschleppte, sogenannte *displaced persons* aus anderen Ländern, die größtenteils nach einigen Jahren in andere Erdteile auswanderten. Diejenigen, die blieben, gingen ebenso wie die deutschen Flüchtlinge in der Gesellschaft der Bundesrepublik auf. Zehn, fünfzehn Jahre nach dem Krieg trat ein neues Phänomen auf, die »Gastarbeiter«. Westeuropa, vor allem Westdeutschland, benötigte billige Arbeitskräfte. Man gratulierte sich zu seiner liberalen Einwanderungspolitik, während die Grenzen in Westeuropa immer durchlässiger und uneindeutiger wurden. Am Ende des zwanzigsten Jahrhunderts ist das Pendel zurückgeschwungen. Die potentiellen Folgen sind tiefgreifend und noch nicht absehbar. Die Völker Europas sind beunruhigt über die immer bedenklicheren Anzeichen einer neuen Völkerwanderung aus dem Osten und dem Süden. Das hat nicht nur mit Fremdenfeindlichkeit zu tun. Als vor fünfhundert Jahren die Neuzeit begann, schwand in Europa allmählich die (seit über tausend Jahren ständig wiederkehrende) Gefahr einer Invasion von außen. Am Ende der Neuzeit taucht diese Möglichkeit, wenn auch in anderen Formen, wieder auf.

Eines steht fest. Seit längerem ist die absolute Souveränität von Staaten, auch von Nationalstaaten, auf dem Rückzug. Doch ohne irgendeine Form der Kontrolle über seine geographischen Grenzen kann kein Staat existieren. »Europa« könnte in eine neue Phase seiner Geschichte eingetreten sein, nachdem die Hauptgefahr nicht länger in großen Kriegen zwischen seinen Nationalstaaten besteht, sondern in einer (bewaffneten, unbewaffneten oder halbbewaffneten) Invasion von außen. Während die Grenzen zwischen den Mitgliedsstaaten der »Europäischen Wirtschaftsgemeinschaft« sich aufgelöst haben, wird ein Staat nach dem anderen (einige haben schon damit begonnen) die Kontrolle seiner Grenzen verschärfen und die Einwanderung beschränken müssen. Doch was geschieht, wenn ein Staat die Einwanderung beschränkt, ein Nachbarstaat aber nicht? Und was wird geschehen, wenn ein Staat – eine Möglichkeit, die glücklicherweise im ungewissen bleibt – nach und nach oder schlagartig eine steigende Flut von Migranten nicht mehr aufzuhalten vermag?

Ohne eine gesamteuropäische Einwanderungspolitik, die notfalls auch physisch durchgesetzt wird, kann und wird es kein »Europa« geben, das diesen Namen verdient. Jede Realität, jede »Tatsache« dieser Welt verdankt ihre Bedeutung allein dem Kontrast zu anderen Tatsachen. Falls es so etwas wie »Europa« gibt, muß es sich von jedem Teil dieser Welt, der nicht Europa ist, unterscheiden. Das schließt auch die Vereinigten Staaten ein, und es bezieht sich nicht nur auf die Einwanderung von Menschen, sondern auch auf die Einfuhr von Gütern – nicht nur von materiellen Gütern, sondern auch von immateriellen, geistigen. (Ein Beispiel: Was geschieht, wenn ein Mitgliedsstaat der Europäischen Gemeinschaft beschließt, die Pornographie übelster Sorte zu verbieten, ein anderer aber nicht, während es weder Grenzen noch Handelskontrollen gibt?) Machen wir uns über diese »europäischen« Institutionen keine Illusionen, jedenfalls noch nicht.

Wir sollten »Europa« nicht idealisieren. Der Papst warnt die Jugend West- und Osteuropas vor einer kritiklosen Nachahmung »des Westens«, vor hemmungsloser Habgier, Materialismus, Vergötzung des Konsums, sexueller Zügellosigkeit, Abtreibungen, Pornographie. Er hat recht. Vor zwei Generationen sagte Belloc: »Europa, das ist der Glaube.« Das stimmte damals nicht, und es stimmt heute nicht. Europa ist nicht mehr christlich. (Wir sollten auch in dieser Hinsicht nichts idealisieren: Es ist in gewisser Weise nie richtig christlich gewesen.) Man muß sich sogar fragen, ob die Nationen Europas nicht weniger christlich geworden sind als einige Nationen Nord- und Südamerikas und vielleicht sogar Afrikas. Es war Waugh, nicht Belloc, ein Romancier, nicht ein Publizist, der 1932 den Nagel auf den Kopf traf: »Ich bin mir vollkommen sicher, daß ich, falls ich so lange leben sollte wie Sie, Sir, noch den Beginn eines umfassenden Zurückflutens der weißen Rassen in aller Welt erleben werde – einen Rückzug der Legionen, um das zu verteidigen, was an europäischen Normen, an europäischen Grundlagen bleibt. Darüber, wieviel zu verteidigen bleiben wird, bin ich mir nicht so sicher.«*

* Gespräch in der BBC, zitiert in: Martin Stannard: *Evelyn Waugh: The Early Years, 1903–1929,* New York 1987, S. 294.

In mancher Hinsicht – auf einer Ebene – wird die Welt enger, kleiner, gleichförmiger. Aber das gilt nur für die Bewegungen von Materialien und Bildern, den kurzlebigen Verkehr von vergänglicher Materie und Geld und Bildern und Tönen. (Geldbewegungen sind Abstraktionen, ganz und gar abhängig vom Vertrauen der Menschen in die Prozesse derartiger Transaktionen.) Derweil geschieht in der Welt und in Europa etwas ganz anderes. Die Leitideen eines Menschheitsparlaments, des Völkerbunds, der Vereinten Nationen, der Europäischen Wirtschaftsgemeinschaft, des Europarats usw. sind antiquiert. Vor fünfzig Jahren erklärten so unterschiedliche Männer wie Molotow, Wendell Wilkie und E. H. Carr, das Zeitalter der Kleinstaaten sei vorüber, dieses Jahrhundert bringe die Zusammenballung immer größerer Einheiten und Organisationen, gleich, ob unter der Ägide einiger Supermächte oder nicht. Doch heute lösen sich Jugoslawien und möglicherweise die Tschechoslowakei und die Sowjetunion auf (von den »Unabhängigkeits«bewegungen der Basken, Katalanen, Flamen, Wallonen und Korsen ganz zu schweigen). Ihr Hauptantrieb ist natürlich ein Stammesnationalismus. Doch zugleich erkennt man auch, daß Großeinheiten weder effizient sind noch wirklich demokratisch, also selbstverwaltet.

Jugoslawien ist ein entscheidendes Beispiel. Die »Europäische Gemeinschaft« hat weder den Willen noch die Fähigkeit bewiesen, dort zu intervenieren, geschweige denn die Energie und die Autorität, eine Lösung zu erzwingen. Wegen solcher Beispiele schwindet der Respekt vor dem Brüsseler Europa vielleicht noch schneller dahin als vor dem Zweiten Weltkrieg der Respekt vor dem Völkerbund. Auch dieser Respekt war in der Glut machtvoller Nationalismen dahingeschmolzen. Doch die gegenwärtigen Stammesnationalismen sind nicht ganz dasselbe wie die vor zwei Generationen. Der Nationalismus wird nicht für immer die Haupttriebkraft in Europa bleiben. Gewiß, gegenwärtig sind die Gefühle eines »Europäertums« unzureichend für die Bildung eines geeinten

Europa. Die Darstellung dieser Idee durch bürokratische Institutionen ist unzureichend. Doch *unzureichend* heißt nicht, daß sie *nicht vorhanden* wäre. Irgendwann im einundzwanzigsten Jahrhundert wird eine neue Erkenntnis dessen erwachsen, was Europa ist oder sein sollte – dessen, was es bedeutet oder bedeuten sollte, Europäer zu sein.

April 1991. *Der Zwiespalt Europas.*

Die entstellte Lombardei. *Auf der Fahrt von Como nach Bergamo erkenne ich, wie stark die sanfte lombardische Landschaft jetzt gefährdet ist durch erstarrte Beton- und Zementmassen, riesige Fabrikgebäude, riesige Wohngebäude, im Stil eher amerikanisch als französisch (was bedeutet, daß sie nicht ganz so häßlich sind wie moderne französische Gebäude, aber fast), riesige Zementpylonen, riesige Lastwagen, die ihre Abgase in die Luft speien. Nur hier und da sieht man noch die älteren, gelb verputzten lombardischen Bauten. Die Hügel in der Ferne mit den Dorfkirchen und den Räderglocken in den Campanile sind noch immer schön. Aber sie sind auf dem Rückzug. Norditalien prosperiert, Mailand ist teuer und reich, aber auch dort schwindet das städtische und urbane Leben dahin. Das Zentrum Mailands ist nachts zum größten Teil erschreckend leer. Die wohlhabenden Mailänder sind zunehmend aus der Stadt fortgezogen, sie leben in ihren ländlichen Villen vor der Stadt, hinter hohen, mit elektrischen Alarmsystemen versehenen schmiedeeisernen Toren.*

Man sieht, anders als vor dreißig und noch vor zwanzig Jahren, keine kommunistischen Plakate. Dafür sieht man Plakate der neuen Partei, der Lega Lombarda, deren historische Ursprünge aufs zwölfte (richtig, das zwölfte) Jahrhundert zurückgehen. Sie ist mittlerweile zu einer starken, zugkräftigen Partei geworden, die von intelligenten Leuten geführt wird. Sie möchten Ausländer, Araber, selbst Süditaliener (Neapolitaner, Kalabresen, Sizilianer) vom Norden fernhalten. Sie sind gegen die zentralistische, ineffiziente, korrupte römische Verwaltung. Sie verlangen Selbstverwaltung. Wir sind anders, sagen sie. Angenommen, sie setzen sich durch: Werden die Industriellen von der Lega Lombarda dann andere Wohnhäuser und Fabriken bauen? Simone Weil: »Nichts kann ein Ziel haben, das nicht sein Ursprung ist. Die entgegengesetzte Idee, die Idee des Fortschritts – Gift.«

Am Comer See. *Wohlstand und Schönheit. Noch hat jener diese nicht entstellt. Der zurückhaltende Luxus der Privatvillen über dem See, auf ihren winzigen Grundstücken, jedes eine Parzelle für sich. Die Preise, die Lage, davon kann man heute nur noch träumen. Vor vierzig Jahren konnte sich nicht einer unter hunderttausend Italienern eine Penthousewohnung an der New Yorker East Side leisten. Heute kann sich nicht einer unter Millionen Amerikanern eine restaurierte Villa im Stil der Jahrhundertwende über dem Comer See leisten.*

Isola Comecina. *Die einzige Insel in diesem tiefen See. Sie ist unbewohnt. Nur zweimal täglich legt ein Boot an. Wir umwandern die Ruinen zweier kleiner Kirchen, vor achthundert Jahren von einem eifersüchtigen Bischof von Como (und angeblich von Barbarossa) zerstört. Am Ufer ein einfaches Gasthaus. Wir zwei sind die einzigen, die sich zum Mittagessen auf der Terrasse niederlassen. Gerade landet ein Ausflugsboot mit hundert Geschäftsmännern und -frauen, Amerikaner, Kanadier, Franzosen. Jetzt sehen wir, wie sich hinter uns ein großer Speisesaal öffnet. Der Kellner setzt ein lombardisches Barett auf, hält große Reden über die Geschichte der Insel, während er den Kaffee mit einem dünnen Strahl Grappa flambiert, den er elegant in eine große Kaffeekanne fließen läßt. Beim Hinausgehen entdecke ich an den Wänden des Vorraums fünfzig gerahmte Fotos, signiert von Leuten, die hier gegessen haben: Sylvester Stallone, Arnold Schwarzenegger, Henry Kissinger, Elizabeth Taylor, Oscar de la Renta.*

Wir lachen. Wir hatten uns dazu gratuliert, ein so entlegenes Plätzchen wie dieses entdeckt zu haben, keine gewöhnlichen Touristen zu sein.

Doch nach dem Abendessen mache ich einen kleinen Spaziergang, gut anderthalbtausend Meter oberhalb von Cernobbio. Der Dorffriedhof ist von einer niedrigen Mauer umgeben. Das kleine eiserne Tor ist unverschlossen. Heute ist jemand beerdigt worden. Hier und da flackern auf den Gräbern kleine Lichter, eines hinter einem hohen Hügel aufeinandergetürmter Kränze und Blumen. Dort sehe ich im Schatten ein junges Mädchen stehen, die Schultern und den Kopf gebeugt. Sie weint leise vor sich hin. Sie ist abends nach der Beerdigung an dieses Grab zurückgekehrt. Es ist ein dunkler, samtiger Frühlingsabend, eine stille Verschmelzung von Tag und Nacht. An der Rückseite des Hügels, unterhalb des Friedhofs, sehe ich die Lichter der hundert Häuser von Cernobbio. Dieser Friedhof ist nicht weit von dort entfernt, ist kein toter Ort des Vergangenen, dessen, was für immer dahin ist. Er ist nicht verlassen, nicht leblos. Er ist ein Stück Land, das mit dem sanften, langsamen Pulsschlag des Lebens atmet, mit der traurigen unsterblichen Musik der Menschheit, mit der alten Welt von Cernobbio, Como, Italien, Europa – er atmet jene begrenzte Unsterblichkeit, die bestimmte Menschen bestimmten Orten verleihen können, an denen sie und ihre Vorfahren gelebt haben. Begrenzte Unsterblichkeit, begrenzt, aber dennoch unsterblich, und kein Widerspruch in sich.

Unsterbliches sterbliches Europa. Wo spüre ich (genauer, wo bin ich mir des Gefühls am stärksten bewußt), daß ich wirklich in Europa bin? Im Kirchenschiff von Notre-Dame? An einem Kanal in Venedig oder in Brügge? In einem Landgasthaus im Aveyron? Unter der Glaskuppel des Frankfurter Hauptbahnhofs? In der strahlenden Gasse kleiner Läden in Lugano? In der Altstadt von Stockholm oder Rothenburg oder Lucca oder Prag? In toskanischen Gärten? Gewiß, aber kaum so stark wie in der Wohnung der Cz.s in Brugg.

Brugg ist irgendeine Kleinstadt an der Bahnlinie zwischen Zürich und Basel. Die Cz.s haben sich dort ihre bescheidene Existenz aufgebaut. Sie sind vor einem Vierteljahrhundert aus Ungarn geflohen. Sie wohnen in einem modernen Mietshaus aus Beton. Die Schweizer Alpen sind fern, kaum wahrnehmbar in der dunstigen Ferne. Eine Zementtreppe führt zu ihrer Dreizimmerwohnung, nicht anders als die Treppen in unzähligen derartigen Mietshäusern aus der zweiten Hälfte des zwanzigsten Jahrhunderts, von Los Angeles bis Warschau. Drinnen, hinter Beton und Stahl und Glas, empfängt einen ein Schmuckkästchen. Dort herrscht, fühlbar und inhalierbar, jene eigentümliche magyarische (eher Buda als Pest) Biedermeieratmosphäre. Einige Möbelstücke mit Einlegearbeit aus den Anfängen des neunzehnten Jahrhunderts, ein paar Becher aus geschliffenem Glas in einer Vitrine, alte Samtläufer auf den kleinen Tischen, ein oder zwei alte Familienfotos an den Wänden, Porträts von schnurrbärtigen Vorfahren in den Uniformen oder Gewändern des ungarischen Landadels, aus einer Zeit, als sie und ihr Land sich am Rande Europas befanden, wenn nicht außerhalb. Doch diese Wohnung hier ist Europa. Diese Furnierholzkommoden und diese rissigen, verräucherten Porträts waren auf irgendeine Weise aus Ungarn herausgeschafft worden, aus Gründen der familiären Pietät. (Und was hatte es, anstelle von Pietät, für ärgerlichen Zank gegeben um diese Porträts, als sie gemalt wurden, wie viele puterrote Schlaganfälle, wie viele bittere, hämische Spitzen, wie viele Tote mit steinernem Gesicht!) Und jetzt atmen diese Möbelstücke und diese Porträts neues Leben, in dieser Mittelschichtwohnung in der Schweiz, in einer liebevoll gepflegten Höhle bürgerlicher Behaglichkeit, wie getrocknete Blumen, die wieder aufgeblüht sind. Sie sind auferstanden aus herrenloser sterblicher Materie, auferstanden von den Toten – für wenigstens eine weitere Lebenszeit. Dies ist nicht nur eine Frage der Inneneinrichtung. (Oder

der verheißungsvollen, herrlichen Düfte, die aus der modernen Küche dringen.) Diese beiden lieben Menschen haben etwas wieder zum Leben erweckt. Sie wissen es vielleicht gar nicht. Eines Tages werden sie nicht mehr sein. Sie haben keine Kinder. Aber das hat nichts zu sagen.

VIII
NATIONALISMUS, NATIONALITÄT, NATIVISMUS, NATIONALGEFÜHL, NATIONALE KIRCHEN, NATIONALE RELIGION

Wenn »Geschichte Philosophie ist, die durch das Beispiel lehrt« (wie Dionysios von Halikarnassos schrieb und Bolingbroke zweitausend Jahre später wiederholte), dann haben wir hier ein aktuelles und lehrreiches Beispiel, das nicht sehr verheißungsvoll ist.

Fast in Europas Mitte, im weiten Donautal, leben die Slowaken, ein Volk, das erst 1939 einen eigenen Staat erhielt, als Hitler ihnen einen zubilligte – weil sie dazu beitrugen, das, was von der Tschechoslowakei noch übrig war, zu zerstören. Diese »unabhängige« Slowakei war ganz und gar abhängig von den Wünschen und Weisungen ihrer Herren in Berlin. Die Mehrheit der Slowaken war offenbar lieber von Deutschland abhängig als weiterhin mit ihren tschechischen Vettern oder Brüdern im Bunde. Manche denken heute noch so, mehr als fünfzig Jahre nach 1939. Man kann daraus etwas lernen: nämlich, was der Nationalismus zu bewirken (oder nicht zu bewirken) vermag.

Tausend Jahre lang gehörten die Slowaken zu Ungarn. Das Königreich Ungarn war bei all seinen Mängeln eine natürliche geographische Einheit, dessen Grenzen zu drei Vierteln von der großen Gebirgskette der Karpaten gebildet wurden. Die Ungarn behandelten ihre nichtmagyarischen Untertanen nicht sehr gut, doch die Slowaken wurden von ihnen vielleicht besser behandelt als die meisten anderen Nationalitäten. Die Slowaken waren ein armes, einfaches Volk von Waldbewohnern und Bauern. In der magyarischen Literatur stößt man vielfach auf eine besondere Vorliebe für ihre ursprüngliche Einfachheit. Im letzten Viertel des neunzehnten Jahrhunderts begann sich ein slowakischer Nationalismus zu entwickeln. Er wurde von der magyarischen Regierung unterdrückt, doch zu gewalttätigen Unruhen kam es kaum. Die Ungarn nahmen zu den vermeintlichen Rechten dieses in ihren Augen politisch und kulturell ein wenig rückständigen Volkes eine herablassend einschränkende Haltung ein. (Bratislava, die heutige Hauptstadt der Slowakei, war unter dem Namen Pozsony [Preßburg] seit Jahrhunderten Sitz des ungarischen Reichstags. Der Name »Bratislava« wurde erst 1837 von Slowaken geprägt; noch 1918 waren die meisten Einwohner keine Slowaken.) Während des Ersten Weltkriegs sind von den Tschechen etliche aus der österreichisch-ungarischen Armee desertiert, von den Slowaken kaum einer.

Von jenseits der niedrigen Hügel der westlichen Karpaten lockten ihre Brüder und Vettern, die Tschechen, deren Sprache mit dem Slowakischen fast identisch ist. Die Tschechen waren klug, sie waren gerissen, und sie hatten Glück. Im Jahre 1918 konnten sie die Franzosen, die Briten und vor allem Präsident Wilson davon überzeugen, daß die österreichisch-ungarische Monarchie aufgeteilt werden müsse und daß es einen neuen, unabhängigen tschechoslowakischen Staat geben solle. 1918 unterzeichneten tschechische und slowakische Emigrationspolitiker in Pittsburgh eine Erklärung über die Schaffung der Tschechoslowakei; Unterstützung fanden sie bei ihren Gauführern und Politikern im westlichen Pennsylvania, die in den zurückliegenden dreißig Jahren dorthin ausgewandert waren und von den einheimischen amerikanischen Besitzern und Vorarbeitern der Bergwerke und Fabriken als Bürger zweiter Klasse behandelt wurden. Wie dem auch sei: Diese Pittsburgher Erklärung war für die Tschechoslowakei das, was die Unabhängigkeitserklärung von 1776 für die Amerikaner war.

Die Tschechoslowakei hielt zwanzig Jahre. Dieser Staat hatte viele Schwachpunkte, darunter die Tatsache, daß er multinational war. 1938 nahm Hitler sich einen Teil der Tschechoslowakei und beschränkte die Unabhängigkeit dessen, was von ihr übrigblieb, mit der peinlichen stillschweigenden Zustimmung der westlichen Demokratien, die nicht bereit oder gewillt waren, den Krieg zu riskieren, um die Tschechoslowakei zu verteidigen. Aus ihr wurde daraufhin die Tschecho-Slowakei, in der die slowakischen Nationalisten dermaßen für ihre vollständige »Unabhängigkeit« agitierten, daß es im März 1939 fast zu einem Aufstand kam. Hitler wußte sich das zunutze zu machen. Er marschierte in Prag ein und verleibte die »Tschechei« dem Dritten Reich ein, während eine »unabhängige« Slowakei entstand, erstmals in der Geschichte. Der slowakische Nationalismus, der zwanzig Jahre zuvor dazu beigetragen hatte, das österreichisch-ungarische Reich zu zerstören und die Tschechoslowakei mit der Hauptstadt Prag zu schaffen, zerstörte nun die Tschechoslowakei zugunsten einer neuen Abhängigkeit von Berlin.

Was diese neue slowakische Republik leistete, war nicht begeisternd. Ihr Präsident war ein katholischer Priester, Monsignore Tiso, der sich unter anderem dazu bereit fand, die Juden der Slowakei den Deutschen auszuliefern, als diese das forderten (und bisweilen auch schon vorher). Der päpstliche Nuntius verabscheute ihn und schrieb noch 1944 in einem Bericht an den Vatikan, er finde bei Tiso »kein Zeichen des Verständnisses, nicht ein Wort des Mitgefühls für die Verfolgten [...] Die slowakische Regierung und der Präsident der Republik sind Handlanger [*esecutori servili*] der Deutschen.« Den erdrückendsten Beweis gegen sich selbst lieferte Tiso eigenhändig in einem (auf lateinisch abgefaßten) Brief an den Papst vom November 1944, als praktisch alle Juden der Slowakei in Auschwitz vergast waren; darin erklärte er, er sei den Deutschen dankbar, denn die Juden und die Tschechen seien immer noch die Wurzeln allen Übels in der Slowakei* – ein trauriges und leider typisches Zeugnis

* Tisos Brief an den Papst vom 8. November 1944 in: *Actes et Documents du*

des nationalistischen und deutschfreundlichen Populismus, von dem die politischen und ideologischen Vorlieben dieses Prälaten gekennzeichnet waren. (Er wurde 1947 zum Tode verurteilt und hingerichtet.)

Nicht jeder Slowake war ein Nazisympathisant oder ein Faschist. Es hat hervorragende slowakische Demokraten und Konservative gegeben, unter ihnen Milan Hodža, der Ministerpräsident der tschechoslowakischen Exilregierung, oder Alexander Dubček, der sanfte, bescheidene Held des Prager Frühlings von 1968. Die zwielichtige, halbdemokratische Unabhängigkeit der nach dem Zweiten Weltkrieg wiederauferstandenen Tschechoslowakei dauerte keine drei Jahre. Unter der kommunistischen Tyrannei, die dann folgte, hatten Tschechen und Slowaken gleichermaßen zu leiden. Das dauerte rund vierzig Jahre. Einige der besten, menschlichen Patrioten unter dem Kommunismus waren Slowaken wie Dubček; Slowaken waren aber auch einige der übelsten Satrapen wie Bilák. Die Bewegung, die die Tschechoslowakei vom Kommunismus befreite, entwickelte sich und erreichte ihren Höhepunkt 1989 in Prag. Der neue Held war Václav Havel, der dank seiner intellektuellen Redlichkeit im Westen hohes Ansehen genoß. Bald tauchten wieder slowakische Nationalisten auf, die unter anderem das Andenken des unseligen Monsignore Tiso feierten. Havel kündigte an, seine Regierung werde den Slowaken soviel Autonomie in Kultur- und Verwaltungsangelegenheiten übertragen, wie sie nur wollten. Das genügte nicht. Bei einem Besuch der slowakischen Hauptstadt wurde Havel niedergeschrien und mit faulen Tomaten beworfen; er mußte seine Rede abbrechen. Im Oktober 1991 ersann Havel eine Geste, die zugleich politisch und symbolisch, historisch und bewegend sein sollte. Er brachte die amerikanische Regierung dazu, ihm das Originaldokument der Pittsburgher Erklärung von 1918 zu überlas-

Saint Siège Relatifs à la Seconde Guerre Mondiale, Bd. 10, Vatikanstadt 1980, S. 476. Der Nuntius (Monsignore Burzo) über Tiso ebd., S. 461.

sen. Mit diesem Dokument flog er heim, landete aber nicht wie üblich in Prag, sondern in der slowakischen Hauptstadt Bratislava. Er hielt das wertvolle Dokument in seinen Händen. Doch die Geste kam nicht an. Wieder konnte er seine Rede nicht beenden; von brüllenden Slowaken wurde er mit Eiern beworfen und niedergeschrien. Seine Leibwächter mußten ihn packen und nach Prag schaffen. Während ich dies schreibe (November 1991), steht die Auflösung der Tschechoslowakei vielleicht noch nicht unmittelbar bevor, aber sie ist absehbar, wie die Auflösung Jugoslawiens.* Im Unterschied zu den Serben in Jugoslawien werden die Tschechen dies kampflos geschehen lassen. Aber das Ergebnis wird dasselbe sein: eine partielle Rechtfertigung Hitlers.

Es gibt in der Slowakei (ebenso wie in Kroatien) viele Menschen, die keine scharfen Nationalisten sind und nichts für diese übrig haben. Es gibt aber, besonders in Osteuropa, nicht viele Menschen, die es wagen, sich öffentlich gegen den Nationalismus zu wenden. Die Nichtnationalisten könnten sogar die Mehrheit sein. Sie sind jedoch eine ungefestigte, noch in den Anfängen steckende Mehrheit, die den harten, durch nationalistische Haßgefühle geeinten Minderheiten vielleicht nicht gewachsen ist.

Es gibt kein erstklassiges Buch über die Geschichte des Nationalismus. (Es gibt einige, allerdings nicht viele, brauchbare Bücher über seine Elemente.) Das hat mehrere Gründe. Einer davon ist, daß der Nationalismus sich von einem Land zum anderen möglicherweise stärker unterscheidet als der Internationalismus oder der Sozialismus. (Daran liegt es, daß die Phänomene der Rechten, die Geschichte eingeschlossen, interessanter sind als die der Linken.) Das ist nicht allein den unterschiedlichen Nationalcharakteren der einzelnen Völker zuzuschreiben. Diese Merkmale haben sich im Laufe der Geschichte verändert. Der slowakische Nationalismus unter-

* *Juli 1992.* So ist es leider gekommen.

scheidet sich vom amerikanischen Nationalismus, der lettische Nationalismus vom schwedischen Nationalismus, und zwar nicht nur, weil die Slowaken anders sind als die Amerikaner usw., sondern weil der Nationalismus der ersteren jünger ist als der der letzteren. Eine umfassende Geschichte des Nationalismus müßte zwangsläufig Kapitel für Kapitel ein Land nach dem anderen darstellen, und so etwas ist langweilig. Hinzu kommt, daß zwar die nationalen Gefühle sehr alt sein mögen und oft auch sehr alt sind, der Nationalismus als politische Kraft aber neu ist. (Der einfache slowakische Bauer von vor zweihundert Jahren mag vielleicht der Vorfahre des halbgaren nationalistischen Intellektuellen des zwanzigsten Jahrhunderts gewesen sein, doch ihre Lebensumstände und ihr Charakter, ihre Denkinhalte und ihre Denkweisen haben sich stark auseinanderentwickelt.)

Es ist ein schwerer Fehler, im Nationalismus ein reaktionäres Phänomen zu sehen. Jetzt, am Beginn des einundzwanzigsten Jahrhunderts (und am Ende der Neuzeit), ist der Nationalismus noch immer die stärkste politische Kraft der Welt. Er war es schon zu Beginn des zwanzigsten Jahrhunderts, das in den beiden Weltkriegen gipfelte. Auch dies sollte diejenigen, nach deren Ansicht dieses Jahrhundert von der Konfrontation zwischen Demokratie und Kommunismus bestimmt war, zum Nachdenken bewegen. (Sie werden's nicht tun.) Bestimmend für das zwanzigste Jahrhundert war nicht die Macht der Klassen und nicht ein Wettstreit der Ideen, sondern der Kampf der Nationen. Hier und da gewinnt man den Eindruck, als würden die Kriege zwischen Nationen nun durch Kriege zwischen Rassen abgelöst, doch hat diese schreckliche Aussicht noch nicht überall konkrete Formen angenommen, und sie wird es hoffentlich auch nicht tun.

An dieser Stelle müssen wir uns klarmachen, daß Hitler selbst weniger ein Rassist als vielmehr ein extremer Nationalist war.* Er hatte keine Bedenken, sich mit Japanern,

* Er hat das am 26. Mai 1944 in einer langen Rede, die kaum bekannt, aber

Chinesen, Rumänen und Arabern gegen nordische, arische Völker wie die Norweger, Niederländer und Engländer zu verbünden. Gewiß enthielt sein Denken (wie das fast aller Nationalisten) ein rassistisches Element, doch sein beherrschendes Vorurteil – das gegen die Juden – war kein biologisches. (Bei einer Gelegenheit hat er die Juden als eine nicht so sehr körperliche, sondern vielmehr »geistige Rasse« bezeichnet.) Über seine Jugend schrieb er, wie schon erwähnt, in *Mein Kampf*: »Ich war ein Nationalist, aber ich war kein Patriot.« Er wünschte sich und das Volk von Österreich mit Deutschland zu vereinen, auf Kosten der multinationalen Habsburgermonarchie, die er aufgelöst sehen wollte. Patriotismus ist defensiv, Nationalismus ist aggressiv; Patriotismus ist die Liebe zu einem bestimmten Land mit seinen eigentümlichen Überlieferungen; Nationalismus ist die Liebe zu etwas weniger Greifbarem, zum Mythos eines »Volkes«, der alles rechtfertigt; er ist eine politische und ideologische Ersatzreligion.

Weil er an Stammes- und Rassenbindungen appelliert, scheint der Nationalismus in einem tiefen und atavistischen Sinne menschlich zu sein. Der Haken am Nationalismus ist jedoch, daß er nicht nur antihumanistisch und unmenschlich sein kann, sondern obendrein von einer abstrakten Annahme über die menschliche Natur ausgeht. Die Liebe zum eigenen Volk ist natürlich, aber sie ist auch kategorisch; sie ist nicht so menschenfreundlich wie die Liebe zum eigenen Land, eine

höchst aufschlußreich ist, vor einer Gruppe von Generälen und Offizieren selbst zum Ausdruck gebracht: »Wir haben bei uns ein Volk, das nicht gleichzusetzen ist einer Rasse etwa, was heute schon Millionen Menschen ganz klar ist. Aber, meine Herren, als ich vor jetzt bald 25 Jahren mit meiner Lehre anfing, war das nicht so, sondern da wurde mir von bürgerlichen Kreisen immer entgegengehalten: Ja, Volk und Rasse ist doch eines und dasselbe! – Nein, Volk und Rasse ist nicht dasselbe. Die Rasse ist ein Blutsbestandteil, ist der blutmäßige Kern, aber das Volk setzt sich sehr oft nicht aus einer Rasse, sondern aus zwei, drei, vier oder fünf verschiedenen Rassekernen zusammen« (zitiert nach: *Militärgeschichtliche Mitteilungen*, 1976, Bd. 2.).

Liebe, die nicht zu trennen ist von bestimmten Überlieferungen und etwas von der Liebe zur eigenen Familie hat. Der Nationalismus ist sowohl egozentrisch als auch egoistisch – weil Menschenliebe nicht Eigenliebe ist, sondern Liebe zu *einem anderen.* Der Patriotismus ist stets mehr (und tiefer) als nur biologisch – weil Nächstenliebe menschlich und nicht bloß »natürlich« ist.* Die Natur kennt und zeigt keine Nächstenliebe. Die Menschenwürde kann daher nur von einer Verneinung des Darwinismus ausgehen, von der Erkenntnis, daß zwischen den Menschen und allen übrigen Lebewesen ein Wesensunterschied besteht, mag dieser Unterschied biologisch auch noch so gering sein. Sowohl das Christentum als auch die westliche Zivilisation sind insofern humanistisch, als sie fordern, das Überleben des Tauglichsten nicht als leitendes Prinzip der Menschheit anzuerkennen.

Der Nationalismus ist zugleich modern und populistisch. So wie ein Patriot nicht unbedingt ein Nationalist ist, so ist ein Demokrat nicht unbedingt ein Populist. Es ist eine historische Platitüde, das erste Auftreten des modernen Nationalismus mit der Französischen Revolution zu verknüpfen. Richtig daran ist, daß die Französische Revolution wegen ihres uneingeschränkten Kultes um »das Volk« zu einer Art von demokratischem Totalitarismus überging und daß sie als erste eine allgemeine Militärdienstpflicht einführte, »eine Nation in Waffen«. (Ich sehe davon ab, daß die Puritanische Revolution in England hundertfünfzig Jahre früher ähnliche Züge aufwies und daß sich die rhetorische Überhöhung »des Volkes« zwanzig Jahre früher in Amerika findet.) Doch in der ganzen Rhetorik der Französischen Revolution taucht das Wort »Nation« selten auf. Dort ist, wie übrigens auch in der »Marseillaise«, immer nur von *peuple* und *patrie* die Rede,

* Die Empfindungen und Loyalitäten des Nationalismus sind männlich – kategorisch, intellektuell oder zumindest mental. Das intuitive Wesen von Frauen ist nicht so kategorisch, nicht so ausschließlich, menschlicher und potentiell universaler.

und immer nur von *république*, aber nur vereinzelt von *démocratie*. Die Französische Revolution war antimonarchistisch (und antiaristokratisch); ein früher Prototyp eines nationalistischen Populismus war der Guerillaaufstand, der sich im Jahre 1808 in Spanien gegen Frankreich richtete.

Ein aristokratischer Nationalismus ist ein Oxymoron, ein Widerspruch in sich, jedenfalls seit dem späten siebzehnten Jahrhundert, als die meisten europäischen Aristokratien mindestens so kosmopolitisch wie national waren. Der demokratische Nationalismus ist ein Phänomen des frühen neunzehnten Jahrhunderts. Es gibt an ihm im Grunde wenig auszusetzen. Er siegte in großen Revolutionen und in Schlachten, und er lieferte einige schöne Beispiele des nationalen Zusammenhalts, auch in englischsprachigen Ländern. Die Unterscheidung, die ich zwischen Nationalismus und Patriotismus mache (und die Orwell 1943 machte), hätte vor hundertfünfzig Jahren umständlich geklungen und wäre kaum verstanden worden. Auch heute noch kommt es oft vor, daß Nationalismus und Patriotismus sich im Denken und Fühlen eines Menschen überschneiden. Doch wir müssen uns ihrer Differenz bewußt bleiben – im Hinblick auf den Populismus, der im Unterschied zum altmodischen Patriotismus nicht zu trennen ist von der mythischen Überhöhung des Volkes. Der Populismus ist völkisch, der Patriotismus nicht. Man kann Patriot und zugleich Kosmopolit sein. Ein Populist dagegen ist zwangsläufig auch Nationalist. Der Patriotismus ist zudem weniger rassistisch als der Populismus. Ein Patriot wird einen Menschen anderer Nationalität, den er seit vielen Jahren kennt, nicht aus der Gemeinschaft ausschließen, in der er Seite an Seite mit ihm gelebt hat; ein Populist dagegen wird gegenüber einem anderen, der nicht zu seinem Stamm zu gehören scheint, stets einen gewissen Argwohn hegen.

Ein Patriot muß kein Konservativer, er kann sogar ein Liberaler sein, allerdings kein abstrakter Liberaler. Im zwanzigsten Jahrhundert kann ein Nationalist kaum ein Liberaler sein.

Das neunzehnte Jahrhundert war voll von liberalen Nationalisten, unter ihnen inspirierende, noble Gestalten.* Nach der landläufigen Vorstellung ist der Rückgang des Liberalismus auf das Auftreten des Sozialismus zurückzuführen; die Liberalen, die zunächst Vorbehalte gegen eine umfassende Demokratie und gegen das allgemeine Wahlrecht hatten, wurden erst zu Demokraten und dann zu Sozialisten, die sich die fortschrittlichen Ideen der Staatsintervention in Wirtschaft, Bildungswesen und Wohlfahrt zu eigen machten. Daran ist etwas Wahres, aber es ist nicht die ganze Wahrheit. Was den Liberalismus seiner Anziehungskraft beraubte, war der Nationalismus, nicht der Sozialismus. Die Liberalen des späten neunzehnten und des frühen zwanzigsten Jahrhunderts verloren den Boden unter den Füßen nicht etwa, weil sie nicht genügend sozialistisch, sondern weil sie nicht genügend nationalistisch waren oder zumindest zu sein schienen. (Den Sozialisten ging es ganz ähnlich, besonders in den Vereinigten Staaten: Wenn die werktätigen Massen sie nicht ansprechend fanden, so nicht, weil ihre wirtschaftlichen Forderungen nicht ansprechend waren oder weil der amerikanische Arbeiter an das freie Unternehmertum glaubte: die Sozialisten waren in den Vereinigten Staaten unpopulär, weil sie nicht nationalistisch genug waren beziehungsweise einen entsprechenden Ruf hatten.)

Die Geschichte von Worten – aber schließlich ist die Geschichte der Politik die Geschichte von Worten. Drei Beispiele:

1. Jane Austen in *Emma*: »Die Coles waren nun schon

* »Mazzini dachte, daß es keinen Konflikt zwischen Nationalismus und Internationalismus oder zwischen Nationalismus und Liberalismus gebe. Für ihn waren das Facetten einer und derselben Sache. Der Nationalismus, der für die Freiheit der Völker eintrat, war der Makrokosmos der Freiheit, der Liberalismus, der für die Freiheit des einzelnen eintrat, der Mikrokosmos [... Doch die] eigentliche Botschaft von 1848 war, daß Liberalismus und Nationalismus zweierlei waren und daß die Menschen ihren Nationalismus über ihren Liberalismus stellten.« John Clarke: *British Diplomacy and Foreign Policy, 1782–1865*, London 1989, S. 226 u. 238.

einige Jahre in Highbury ansässig und waren sehr nette Leute – freundlich, liberal und bescheiden; doch andererseits einfacher Herkunft, im Handel tätig und nur mäßig kultiviert.« »Liberal« war in den Jahren um 1810 und noch einige Zeit danach ein sehr positives Wort, was vielleicht noch aufschlußreicher ist als die Tatsache, daß »liberal« als Bestandteil eines Parteinamens in England erst rund zehn Jahre nach dem Erscheinen von *Emma* aufkam.

2. Die allgemeinere, unpolitische Bedeutung von »liberal gesinnt« kennt man natürlich noch, aber wohl nicht mehr lange. Noch 1950 scheute in den Vereinigten Staaten selbst ein republikanischer Nationalist wie Senator Taft vor dem Adjektiv »konservativ« zurück und bezeichnete sich als »altmodischen Liberalen«. Zehn Jahre später nannte Eisenhower, dieser Opportunist höchsten Grades, sich einen »Konservativen«. Dreißig Jahre später gewann Reagan, der Hollywood-Schauspieler, die große Mehrheit des amerikanischen Volkes als ein »Konservativer«. Jetzt betrachteten sich – ein Novum in ihrer Geschichte – sehr viel mehr Amerikaner als »Konservative« denn als »Liberale«. »Liberal« war so etwas wie ein schlimmes Wort geworden, das man in nahezu jeder Bedeutung zu meiden hatte. In Osteuropa war ein »liberaler« Kommunist vor 1989 ein netter Kommunist, doch innerhalb von zwei Jahren, von 1989 bis 1991, ist »liberal« unter osteuropäischen Nationalisten eine ebenso negative Bezeichnung geworden, wie es »kommunistisch« zuvor gewesen war.

3. »Volk«, »volkstümlich«, ja sogar »Populismus« waren während des ganzen neunzehnten Jahrhunderts linke Wörter. (Während des zwanzigsten hat sich etwas davon in dem antiquierten Wortschatz der Sozialisten und Kommunisten erhalten.) Doch schon um 1900 waren die neuentstandenen »Volksparteien« in Deutschland (und in Österreich sowie in verschiedenen osteuropäischen Ländern) oft rechte, antisemitische, nationalistische Parteien. In Deutschland trat das durch den Kult um das »Volk« besonders deutlich zutage

(Hitlers Zeitung hieß später *Völkischer Beobachter*). In Italien gab Mussolini, der 1914 mit der sozialistischen Partei brach, seiner Zeitung (dem nachmaligen offiziellen Organ der Faschisten) den Namen *Popolo d'Italia*. In den dreißiger und frühen vierziger Jahren führten die nationalsozialistischen Bewegungen ganz Europas vielfach »das Volk« im Namen ihrer Parteien und Zeitungen. (Ein letztes kleines Beispiel: Hundertfünfzig Jahre nach Marats demagogischem *Ami du Peuple* trug in Frankreich ein Blatt der extremen Rechten diesen Namen.)

Das war in den dreißiger Jahren. Noch aufschlußreicher ist, daß in der Gegenwart (während der letzten fünfzig Jahre) die mögliche Entstehung von Massenbewegungen nicht der Linken, sondern der Rechten bei politischen Beobachtern, Intellektuellen, Journalisten und vielen anderen ständig Gegenstand der Sorge ist. (Daß »links« und »rechts« ungenau geworden und nahezu überholt sind, ist allein schon verräterisch, aber lassen wir das.) Überall fürchtet man (zu Recht oder zu Unrecht) die Gefahr des nationalistischen Extremismus, eben weil er für breite Massen eine Zugkraft besitzt, die die Linke nicht mehr hat.*

Staatskult und Volkskult sind wesentliche Merkmale des Nationalismus, doch nicht immer fallen beide Kulte zusammen. Darauf beruhte einer der Unterschiede zwischen Faschismus und Nationalsozialismus. Mussolini war bemüht, den Kult des Staates über den Kult des Individualismus zu stellen. Hitler ordnete den Staat dem Volk unter; so sagte er 1938 in einer Rede in Salzburg: »Zuerst war das Volk da. Erst danach kam das Reich.«

»Faschismus« ist eine ungenaue und unzulässige Bezeich-

* Die einzigen Orte, wo Linke noch das Sagen haben (oder wo sie sich, genauer gesagt, mit ihren Pressionen noch durchsetzen), sind bestimmte Departments an Colleges und Universitäten, besonders in den Vereinigten Staaten, und ihre Vertreter sind Akademiker, die in diesem demokratischen Zeitalter vielleicht noch weiter vom Volk entfernt sind, als sie es je waren.

nung, wenn damit alle rechten Diktaturen belegt werden. Der Nationalsozialismus war die stärker verbreitete Form. Man betrachte nur einmal die drei großen Diktatoren des blutigsten Viertels des zwanzigsten Jahrhunderts: Hitler, Mussolini, Stalin. Auf Stalin ist die Bezeichnung »Faschist« nicht anwendbar – und auch auf Hitler nicht. Die Bezeichnung »Kommunist« paßt weder auf Mussolini noch auf Hitler. Doch in mehr als einer Hinsicht waren alle drei so etwas wie nationalistische Sozialisten. Ihre Entwicklung ist aufschlußreich. Mit der Zeit machten, bewußt oder unbewußt, sowohl Mussolini als auch Stalin Anleihen bei Hitler. Sie wurden mehr und mehr zu nationalistischen Sozialisten; der eine, der italienische Nationalist, wurde gegen Ende zu mehr und mehr sozialistisch, der andere, der Kommunist, wurde während des Krieges und danach zunehmend nationalistisch.

Nationalismus zerstörte das Habsburgerreich und die Monarchie. In den Völkern, die einst zu diesem Reich gehörten, blicken zwanzig, fünfzig, siebzig Jahre später viele sehnsüchtig auf das Leben und die Freiheit zurück, die ihre Vorfahren unter Franz Joseph genossen. Nationalismus trug auch dazu bei, die sowjetische Vorherrschaft in Osteuropa zu beenden. Das war alles in allem positiv, nur muß man auch sehen, daß es etwa der ungarischen Minderheit in Siebenbürgen während der kurzen Zeit, in der Siebenbürgen 1944–45 unter sowjetischer Armeeverwaltung stand, besserging, daß sie weniger unterdrückt und diskriminiert wurde als anschließend unter der rumänischen Herrschaft. Tito war ein Balkan-Bandit, aber es ist nicht unvorstellbar, daß Kroaten und Serben eines Tages zurückblicken und sich sagen werden, daß selbst der korrupte multinationale Kommunismus Titos dem anhaltenden Bürgerkrieg zwischen Kroaten und Serben, der gegenwärtig wütet, vorzuziehen war.

Doch von Franz Joseph zu Stalin und Tito – was für ein Unterschied!

Viele Historiker und Soziologen, die sich mit der Einwanderung befassen, sind der irrigen Auffassung, Nationalismus und Nativismus seien identisch. Beide haben vieles gemeinsam, zum Beispiel eine Abneigung gegen Fremde. Aber nicht jeder Nativist ist ein Nationalist. (Ein Nativist wird in der Regel eher traditionalistisch als modern sein.) Unter den radikalen Nationalisten sind oft solche, die nicht in der Stadt, dem Bezirk, dem Bundesstaat (bisweilen nicht einmal in dem Land) leben, in dem sie geboren wurden.

Ein altmodischer Patriot wird gegen einen Nationalisten eine Abneigung empfinden, die nicht nur auf den schlechten Manieren und dem schrillen Ton des letzteren beruht, sondern auch darauf, daß er spürt, daß der Radikalismus des Nationalisten oberflächlich ist (doch, ein *oberflächlicher* Radikalismus ist kein Widerspruch in sich.) Der Patriot, der mit der Äußerung seiner feinnervigeren, aber auch tiefer verwurzelten Gefühle zurückhaltend ist, reibt sich an der lärmigen Gefühlsbetontheit des Nationalisten. Wenn ein Patriot eine Abneigung gegen Fremde hat, dann deshalb, weil sie in etwas eindringen, wofür er tiefe, persönliche Gefühle empfindet. Der Nationalist ist mißtrauisch nicht nur gegen Fremde, sondern gegen alle innerhalb seiner eigenen Nation (auch gegen Patrioten), die er verdächtigt, nicht so zu denken wie er. Der Nationalist ist also, wenn man so will, nicht nur ein physischer, sondern auch ein geistiger Rassist.

Während der Patriotismus kein Religionsersatz ist, erfüllt der Nationalismus diese Funktion in vielen Fällen; er kann die emotionalen und zumindest oberflächlich auch die geistigen Bedürfnisse vieler befriedigen.

Patrioten müssen ebensowenig wie Nationalisten antisemitisch sein (letztere sind es allerdings häufiger als erstere).

Der Kern des Antisemitismus im zwanzigsten Jahrhundert war die Xenophobie: Argwohn, Furcht, Abneigung, Neid, gelegentlich auch Haß gegen vermeintlich Fremde. Dies war ein relativ – aber nur relativ – neues Phänomen und ein weiterer Ausfluß des populistischen Nationalismus. Das Verhältnis zwischen Juden und Christen (ich rede hier wohlgemerkt von »Christen« und nicht von »Nichtjuden«) ist ein zweitausend Jahre altes Kapitel mit tiefgreifenden, traurigen und gelegentlich auch inspirierenden Aspekten. Die Verfolgung und Diskriminierung von Juden stützte sich – grob vereinfachend gesagt – lange Zeit auf religiöse Gründe (und Vorwände), sie ging also von »Christen« und nicht von Nationalisten aus. Das Wort »Antisemitismus« (übrigens wieder so ein ungenauer Ausdruck) tauchte, erstmals in Deutschland, erst um 1870 auf, im Zusammenhang mit einem populistischen Nationalismus. Es handelte sich um eine neue Spielart der Xenophobie: Argwohn und Verachtung richteten sich nicht nur gegen Fremde und nicht einmal vorwiegend gegen eine neue Sorte von Einwanderern, sondern gegen eine bestimmte Art von Menschen, die sich in manchen Fällen und in vielerlei Hinsicht erfolgreich an die Zivilisation und Kultur der Nation angepaßt zu haben schienen.

Eine Abneigung gegen gewisse Menschen mag bedauerlich sein, ist aber nicht identisch mit ihrer Verurteilung, die ein Übel darstellt. Das Üble am Antisemitismus besteht – wie alles in der Welt der Menschen – in seiner Qualität, nicht im »Warum« oder im »Was«, sondern im »Wie«. In den dreißiger Jahren gab es in, sagen wir, England, den Vereinigten Staaten und Schweden viele, die Juden nicht besonders mochten. Dennoch waren sie entsetzt darüber, wie man in Deutschland mit den Juden umging. Das war nicht nur zu verurteilen, dagegen mußte man etwas tun – eben wegen seiner Qualität, in der diese Briten und Amerikaner und Schweden (ebenso wie nicht wenige Menschen in Deutschland oder Ungarn oder Polen) ein Übel sahen.

Wir wissen, wie besessen Hitler von den Juden und der sogenannten »Judenfrage« war (warum, werden wir allerdings nie herausbekommen; er war kein gewöhnlicher Antisemit). Er gelangte zu der Überzeugung, daß die Juden der

Schlüssel zur Geschichte, jedenfalls zur europäischen Geschichte seien. Er verlor nicht nur seinen Krieg gegen den Rest der Welt, er verlor auch seinen Krieg gegen die Juden, im doppelten Sinne. Die von ihm betriebene Ausrottung der Juden in Europa und Rußland ging zwar entsetzlich weit, konnte aber nicht restlos verwirklicht werden, und durch die Erkenntnis der dabei begangenen Greuel wurde der Antisemitismus innerhalb der zivilisierten Welt zu etwas Unannehmbarem, zu dem kein anständiger Mensch sich bekennen konnte. Fünfzig Jahre nach dem Krieg, nach dem Ende des zwanzigsten Jahrhunderts, könnte sich dies freilich ändern.

Auch die Errichtung eines unabhängigen Staates Israel ist in der Weise, wie sie sich vollzogen hat, nur verständlich als eine Reaktion auf das, was während der Herrschaft Hitlers mit den Juden geschah. Im Jahre 1967, zwanzig Jahre nach der Staatsgründung, galt vielen, auch den Juden außerhalb Israels, der Antisemitismus als identisch mit dem Antizionismus. Das eine ist aber nicht zwangsläufig identisch mit dem anderen. Ich denke hier nicht nur an die Identitäts- und Loyalitätsprobleme von Juden, die nicht israelische, sondern Bürger anderer Staaten sind. Wir haben es mit ständig neuen Formen des Nationalismus und vielleicht auch des Antisemitismus zu tun. Wir dürfen nicht vergessen, daß Hitler und seine Regierung bis um das Jahr 1937 zumindest in einem bestimmten Sinne des Wortes prozionistisch waren. Hätten die Briten die Einwanderung aller deutschen Juden nach Palästina erlaubt und gefördert, so hätte Hitler das begrüßt; Eichmann war beispielsweise nach Palästina gereist, um entsprechende Möglichkeiten zu prüfen.*

Fünfzig Jahre später gibt es – besonders in Osteuropa – nationalistische Regierungen, die es vorziehen, zur Regierung Israels gute oder doch annehmbare Beziehungen zu haben,

* Israels Ministerpräsident Schamir gehörte zionistischen Terroristengruppen an, die noch 1941 (!) versuchten, sich mit der Naziregierung über eine Zusammenarbeit gegen die Briten zu verständigen. (Siehe den Artikel von Avishai Margalit in *The New York Review of Books*, 14. Mai 1992, S. 18–24.)

während sie sich gegenüber assimilierten Juden im eigenen Land, die in dessen politischem und kulturellem Leben eine Rolle spielen möchten, weiterhin mißtrauisch oder gar feindselig verhalten. In Osteuropa gibt es inzwischen Anhaltspunkte dafür.

Auf der einen Seite haben wir in einem Film über den Zweiten Weltkrieg einen deutschen Soldaten, der sagt, er glaube an Hitler: Automatisch verurteilen wir ihn, er ist ein übler Kerl. Auf der anderen Seite haben wir einen amerikanischen Soldaten, der sagt, er glaube an die Demokratie und hasse die Nazis: Wir halten ihn für einen guten Kerl. Das ist mir zu einfach. Vielleicht hat der deutsche Soldat einen feindlichen Zivilisten oder einen Gefangenen gut behandelt, der amerikanische Soldat aber nicht. Was zählt, ist ihr Tun, ihr Verhalten. Es ist gewiß nicht gleichgültig, was der Deutsche und was der Amerikaner denkt. Ich muß aber immer wieder darauf pochen, daß das, was die Menschen aus ihren Ideen machen, wichtiger ist als das, was die Ideen aus den Menschen machen.

Vom Ende des Ersten Weltkriegs bis zum Ende des Zweiten Weltkriegs gab es weltweit drei große politische Kräfte: den Kommunismus, die liberale Demokratie und das neue Phänomen, das unzureichend und ungenau als Faschismus bezeichnet wird – »radikaler Nationalismus«, ebenfalls ungenau, ist ein besserer Ausdruck dafür. Der Kommunismus wurde bis 1945 allein von der Sowjetunion verkörpert. Die Demokratie wurde von den englischsprachigen und von anderen west- und nordeuropäischen Ländern verkörpert. Der radikale Nationalismus besaß vielfältige Verkörperungen, von denen das Deutschland des Dritten Reiches die radikalste und wirksamste war. Diese Dreieckskonstellation von Kräften wurde aber nicht nur von Staaten »verkörpert«, sie wiederholte sich *im Inneren* aller Länder der Welt, auch in so entlegenen wie Argentinien und China. Jedes Land hatte seine radikalen

Nationalisten (und wenn sie nicht prodeutsch waren, so waren sie doch antibritisch und antirussisch), auch die Vereinigten Staaten. Auch im Dritten Reich gab es Konservative und Liberale, die Hitlers Niederlage herbeisehnten. In jedem Land gab es auch Zirkel von Kommunisten, die aber meistens nicht sehr effektiv waren (wie zum Beispiel in den Vereinigten Staaten, wo die stärksten Gegner Roosevelts nicht von der Linken, sondern von der nationalistischen Rechten kamen).

Unter globalem Aspekt war, wie wir gesehen haben, das Dritte Reich so mächtig, daß es weder von der Sowjetunion allein noch von der amerikanisch-britischen Allianz allein bezwungen werden konnte; um Deutschland zu schlagen, bedurfte es der Allianz zwischen Demokratie und Kommunismus, genauer, zwischen den Vereinigten Staaten, Großbritannien und der Sowjetunion. 1945, um die Mitte des kalendarischen zwanzigsten Jahrhunderts, fiel diese Allianz zwangsläufig auseinander. Es schien, als gebe es nur noch zwei Großmächte in der Welt: die Vereinigten Staaten und die Sowjetunion. Die meisten Nationalisten und Antikommunisten wurden daraufhin proamerikanisch. Und jetzt, am Ende des Jahrhunderts, ist der Zusammenbruch des Kommunismus und des Prestiges der Sowjetunion eingetreten. Eine der Kräfte der Dreieckskonstellation ist weitgehend verschwunden. Hier und da meldet sich wieder der radikale Nationalismus – und es gibt Gründe für die Annahme, daß er künftig nicht mehr proamerikanisch sein wird.

Bis in die jüngste Zeit hinein hingen die Nationalisten, wenn nicht von den Vereinigten Staaten, so doch von ihrem Goodwill ab. Dies scheint immer weniger der Fall zu sein. Zwei Faktoren spielen hier eine Rolle: zum einen das Bild des Prestiges und der Macht einer dominierenden Nation, zum anderen die politische und soziale Ordnung, die sie zu verkörpern scheint. 1945 waren Prestige und Macht der Vereinigten Staaten (und bis zu einem gewissen Grade Großbritanniens) gewaltig. Dieses Bild hat sich vierzig oder fünfzig Jahre später abgeschwächt oder gar gänzlich verflüchtigt. Auf den untersten Ebenen der Massen»kultur« ist Amerika weiterhin Vorbild und wird es auch noch lange bleiben, freilich aus Gründen, die mit den Vorzügen der politischen Traditionen Amerikas nichts zu tun haben. Auf anderen, wichtigeren Ebenen beschleicht immer mehr Menschen die beunruhigende Erkenntnis, daß Amerika Schwierigkeiten mit seinen eigenen Institutionen und Praktiken hat, die ihnen nicht länger als vorbildlich gelten. Vor dem Zweiten Weltkrieg und während des Krieges war eine respektvolle Zuneigung zu England ein verdeckter, aber dennoch wirksamer gemeinsamer Nenner der meisten Gegner der radikalnationalistischen Diktaturen, doch mit dieser Anglophilie ist es vorbei. Kurz, der Aufstieg des radikalen und populistischen Nationalismus hängt untrennbar nicht nur mit dem Zusammenbruch des Kommunismus und des einstigen russischen Imperiums, sondern auch mit dem Niedergang Englands und der Vereinigten Staaten zusammen.

Der Aufstieg und Niedergang des amerikanischen Einflusses ist natürlich ein komplexeres Phänomen als der des britischen Einflusses. 1945 und vielleicht auch 1989 schien es, als sei die Demokratie amerikanischer Spielart mit ihren liberalen und kapitalistischen Praktiken und Prinzipien die siegreiche Kraft, der man in der ganzen Welt nacheiferte* oder doch bald nacheifern würde. Aber schließlich weist die amerikanische Demokratie nicht nur liberale, sondern auch populistische und neben internationalistischen auch nationalistische Elemente auf. Und am Ende des zwanzigsten Jahrhunderts ist der Liberalismus im großen und ganzen auf dem Rückzug. Der Kapitalismus (was immer *das* bedeuten mag in einer Zeit, da jeder Staat der Welt ein von riesigen Bürokratien regierter Wohlfahrtsstaat ist) hat sich vielleicht

* Es verdient vielleicht Beachtung, daß eine der neonazistischen Parteien in Deutschland, die relativ die stärkste ist (zum Glück ist keine von ihnen besonders stark), sich in den achtziger Jahren den Namen »Republikaner« zulegte, möglicherweise in Nachahmung der Reaganschen Republikanischen Partei in den Vereinigten Staaten.

als effizienter erwiesen als der Marxismus, doch der Liberalismus hat sich gegen den Nationalismus nicht behauptet. Überall sehen wir den Nationalismus in allen möglichen Spielarten blühen, auch in Japan – ein weiteres Anzeichen dafür, daß die aus dem Zweiten Weltkrieg hervorgegangene Ordnung endet. Auch in den Vereinigten Staaten spricht vieles dafür, daß der von so fähigen Männern wie Patrick Buchanan verkörperte radikale Nationalismus nicht auf den Kommunismus als Angriffsziel angewiesen ist, um bei den Menschen Anklang zu finden. Der radikale Nationalist ist zwar antikommunistisch, aber noch stärker ist sein Antiliberalismus (Hitler belegt das). Was ihm vor allem Zulauf bringt, ist nicht sein Radikalismus, sondern sein Nationalismus. Sein Nationalismus verschafft ihm Respektabilität in einer Zeit, in der nicht nur der politische und parlamentarische Liberalismus, sondern auch viele seiner traditionellen Institutionen sklerotisch geworden sind und versagen, in einer Zeit, da die liberalen Überzeugungen, die die Gesellschaft geprägt und zusammengehalten haben, sich in unterschiedlichen Stadien der Auflösung befinden.

Nationalismus hat mit der Sprache zu tun. Die Sprache ist zwar wichtig, liefert aber keine hinreichende Erklärung für nationalistische Gefühle. Die slowakische Sprache ist fast mit der tschechischen identisch, ebenso die kroatische mit der serbischen. Ein Nationalist ist erfreut, wenn ein ausländischer Besucher sich Mühe gibt, etwas in seiner Sprache zu sagen, aber er empfindet es als unangenehm, wenn ein Mitbürger, der einer anderen Rasse angehört als er selbst, seine Nationalsprache unkorrekt, mit einem falschen Tonfall, spricht. Die Verstimmung, die Nirad Chaudhuri bei gewissen Engländern in Indien beobachtet hat (»[er] verübelte uns unsere Verehrung der englischen Literatur, so als hätten wir seiner Frau ungebührliche Aufmerksamkeiten erwiesen«*),

* Aus seinem Artikel in *The American Scholar,* Frühjahr 1991, S. 246.

ist eine subtile, aber nicht ungewöhnliche Reaktion. In einem seiner Romane erwähnt Evelyn Waugh einen Ausländer, der ein untadeliges Englisch spricht; dazu bemerkt jemand: »Ja, aber wir dürfen ihn nicht ermutigen.« Es gibt Millionen von Deutschschweizern und Österreichern, die neben ihrem Dialekt ein einwandfreies Hochdeutsch sprechen und sich gleichwohl nicht als Deutsche betrachten. Die harte Minderheit der radikalen Nationalisten in Quebec besteht nicht unbedingt aus solchen, die ausschließlich Französisch sprechen, und die meisten radikalen Nationalisten in Irland können überhaupt nicht Gälisch. Das Verhältnis zwischen Nationalismus und Sprache ist ein ebenso profundes wie kompliziertes Kapitel.

Am Ende des zwanzigsten Jahrhunderts taucht ein neues, praktisch noch nie dagewesenes Phänomen auf, nämlich die weltweite Koexistenz zweier Sprachen, ja zweier Kulturen. Die Universalsprache ist das amerikanische Englisch (die Sprache beispielsweise aller Flughäfen und Fluggesellschaften). Früher einmal war das römische Latein nahezu universal, und zu einer anderen Zeit war das Französische die Sprache aller Bildungs- und Oberschichten in Europa. Doch was jetzt geschieht, ist etwas anderes. Die mehr oder weniger universale amerikanische *lingua franca* ist nicht auf eine Oberschicht oder eine Bürokratie beschränkt. Einsam im isolierten Sowjetrußland lebend, von der übrigen Welt weitgehend abgeschnitten, schrieb der große russische Linguist und Philosoph M. M. Bachtin:

> Das neue kulturelle und kreative Bewußtsein lebt in einer aktiv polyglotten Welt. Die Welt wird polyglott, ein für allemal und unwiderruflich. Die Zeit der Nationalsprachen, die nebeneinander existierten, aber voneinander abgeschlossen und taub füreinander waren, geht zu Ende. Sprachen werfen ein Licht aufeinander, denn schließlich kann eine Sprache sich nur im Licht einer anderen Sprache sehen. Die naive, hartnäckige

> Koexistenz von »Sprachen« innerhalb einer Nationalsprache geht gleichfalls zu Ende, das heißt, es gibt keine friedliche Koexistenz mehr zwischen territorialen Dialekten und Jargons und der Literatursprache, zwischen der allgemeinen Sprache und der Literatursprache, zwischen Sprachepochen und so weiter.*

Bachtin hat teils recht, teils unrecht. Recht hat er insofern, als er wie ein Hiob die gefährlichen Vorzeichen einer Massenkultur erkennt, die zunehmend visuell und bildlich und immer weniger verbal wird. Er täuscht sich insofern, als er das Beharrungsvermögen der Nationalsprachen nicht nur im Alltagsleben, sondern auch auf hohen Ebenen unterschätzt. Während vor zwei- oder dreihundert Jahren viele der großen Schriftsteller Universalität zu erreichen hofften, haben sich die wenigen großen Schriftsteller des zwanzigsten Jahrhunderts zunehmend auf ihre eigene Sprache fixiert. Das heißt, sie waren eher *national* als *nationalistisch*, aufgrund ihrer Achtung vor den Traditionen der Sprache, aufgrund ihrer patriotischen Zuneigung zur alten Sprache. (Man beachte dies bei den Vertretern der Bloomsbury-Gruppe, englischen Intellektuellen des zwanzigsten Jahrhunderts mit all ihren Schwächen – und einige ihrer Schwächen waren verhängnisvoll** –, doch wenn es um die Sprache ging, hatten eine Virginia Woolf oder ein Harold Nicolson sehr viel mehr Kenntnis von und Zuneigung zu den Traditionen der englischen Sprache als der antiliberale Wyndham Lewis oder der »konservative« Kingsley Amis. Ebenso in den Vereinigten Staaten: Ein Vorkämpfer der traditionellen Sprache war

* Bachtin: »Epic and Novel« in: *The Dialogic Imagination: Four Essays by M. M. Bakhtin*, Austin, Texas, 1990, S. 12.

** Ein Beispiel. Harold Nicolson über Samuel Johnson: »Für Johnson war Unaufrichtigkeit nicht nur ein moralischer Makel, sondern ein intellektueller Mangel.« Das Gegenteil war richtig. Das »nur« läßt den Schluß zu, daß »intellektuell« für Nicolson – mindestens – gleichwertig war mit »moralisch«. (Aber das war seinerzeit eine Reaktion eines englischen Intellektuellen auf das exzessive Moralisieren der viktorianischen und puritanischen Umwelt.)

der selbsternannte Anarchist Dwight Macdonald, nicht der selbsternannte »Konservative« und Nationalist Tom Wolfe.)

Bachtin schrieb die zitierte Passage um 1960, als C.P. Snow seine berühmten *Zwei Kulturen* veröffentlichte. Im Unterschied zu Bachtin hat Snow völlig unrecht. Es gibt keine zwei Kulturen. Es gibt nur eine Kultur, weil Kultur und Denken nicht voneinander zu trennen sind. Falls es eine Spaltung gibt, so nicht zwischen der »Kultur« des Natur- und der des Geisteswissenschaftlers, sondern zwischen der bürokratischen Sprache, die von Leuten verwendet wird, und der Umgangssprache, die noch immer weitgehend gebräuchlich ist. Doch gibt es jetzt gleichwohl zwei Sprachen. Die eine ist die amerikanisch-englische computerisierte Flughafen-, Wissenschafts- und Geschäftssprache, die in Tokio und Singapur ebenso wie in London und New York von neun bis fünf benutzt wird. Aber das ist nicht die Sprache, die der japanische oder englische Geschäftsmann nach fünf spricht, wenn er zu Hause am Küchentisch sitzt. Letzten Endes ist es diese zweite Sprache, auf die es ankommt. Freizeit und Muße (einschließlich einiger ihrer oberflächlichen Formen) sind die Basis der Kultur, nicht umgekehrt. Und die Sprache ist sowohl älter als auch neuer als die geschriebene Sprache oder das gedruckte Wort. Nehmen wir zum Beispiel den Roman, der ein relativ junges Phänomen ist, ein Produkt der Neuzeit. Er löst sich jetzt nach zwei Richtungen hin auf: die eine tendiert zur Geschichtsschreibung (die, nach gewissen Anzeichen zu schließen, dieses Genre in sich aufsaugen wird), die andere zu einer Art Dichtung. Alle übrigen literarischen Genres sind älter als der Roman, die meisten älter als das gedruckte Wort und einige sogar älter als die geschriebene Sprache. Und das ist der Grund, warum Nationalsprachen nicht nur überleben, sondern erstarken werden – vielleicht sogar besonders dort, wo der Nationalismus nicht zunimmt, sondern nachläßt. Das wird dann aber kein Internationalismus sein, sondern ein wiederaufblühender Patriotismus.

Der Niedergang der Religion und der sinkende Einfluß der Kirchen wurde immer deutlicher während des achtzehnten Jahrhunderts, an dessen Ende es schien, als sei dieser Niedergang unumkehrbar und vielleicht sogar schon eine vollendete Tatsache. (Innerhalb von fast zwei Jahrtausenden waren Macht und Prestige des Papsttums nie auf einem so tiefen Punkt wie 1799). Dann kam es zu einem unerwarteten Wiederaufschwung des Katholizismus und des Ultramontanismus, doch im großen und ganzen setzte sich der Niedergang während des neunzehnten und zwanzigsten Jahrhunderts fort. Selbst Atheisten und Agnostiker haben sich darüber hin und wieder bedauernd geäußert, zum Beispiel Orwell, der einmal schrieb, der größte Verlust für die westliche Zivilisation sei das Schwinden des Glaubens an die Unsterblichkeit der Seele. Das ist ein schwieriges Thema, weil sich nicht feststellen läßt, wie (und nicht wie stark) Männer und Frauen vor zweihundertfünfzig Jahren an die Unsterblichkeit der Seele geglaubt haben. Recht hatte Orwell aber mit seiner Feststellung, daß Glaube und Leichtgläubigkeit zweierlei sind.

Die meisten (und das gilt auch für Intellektuelle, Theologen und Kirchenhistoriker) führen den Niedergang des religiösen Glaubens auf das Anwachsen des Glaubens an die Wissenschaft zurück. Das mag für das neunzehnte Jahrhundert zugetroffen haben, aber selbst dann ist die Sachlage nicht eindeutig. Samuel Butler lehnte Darwin entschieden ab, ohne daß er deshalb die Religion akzeptiert oder zu seinem Glauben zurückgefunden hätte. Henry Adams entdeckte den Marienglauben, ohne daß er deshalb sein mechanistisch-deterministisches Geschichtsbild aufgegeben hätte. Jetzt, am Ende des zwanzigsten Jahrhunderts, bringen viele Menschen sowohl der Religion als auch der Wissenschaft Respekt entgegen, aber dieser Respekt ist zaghaft. (Das hat etwas zu tun mit der Tatsache, daß wir die Heuchelei inzwischen unterschritten haben; es geht jetzt nicht mehr um den Unterschied zwischen dem, was die Menschen sagen, und dem, was sie glauben, sondern um den Unterschied zwischen dem, was die Menschen zu glauben meinen, und dem, was sie wirklich glauben.)

Die große Bedrohung für den religiösen Glauben (genauer, für die Qualität und den Inhalt des Glaubens) kommt in der Gegenwart vom populistischen Nationalismus. Dies ist eine Folge der Demokratisierung der Kirchen, freilich nur eine sekundäre Folge, die nicht zu trennen ist von der Demokratisierung der ganzen Gesellschaft. Die primäre Ursache ist einfacher und bedeutsamer. Sie besteht darin, daß die Religion der Nation, daß die sentimentalen Symbole der Nation stärker sind als der religiöse Glaube, besonders wenn beide vermischt auftreten. Der Nationalismus ist, ich wiederhole es, die einzige populäre *religio* (*religio:* bindender Glaube) unserer Zeit. Das wird nicht immer so bleiben, aber im Augenblick ist es so.

Jacob Burckhardt hielt 1870 vor den Bürgern von Basel seine großartigen historischen Vorträge, in denen er neben anderen profunden Themen auch die bedeutsamen langfristigen Beziehungen zwischen Kirchen und Staaten behandelte. Er ging jedoch noch nicht sehr stark auf das schon damals aufkommende Problem des Verhältnisses der Kirchen nicht zu den Staaten, sondern zu den Nationen ein. 1950 stellte ich meinen amerikanischen katholischen Studenten, die damals strenggläubig und bibelfest waren, die Frage: »Sind Sie ein Amerikaner, der zufällig Katholik ist, oder sind Sie ein Katholik, der zufällig Amerikaner ist?« Alle entschieden sich für das erstere. Das ist ein geistiges und mentales Phänomen, das Burckhardt sofort verstanden hätte, so wie er auch verstanden hätte, daß dies etwas anderes bedeutet als das problematische Verhältnis von Kirchen zu Staaten.

Der Niedergang der Staatskirchen in den protestantischen Ländern steht nicht im Widerspruch zu diesem Phänomen, ganz im Gegenteil. Die Vermengung der Loyalitäten gegenüber Kirche und Staat in England führte dazu, daß – besonders nach dem Ersten Weltkrieg – der religiöse Glaube abbröckelte, der Patriotismus (und der Nationalismus) dagegen weniger, weil sie die stärkeren Empfindungen waren.* In den Vereinigten Staaten sind die fundamentalistischen protestantischen Kirchen mehrheitlich populistisch und nationalistisch. Gleiches gilt für die wachsenden islamischen Bewegungen, von Afghanistan bis Marokko. Auch bei den Juden war die vor etwa dreißig Jahren beginnende Wiederbekräftigung ihres Judentums nicht zu trennen, ja im Grunde angestoßen von ihrem wiederentdeckten Stolz und der neuen Loyalität gegenüber der Sache des Staates Israel. Der populistische Nationalismus ist sogar *(corruptio optimi pessima)* in die Blutbahn und vielfach sogar bis ins Mark der supranationalen heiligen römisch-katholischen und apostolischen Kirche vorgedrungen, wenn nicht auf Kosten der Supranationalität ihrer Verkündigung, so doch auf Kosten ihres spirituellen Wesens.

Ich befasse mich mit den Schriften und Reden eines ungarischen Bischofs im ersten Viertel dieses Jahrhunderts, eines sehr intelligenten Kirchenmannes, der einen Hauch von Größe hatte. Sie sind beunruhigend und zudem typisch für gewisse politische, religiöse und ideologische Strömungen seiner Zeit. Leider haben sie mehr als nur zeitgeschichtliche Bedeutung.

Ottokár Prohászka galt und gilt bei manchen Ungarn bis heute als »Reaktionär«. Das Gegenteil ist wahr. Er war eine sozial denkende, moderne, in mancher Hinsicht fortschrittliche Persönlichkeit. Er gehörte nicht zum neunzehnten Jahrhundert, mochte er auch in ihm geboren sein und seinen Dienst während des letzten, zum zwanzigsten Jahrhundert überleitenden Jahrzehnts begonnen haben. (Er starb 1926 während einer Predigt in der Budapester Universitätskirche.) Für die überkommene, von Aristokratie und Hochadel ge-

* Man beachte, daß die Loyalität (und der feierliche Eid) in England »König und Land« gelten, nicht »König und Volk«.

prägte kirchliche Hierarchie der Habsburgermonarchie hatte Prohászka nur Verachtung und Ablehnung übrig. Hier und da äußerte er sich über die Französische Revolution, im neunzehnten Jahrhundert das Anathema der Kirche; er hielt sie wegen der Korruption der alten königlichen und aristokratischen Ordnung für unausweichlich. In seinem sozialen Denken, seiner Sorge um die Menschen und die Erziehung ihrer Jugend war er seiner Zeit voraus. Er war ein antiaristokratischer Demokrat, kritisch gegenüber dem Sozialismus und dem Liberalismus sowie gegenüber einem ungebremsten Kapitalismus. (Das stand im Einklang mit der katholischen Lehre am Ende des neunzehnten Jahrhunderts, wie sie teilweise ihren Niederschlag in der Enzyklika Rerum Novarum von Leo XIII. gefunden hatte; auch andernorts setzten sich Bischöfe, die gegen die Politik der Liberalen waren, für soziale Gerechtigkeit ein.) Zum Bischof von Székesfehérvár ernannt, machte Prohászka eine bella figura, indem er es ablehnte, sich altem Brauch entsprechend in der prächtigen bischöflichen Kutsche zu seinem Sitz zu begeben – er ging, einen Schirm am Arm, vom Bahnhof aus zu Fuß zu seinem Palast. Mit älteren Mitgliedern der österreichisch-ungarischen Hierarchie hatte er gewisse Schwierigkeiten, die sich schließlich legten. Er reiste viel, war ein scharfsichtiger Beobachter und ein ungemein beeindruckender Redner, der zudem ein außergewöhnliches schriftstellerisches Talent besaß, wie einige von ihm verfaßte Kurzgeschichten beweisen, die veröffentlicht wurden.

Prohászka war ein sehr entschiedener Nationalist. Er war slowakischer Herkunft, doch gehörte die Slowakei damals zu Ungarn; er sprach Slowakisch und Deutsch, bevor er Ungarisch lernte. Er hatte den Wunsch, sich als Ungar zu identifizieren, sich dem ungarischen Nationalismus anzuschließen, dessen Kritik sich implizit gegen die herrschenden Klassen und explizit gegen die ungarischen Juden richtete. In den Reden, Briefen und Schriften Bischof Prohászkas, die den gottlosen, liberalen und kapitalistischen Materialismus gei-

ßeln, kommt hier und da seine Verachtung für die Juden in manchmal vergnügten Sarkasmen zum Ausdruck. Sie zeigen eher die Selbstsicherheit eines nationalistischen Demagogen als die gequälte Rhetorik eines Demosthenes der Kirche. Die Wortwahl deutet – auch schon in den »christlich-sozialen« Ausführungen des frühen Prohászka – auf die späteren Nationalsozialisten hin. Prohászka war zudem deutschfreundlich, wie es außer ihm viele mittel- und osteuropäische Nationalisten weit vor Hitlers Zeit waren. In einem seiner Essays über die rassischen Merkmale der einzelnen europäischen Völker heißt es, der wertvollste Faktor in ihren biologischen und geistigen Komponenten sei das germanische, nicht das lateinische kulturelle und rassische Element.

In den Worten Prohászkas und in seinem Charakter findet sich ein mildernder Umstand. Schließlich gehörte er einer supranationalen Kirche an, und das wußte er. Hätte er noch die dreißiger Jahre erlebt, hätte er wohl den Nationalsozialismus verurteilt, und nicht nur wegen der gelegentlichen Attakken der Nazis gegen die Kirche. Auch war sein Nationalismus nichts Ausschließliches: Was er erreichen wollte, war die Einheit einer »christlichen« Nation, aber nicht zu Lasten unterworfener Völker. Vielleicht war dieser mildernde Umstand aber nicht ausreichend. Natürlich kennt nur Gott das Herz dieses Bischofs, und Ihm obliegt das letzte Urteil. Wir können lediglich feststellen, daß die Verachtung, die dieser Bischof denen entgegenbrachte, die er als seine politischen und nationalen Gegner auffaßte, die Güte seines Herzens, seinen Antrieb zu einer katholischen, christlichen Nächstenliebe beeinträchtigt haben könnte. Die bei ihm (und auch sonst sehr häufig) anzutreffende Vermengung von Nationalismus und Christentum war gefährlich und mit bedauerlichen Folgen behaftet. Er hat das, glaube ich, nicht erkannt; er glaubte, daß sich beides ergänze, daß ein guter Ungar und ein guter Christ zu sein ein und dasselbe sei. Er fand alle möglichen Bundesgenossen und Anhänger, die über seinen Nationalismus hoch erfreut waren, doch ob er sie auch zu besseren

Christen gemacht hat, ist zweifelhaft. Wie Chesterton einmal bemerkte, ist es nicht die Liebe, sondern der Haß, was Menschen eint, was ansonsten grundverschiedene Menschen zusammenbringt.

Vor dem und während des Zweiten Weltkriegs gab es viele Kirchenmänner wie Prohászka. (Er war gewissermaßen ein mitteleuropäischer Vorläufer von Pfarrer Coughlin.) Es gibt sie auch jetzt noch, am Ende des zwanzigsten Jahrhunderts, wo der Nationalismus der einzige populäre Glaube mit einer populären Rhetorik ist. Die Versuchungen des Kommunismus oder eines agnostischen und atheistischen Liberalismus haben sich verflüchtigt, doch die Versuchung des Nationalismus ist noch immer da, weil sie respektabel ist, auch bei gläubigen Christen. Daher die Tendenz zu nationalen Kirchen und nationalen Religionen auch dort, wo man sich – wie im Falle der römisch-katholischen Kirche – dieser Tendenzen nicht gänzlich bewußt ist.

Die Differenzen zwischen den Kirchen Ost- und Westeuropas sind weniger liturgischer und vielleicht in noch geringerem Maße theologischer, sondern historischer und nationaler Natur. Bei etlichen Völkern Osteuropas bezieht sich die Bezeichnung »christlich« nicht nur auf die Religion, sondern auch auf die Nationalität, bei einigen überschneiden sich die beiden Bedeutungen nicht nur, sondern sind identisch. Im Russischen ist »Christ« beinahe gleichbedeutend mit »Bauer«. Auf dem Balkan, in der Ukraine, im Kaukasus und in Rußland hatte wegen des nationalkirchlichen Charakters des Ostchristentums das Wort »Christ« oft eine ausschließende Bedeutung im Sinne von Nichtrusse, Nichtgrieche, Nichtrumäne usw. Das hat seinen Ursprung im Konstantinismus, über den ich im vierten Kapitel geschrieben habe. Für Rußland, wo die orthodoxe Kirche weder supranational noch unabhängig war, wirkte sich die Einheit von Kirche und Staat verhängnisvoll aus. Die Kirche war keine vermittelnde Institution, die den Absolutismus beschränkte; sie war ein vom

Zentralstaat selbst geschaffenes, gesteuertes und geschütztes Werkzeug. So war es unter Peter dem Großen (ein anderer *fornicator immensis et crudelis*), der ihre Vollmachten wiederaufleben ließ, so war es unter Stalin und seinen Nachfolgern.

»In jeder Religion«, schrieb Christopher Dawson einmal, »ist das religiöse Ziel einer Kultur bestimmt von der Mission und der Inspiration ihrer Propheten und von der Vision und der spirituellen Erfahrung ihrer Mystiker. Wo diese lebenswichtigen Organe versagen, wird die Religion säkularisiert und geht schließlich so sehr in der kulturellen [ich würde sagen »nationalen«] Tradition auf, daß sie mit dieser identifiziert wird, bis sie am Ende nichts anderes mehr ist als eine Form gesellschaftlicher Aktivität, vielleicht sogar ein Knecht oder Komplize der Mächte dieser Welt.« Mihály Babits, ein großer katholischer Dichter, Denker und Schriftsteller Ungarns, schrieb 1939: »Eine nationale Kirche ist eine große Gefahr für unsere Seele.«

Der Westen war während des zwanzigsten Jahrhunderts nicht immun gegen derartige Gefahren. Die Bedeutung, die das Wort »christlich« im Osten hatte, hatte sich im Westen nicht eingebürgert, doch um 1890, als der Nationalismus in Mitteleuropa um sich griff, begann »christlich« eine neue Bedeutung anzunehmen: nichtjüdisch, nichtliberal, nichtsozialistisch, nichtkosmopolitisch. Das Adjektiv »christlich« mit seinem spirituellen Inhalt verwandelte sich in etwas Negatives. Es wurde von vielen, die keine Kirchgänger und eigentlich gar nicht religiös waren, übernommen und benutzt. Auf andere Weise hat sich der Konstantinismus, die Identifikation der Sache der Kirche mit dem Staat und der Nation, auch in den Vereinigten Staaten und ebenfalls bei der amerikanischen katholischen Kirche bemerkbar gemacht (so wird in unseren katholischen Kirchen oft das patriotische Treuegelöbnis gesprochen, das Sternenbanner steht neben dem Altar, der kämpfende Feldgeistliche wird idealisiert usw.). Wenn Kirche und Volk zugleich von äußeren Mächten unterdrückt werden, kann die Kirche ein Verbündeter und ein Instrument des Volkes und seiner nationalen Existenz sein. Das ist heilsam und bewundernswert; Beispiele liefern Polen und Irland in kritischen Phasen ihrer Geschichte. Doch der Katholizismus sollte sich seiner Unabhängigkeit nicht nur vom Staat, sondern auch vom populistischen Nationalismus bewußt bleiben. Oft ist er es nicht. Die katholische Kirche hat ihre bedeutendsten spirituellen Leistungen in Zeiten der Unterdrückung und Verfolgung erbracht. Doch ihre größten Versuchungen und spirituellen Herausforderungen fielen stets in Zeiten der fraglosen Unterstützung durch die säkularen Gewalten des Staates – und im demokratischen Zeitalter in Zeiten ihrer fraglosen und unbezweifelbaren nationalistischen Respektabilität.

Diese Respektabilität des Nationalismus, die sich in Deutschland mit einer tiefverwurzelten Tradition der Staatshörigkeit paarte, war ein mächtiger Faktor, den Hitler zu nutzen verstand. Dank dieser Respektabilität gelangte er an die Macht. Wir haben gesehen, daß er auch die Gefahren des Kommunismus als Argument zu nutzen wußte. Pius XII., dieser oft und zu Unrecht verlästerte Papst, war für dieses Argument nicht unzugänglich (teils aufgrund der Erfahrungen, die er 1919 in München gemacht hatte). In mancher Hinsicht ein heiligmäßiger Mann, war er kein Nationalist und kein Sympathisant der Nazis oder der Faschisten. Er empfand eine tiefe Sympathie für Deutschland und für deutsche Dinge (sein Lieblingskomponist war Wagner). Was – auch im politischen Sinne – wichtiger war: Er sah in Deutschland ein Bollwerk gegen den Kommunismus. Noch wichtiger war seine große Zuneigung zu den deutschen Katholiken. Nichts auszusetzen ist an seinem Wunsch, auch nur den Anschein zu meiden, als finde der Hitlerismus seine Billigung. Er hätte vielleicht mehr tun können, indem er sich klar und deutlich dagegen ausgesprochen hätte, doch wenn er davon abgesehen hat, dies zumindest direkt zu tun, so ist diese Zurückhaltung auf seine Umsicht zurückzuführen.

Unbezweifelbar ist, daß Pius XII. die Gefahr des Kommunismus überschätzte, während er die vielleicht weniger offenkundigen, heimtückischeren Gefahren des Nationalismus unterschätzte. Er stand damit nicht allein. 1933 stimmte das Zentrum, die Partei des deutschen Katholizismus, dem von Hitler geforderten Ermächtigungsgesetz zu, hauptsächlich deshalb, weil seine Führung den Eindruck vermeiden wollte, nicht hinreichend nationalistisch zu sein. Von allen Kirchen hat sich die katholische Kirche im Dritten Reich am wenigsten kompromittiert, doch wenn man von ihren einsamen Märtyrern und Helden absieht, hat sie sich insgesamt nicht gerade mit Ruhm bedeckt. Ein rühmliches Beispiel war die Predigt, die der Erzbischof von Münster im August 1941 in seinem Dom hielt. Von der Kanzel aus wandte er sich offen gegen die nationalsozialistische Euthanasiepraxis, die planmäßige Tötung Zehntausender Geisteskranker in speziellen Einrichtungen, wo auch erste Modelle von Gaskammern zum Einsatz kamen. Gleichzeitig begrüßte und pries Bischof von Galen jedoch die Tatsache, daß Deutschland in Sowjetrußland einmarschierte, daß das Vaterland Krieg gegen den atheistischen Kommunismus führte. Hitler beschloß, nichts gegen von Galen zu unternehmen, und gleichzeitig wies er einen bayerischen Gauleiter an, die Kruzifixe, die dieser – nach Hitlers Worten törichterweise – aus den Schulen hatte entfernen lassen, wieder anzubringen. Er hatte erkannt, daß in den Herzen und Köpfen der Masse der deutschen Katholiken Religion und Nationalismus Seite an Seite lebten (wenn sie nicht sogar ununterscheidbar vermengt waren). Er wußte, daß er auf ihren Nationalismus bauen und sich ihn zunutze machen konnte. Er und viele führende Gestalten des Dritten Reiches waren ehemalige Katholiken (und selbst in der SS gab es praktizierende Katholiken). Er wollte die Loyalität der deutschen Katholiken nicht aufs Spiel setzen, jedenfalls nicht in Kriegszeiten.

Oben habe ich geschrieben, daß in der katholischen österreichischen Stadt Braunau, dem Geburtsort Hitlers, im April

1938 von dreitausendsechshundert Wahlberechtigten nur fünf gegen ihn stimmten und daß fünfunddreißig Kilometer südlich in dem kleinen Dorf St. Radegund nur ein Mann gegen ihn stimmte. Das war Franz Jägerstätter, ein katholischer Bauer und Vater einer jungen Familie. Mehr als fünfzig Jahre später wünscht sich in Braunau kaum jemand an Hitler zu erinnern. Kaum jemand weiß etwas von Jägerstätter. Doch die Zahl derer, die von ihm wissen, scheint Jahr für Jahr zu wachsen. Ich schrieb oben, Hitler sei vielleicht der größte Revolutionär des zwanzigsten Jahrhunderts. Aber auch Jägerstätter war ein Revolutionär – in dem prophetischen Sinne, in dem der große französische katholische Dichter und Visionär Charles Péguy schon vor dem Ersten Weltkrieg schrieb: »Die wahren Revolutionäre des zwanzigsten Jahrhunderts werden die Väter christlicher Familien sein.« In diesem Sinne war Jägerstätter, nicht Hitler der wahre Revolutionär.

Das Dorf St. Radegund liegt am Rand eines niedrigen Hügels, abseits der Straße, die von Braunau nach Salzburg führt. Ich bin an einem kalten Frühlingstag dorthin gefahren. Als die Wolken aufrissen, glitzerten die Felder in den kalten grünen Farben eines nördlichen Frühlings. Wenn man von einem kleinen Traktor hier und da, von den fernen Schemen moderner Fabriken am Horizont absah, erinnerte die Szenerie an ein Europa, das fünfzig und mehr Jahre zurückliegt. Auf den Feldern sah ich Frauen arbeiten, einige in der traditionellen bäuerlichen Tracht (was man in Europa heute nur noch selten findet). Weil ich in Ostermiething, wo Rohre verlegt wurden, eine Umleitung nehmen mußte, war St. Radegund nur schwer zu finden. Eine halbe Stunde später verspürte ich die übliche Erleichterung des suchenden Autofahrers, als ich das Straßenschild für St. Radegund entdeckte, unter dem zu meiner Freude ein weiteres Schild angebracht war: GRAB JÄGERSTÄTTER.

St. Radegund war menschenleer. Es war vollkommen still. Irgendwo hörte ich eine Kuh kräftig muhen. Nach einigen

Minuten erfolglosen Wartens erspähte ich über die Straße hinweg einen Mann, der mir den Weg zu der in einer kleinen Senke gelegenen Kirche zeigte, an deren Mauer Jägerstätters Grab liegt. Er wurde am 9. August 1943 im Gefängnis von Brandenburg enthauptet.

Er hatte sich geweigert, in der deutschen Wehrmacht zu dienen – nicht weil er Pazifist war, nicht weil er österreichischer Patriot war, sondern wegen seiner katholischen Überzeugungen. Dieser Krieg, Hitler und der Nationalsozialismus waren Ursachen des Bösen; dies brachte er vor dem Kriegsgericht und in dem, was er vor und während seiner Gefängnishaft schrieb, zum Ausdruck. Das Gefängnis war die letzte Station der Pilgerfahrt seines im übrigen unauffälligen Lebens. Franz Jägerstätter war der Sohn einer Magd, die seinen Vater nicht heiraten konnte. Beide waren dafür zu arm – das war damals das ungeschriebene Gesetz unter den oberösterreichischen Bauern. Seine Großmutter kümmerte sich um den Knaben. Zwei Jahre später heiratete die Mutter einen bessergestellten Bauern. Er adoptierte Franz und gab ihm seinen Namen Jägerstätter. Das war kurz vor Ende des Ersten Weltkriegs. Es folgten die prägenden Jahre Franz Jägerstätters in einem ärmlichen Landstrich. Er arbeitete fleißig, war geachtet im Dorf, wo er der erste war, der ein Motorrad erwarb, ein stattlicher Bauernbursche, lebenslustig und kampflustig, mit einem Hang zum Feiern. Mit sechsundzwanzig zeugte er eine uneheliche Tochter. Drei Jahre später heiratete er eine andere junge Frau. Sie hatten drei Töchter. Es war eine glückliche Ehe. Doch im Frühjahr 1938 gab es Unstimmigkeiten zwischen ihnen, als er erklärte, er werde nicht für den Anschluß stimmen. Seine Frau fürchtete sich vor den Folgen und wandte sich gegen ihn. Er war tief verletzt. Schließlich lernte sie, seine Überzeugungen zu achten.

Die Gläubigkeit und Güte seiner Großmutter waren nicht spurlos an ihm vorübergegangen, doch in seiner frühen Jugend war er nicht sehr religiös gewesen. Zwischen 1933 und 1936 hatte sich sein Glaube vertieft. Von seinem sechsund-

zwanzigsten Lebensjahr an setzte er sich immer stärker mit der Bedeutung seines Glaubens auseinander. Das zeigen Briefe an seinen Patensohn und Bemerkungen zur Bibellektüre, die vor einigen Jahren von seiner Biographin veröffentlicht wurden. Sie sind bemerkenswert in ihrer Schlichtheit, ihrer Reinheit und ihrem Scharfblick. Darin findet sich nichts von der schwülstigen Sprache und der auf das Jenseits gerichteten Spiritualität, wie man sie in der österreichischen religiösen Literatur seiner Zeit häufig antrifft. Es geht in ihnen um die Verantwortung eines gläubigen Katholiken in dieser Welt. Für Franz Jägerstätter gehörte dazu die Erkenntnis der Gefährlichkeit des Nationalsozialismus und die daraus erwachsende Pflicht, ihn zu bekämpfen.

Das fiel ihm nicht leicht. In einem gewichtigen Sinne stand er allein unter den Seinen. 1931 hatten die Nazis in Braunau ihren Stimmenanteil verdoppelt. In der Pfarrchronik von Ostermiething heißt es 1933: »Unsere Grenzbevölkerung ist vom Nationalsozialismus ganz durchfressen, die Begeisterung für Österreich gleich Null.« Braunau ernannte Hitler 1935 zum Ehrenbürger, doch wurde dieser Beschluß von der österreichischen Regierung widerrufen. Die politischen Parteien waren verboten worden, doch gab es viele illegale Mitglieder der Nazipartei (allerdings nicht in St. Radegund, wo man Jägerstätter im März 1938 das Amt des Bürgermeisters antrug, was er ablehnte).

Auch in einer anderen wichtigen Beziehung stand er allein. Die Führung, die er von seiten seiner Kirche erhielt, war weder eindeutig noch entschieden. Stärkung bezog er aus einigen kirchlichen Verlautbarungen: Bis 1938 unterstützte die österreichische Hierarchie die katholischen Regierungen Dollfuß und Schuschnigg gegen die Nazis; 1937 schrieb Pius XII. die Enzyklika Mit brennender Sorge, *die den Rassismus der Nazis verurteilte und die Jägerstätter immer wieder las und zitierte; und der Bischof seiner Diözese, Gföllner von Linz, war ein alter Traditionalist und erklärte kurz und bündig, ein Katholik könne kein Nazi sein. Doch am 27. März 1938 wurde in allen Messen ein von der gesamten österreichischen Hierarchie beschlossener Hirtenbrief verlesen, der die Einheit mit Deutschland begrüßte, den Nationalsozialismus lobte und das katholische Volk Österreichs auf seine Pflicht hinwies, für Hitler zu stimmen. Es gab österreichische Bischöfe, die der nationalistisch-völkischen Richtung nahestanden (Gföllner zählte nicht zu ihnen); andere, und es waren nicht wenige, wollten sich der allgemeinen Begeisterung nicht in den Weg stellen; aus späterer Sicht besonders bedeutsam sind jene Passagen des Hirtenbriefes, in denen die Bischöfe erklärten, daß sie darauf vertrauten, daß Katholizismus und Nationalsozialismus miteinander zu vereinbaren seien: »Wir erkennen freudig an, daß die nationalsozialistische Bewegung [...] Hervorragendes geleistet hat [...und daß] durch das Wirken der nationalsozialistischen Bewegung die Gefahr des alles zerstörenden gottlosen Bolschewismus abgewehrt wurde.« Jägerstätter kam oft auf diesen Hirtenbrief zurück. »Die Kirche Österreichs ließ sich gefangennehmen«, schrieb er. Von den Verlautbarungen der deutschen Bischöfe konnte er auch keinen Beistand erwarten. Kardinal Bertram von Breslau erklärte 1939: »Heil Hitler – das geht auf das irdische Reich; Gelobt sei Jesus Christus – das ist die Verbindung zwischen Himmel und Erde.« Eine schlauere Formel hätte man sich nicht ausdenken können. Auf die Glückwünsche, die ihm die deutsche Bischofskonferenz zu seinem einundfünfzigsten Geburtstag ausgesprochen hatte, antwortete Hitler im April 1940, es freue ihn, daß die Bemühungen der katholischen Kirche, den christlichen Charakter des deutschen Volkes zu bewahren, nicht dem Programm der Nationalsozialistischen Partei entgegenstünden.*

Jägerstätter stand nicht völlig allein. In St. Radegund war der Priester, Pfarrer Karobath, sein enger Freund. Dieser wurde 1940 für kurze Zeit inhaftiert. Im Dekanat Ostermiething wurden mehrere Priester von der Gestapo geholt. Im Innviertel und in ganz Oberösterreich wurden relativ mehr Priester eingekerkert oder ermordet als in jeder anderen

Provinz Österreichs. Ein Gestapobeamter äußerte 1939 gegenüber dem Pfarrer der Braunauer Stadtpfarrkirche: »Im Bezirk Braunau [zu dem St. Radegund gehörte] machen wir gar keine Fortschritte.« Unter den Geistlichen gab es nur einen überzeugten Nazisympathisanten, den aus Deutschland stammenden Pfarrer Weeser-Krell, der sich bemühte, Pfarrer der Kirche in Hitlers Geburtsort zu werden, was aber von Bischof Gföllner verhindert wurde. Stadtpfarrer Ludwig (der 1989, hoch in den Achtzigern, noch lebte) wurde 1941 von der Polizei verhaftet. Als Deutschland Rußland überfiel, erwarteten Hitler und seine Regierung die Unterstützung der Katholiken für seinen »Kreuzzug« gegen den atheistischen Bolschewismus. Mochten die Ideen und Praktiken des Kommunismus auch noch so falsch sein, schrieb Jägerstätter, so werde hier doch nur wieder ein unschuldiges Volk überfallen. Die Praktiken und Lehren des Nationalismus seien denen des Kommunismus in nichts vorzuziehen.

Er hielt seine Gedanken zu Hause in Heften fest und sprach darüber, wenn sich die Gelegenheit ergab, mit Angehörigen und Freunden. Den St. Radegundern muß man zugute halten, daß sie ihn nie bei der Polizei angezeigt haben. Dabei waren viele seiner Nachbarn anderer Meinung als er. Die Männer des Dorfes taten ihre vaterländische Pflicht und dienten in der Wehrmacht, doch Jägerstätter tat das nicht und sagte, er werde es nicht tun. Seine Frau stellte seine Überzeugungen und seine Entscheidung nun nicht mehr in Frage. Wohl aber seine Mutter, die erbittert darüber war, daß ihre Schwiegertochter sie nicht unterstützte. Sein Dorfpfarrer erklärte ihm, er tue nichts Unrechtes, wenn er seinen Überzeugungen folge. Die beiden baten um eine Audienz bei dem neuen Linzer Bischof Fließer (Gföllner war 1941 gestorben). Dieser versuchte Jägerstätter von seinem Entschluß abzubringen: Es sei besser für den Betroffenen, wenn er dem Gestellungsbefehl folge, sagte er.

Im Februar 1943 wurde Jägerstätter einberufen. Er begab sich zur angegebenen Kaserne und sprach dort seine Verwei-

gerung aus. Er wußte, wohin das letztlich führen mußte. Doch im Linzer Gefängnis beschlichen ihn Zweifel. Er hatte schließlich eine Verantwortung für die Familie, für seine Frau – auch wenn sie ihn nicht bat, nicht seinem Gewissen zu folgen. Da war die Versuchung, sich einzureden, daß das, was er tat, auf Selbstmord hinauslief, für einen Katholiken eine Todsünde. Diese quälenden Gedanken waren verflogen, als er in ein Wehrmachtsgefängnis nach Berlin verlegt wurde. Seine Religiosität, seine Fröhlichkeit, seine Sorge um die Mitgefangenen, mit denen er in Berührung kam, beeindruckten diese. Er schrieb viele Briefe an seine Frau, die ihn einmal besuchen durfte. Er fuhr fort, seine Gedanken zu notieren. Unter anderem schrieb er: »Es ist den Mächten dieser Welt nicht gegeben, das Gewissen eines einzigen Menschen zu unterdrücken.« Und: »Wer sich seines Glaubens schämt, zeigt, daß er Jesus Christus nicht kennt.« Jägerstätter war weit davon entfernt, ein religiöser Fanatiker zu sein. Es ist natürlich, daß ein wahrhaft Gläubiger und besonders ein zum Tode Verurteilter seine Gedanken auf die künftige Welt richtet. Jägerstätter glaubte an die künftige Welt und hoffte auf sie, aber noch mehr glaubte er an die Pflichten eines Christen in dieser Welt. Viele seiner Äußerungen erinnern mich an einen anderen Märtyrer Hitlers, den protestantischen Pastor Dietrich Bonhoeffer, der, ebenfalls im Gefängnis und vor seiner Hinrichtung, schrieb: »Der Weg Christi geht nicht von dieser Welt zu Gott, sondern von Gott zu dieser Welt.« Oder an Simone Weil: »Objekt unserer Sorge sollte nicht das Übernatürliche sein, sondern die Welt. Das Übernatürliche ist das Licht selbst; wenn wir es zum Objekt machen, erniedrigen wir es.« (Sie starb im gleichen Monat wie Jägerstätter.) Jägerstätter wurde am 9. August enthauptet. Der Gefängnisgeistliche erklärte nach der Hinrichtung gegenüber zwei österreichischen Ordensschwestern, sie könnten stolz sein auf ihren Landsmann. »Ich habe die Gewißheit, daß dieser einfache Mensch der einzige Heilige ist, der mir in meinem Leben begegnet ist«, sagte er.

Ein Jahr nach dem Krieg brachte Franziska Jägerstätter die sterblichen Überreste ihres Mannes heim nach St. Radegund. Pfarrer Karobath war wieder in seine Pfarrei zurückgekehrt. Viele Dorfbewohner wußten nicht, wie sie sich zu der Geschichte Jägerstätters verhalten sollten; manchen war der Mann oder der Sohn im fernen Rußland gefallen, manche waren verwundet oder verkrüppelt heimgekehrt. Seit Jahrhunderten war es Tradition und Brauch, dem Ruf der Herrscher des Landes zu folgen. Warum war Jägerstätter ein Sonderfall? Die österreichischen Behörden beschieden den Antrag von Franziska Jägerstätter auf die übliche Kriegerwitwenrente zunächst abschlägig; ein Bürokrat erklärte, ihr Mann sei kein Soldat gewesen. Die Witwe und der Priester wurden jahrelang von Kriegsteilnehmern und ihren Angehörigen dafür kritisiert, daß sie einen Mann ehrten, der seine österreichischen Kameraden »im Stich gelassen« hatte. Einige sagten, Jägerstätter sei ein »Volksverräter« gewesen. In den sechziger Jahren trat dann ein allmählicher Wandel ein. Er hing damit zusammen, daß inzwischen eine Generation herangewachsen war, der die Erinnerungen an die Kriegerkameradschaft nichts mehr sagten, aber auch mit dem Respekt der St. Radegunder vor der Witwe, die die drei verwaisten Töchter aufgezogen und den bäuerlichen Familienbetrieb musterhaft bewirtschaftet hatte.

Eine wesentliche Rolle im Kampf um die Anerkennung Jägerstätters übernahm ein Amerikaner. Über Jägerstätter las ich erstmals vor dreißig Jahren in einem Artikel von Gordon Zahn, der im Zweiten Weltkrieg den Wehrdienst verweigert hatte, ein engagierter Pazifist und Anhänger von Dorothy Days katholischer Arbeiterbewegung. Er hatte etwas über Jägerstätter gelesen und beschlossen, der Sache nachzugehen. Das Ergebnis war ein großartiges Buch, In Solitary Witness, *das 1966 erschien – für lange Zeit das einzige Werk über Jägerstätter. Seither sind sehr viele weitere Dokumente und Einzelheiten ans Licht gekommen, doch Zahns Buch hat nach all den Jahren seine Gültigkeit behalten, wie mir Jäger-*

stätters Biographin, Dr. Erna Putz, erklärte. Ich fand sie in Ostermiething, im Pfarrhaus (wo sie dem Pfarrer hilft und sich unter anderem der Erziehung zweier kleiner vietnamesischer Kinder von den Boat people widmet), rund eine Stunde nach meinem einsamen Besuch in St. Radegund.

Die kleine weiße Kirche von St. Radegund ist schön, vielleicht sogar bemerkenswert schön selbst in dieser an Zwiebelturmkirchen so reichen Gegend Österreichs. Ein mit Kopfsteinen gepflasterter Weg führt zu ihr hin. Die Kirche (1422 errichtet) war offen, aber leer. In Österreich herrscht, wie in vielen anderen Ländern, Priestermangel; die Messe wird gelesen und die übrigen Sakramente werden erteilt von dem Pfarrer, der von Ostermiething herüberkommt. Vor der weißen Wand der Kirche liegt Franz Jägerstätters Grab. Es ist durch nichts als das Kruzifix gekennzeichnet, das sich darüber erhebt. Doch links davon ist eine kleine Bronzetafel in die Kirchenwand eingelassen mit der folgenden Inschrift:

Dank sei Gott für Jägerstätter!
Er wußte, daß wir alle Brüder sind
und daß das Gebot Christi für alle gilt.
Er ist nicht umsonst gestorben!
Möge die große Liebe Gottes und seines Sohnes Jesu Christi
die Herzen aller Menschen erfüllen!
Möge diese große Liebe die Welt durcheilen –
damit der Friede Gottes in die Herzen aller Menschen einziehe.
Amen.

Bruder in Christus
Missoula – Montana – USA
9. August 1968

Ich verspürte einen gewissen Stolz, Amerikaner zu sein.

Ich ging zurück in die Kirche. Neben dem Eingang lag aufgeschlagen so etwas wie ein Gästebuch. Es war voller handschriftlicher Eintragungen von weithergereisten Men-

schen: Iren, Engländern, Polen, Ungarn, Rumänen und vielen, vielen Deutschen. Ich schrieb mir nur eine der Eintragungen ab. »Ich war deutscher Soldat. Ich weiß jetzt, daß Franz Jägerstätter der einzige war, der seine Pflicht gegenüber unserem Volk getan hat.« An jenem Nachmittag erzählte mir Erna Putz in Ostermiething, daß an jedem 9. August, dem Jahrestag des Martyriums, alle möglichen Leute nach St. Radegund kommen. An diesem Tag findet eine Wallfahrt von St. Radegund zur Kirche in Ostermiething statt. Dies sei, sagte sie, inzwischen zu einer örtlichen Tradition geworden – hundert Jahre nach der Geburt Adolf Hitlers. Ich dachte an die spärlichen Blumen auf dem Grabe von Hitlers Eltern in Leonding und an die traurige Tatsache, daß von allen geschichtlichen Gestalten dieses Jahrhunderts einzig Hitler kein Grab hatte. An diesem kalten Märztag in St. Radegund war Franz Jägerstätters Grab mit frischen Blumen bedeckt.

Wir leben immer noch in einer Zeit, in der der Nationalismus die stärkste politische Kraft der Welt ist. Wir dürfen nicht vergessen, daß Jägerstätters Martyrium nicht nur der Tatsache zuzuschreiben war, daß er die Autorität des Staates verwarf; was schlimmer war: er wurde, zumindest eine Zeitlang, von seinem eigenen Volk verworfen. Hitler war einer derjenigen, die dem Nationalismus einen neuen Geist einhauchten, die ihn zu einem populistischen Nationalismus aufblähten, der stark genug war, gewisse Leute bis heute zu begeistern. Doch Jägerstätters einsames Zeugnis war nicht nur das Martyrium eines Mannes, der sich gegen einen Tyrannen und seine Regierung auflehnte. Es war der lebende Beweis dafür, daß der religiöse Glaube und jene Art von Nationalismus unvereinbar waren – und deshalb hat seine religiöse Inspiration die Hitlers überlebt und wird sie auch künftig überleben.

IX
DER STAAT AM ENDE DER NEUZEIT

Am Ende des zwanzigsten Jahrhunderts, mit dem praktisch die Neuzeit endet, ist eine sonderbare neue Konstellation eingetreten. Während der Nationalismus immer noch sehr stark, hier und da sogar am Zunehmen ist, hat die Autorität des Staates abzunehmen begonnen.

Vielen fällt es schwer, zwischen Land, Staat und Nation zu unterscheiden. Das ist verständlich, denn zumindest während des letzten Jahrhunderts sind Staat und Nation beinahe identisch geworden. Zuvor aber waren sie, mit wenigen Ausnahmen, nicht identisch, und bald könnte es mit ihrer Identität vorbei sein.

Der Staat, wie *wir* ihn kennen, entstand am Beginn der Neuzeit (in *Die Kultur der Renaissance in Italien* überschreibt Burckhardt ein Kapitel mit »Der Staat als Kunstwerk«). Er hatte damals nichts mit der Nationalität zu tun.

Hier geht es mir jedoch erst einmal um etwas anderes. Es gibt nichts in dieser Welt, das vollkommen unabhängig von allem anderen wäre; alles ist bestimmt durch sein Verhältnis zu anderen Dingen, die es nicht ist; alles ist definierbar durch seine Grenzen und existent dank ihrer. Die Entstehung des modernen Staates war nicht zu trennen von der Entstehung des ersten Staatensystems, das heißt von der Entstehung anderer, ähnlicher Staaten und von seinen Beziehungen zu ihnen. Dieses System bildete sich erstmals zwischen den italienischen Stadtstaaten des fünfzehnten Jahrhunderts heraus, die ständige Beziehungen zueinander aufnahmen und ständige Vertreter untereinander austauschten. Der Beginn der modernen Diplomatie war ein Teil, aber nur ein Teil, dieser Entwicklung.

Dieses italienische Netz, dieses Staatensystem innerhalb Italiens, zerriß zu Beginn des sechzehnten Jahrhunderts. (Dieses Jahrhundert war ein Übergangsjahrhundert, das in die Neuzeit hineinführte, so wie auch das zwanzigste Jahrhundert ein Jahrhundert des Übergangs war, das aus der Neuzeit herausführt.) Doch am Ende des Dreißigjährigen Krieges entstand 1648 das moderne europäische Staatensystem. Was zuvor in Italien üblich war, wurde jetzt europäische Praxis (und umfaßte bald auch England, allerdings noch nicht Rußland). Diese kontinentale Vernetzung bildete sich zusammen mit der Autorität souveräner Staaten heraus, zusammen mit der genauen Festlegung der Staatsgrenzen und mit dem sogenannten Gleichgewicht der Kräfte.

Dieses System hielt sich dreihundert Jahre und endete 1945. Seine überragende Bedeutung ist in letzter Zeit von ökonomischen und soziologischen Betrachtungsweisen nicht hinreichend gewürdigt worden. Der entscheidende Faktor in der Geschichte der Welt waren dreihundert Jahre lang – und sind vielfach bis heute – die Beziehungen zwischen Staaten, nicht zwischen Völkern oder gar Klassen. Die zwischenstaatlichen Kriege und ihre Folgen waren entscheidender als die inneren Konflikte innerhalb von Staaten. Schon im achtzehnten Jahrhundert war der durch Kriege bewirkte Aufstieg Rußlands und Preußens und der Vereinigten Staaten vermutlich folgenreicher als selbst die Französische Revolution. Die Jahre zwischen 1770 und 1848 waren eine Zeit bedeutender demokratischer Revolutionen, aber auch bedeutender Kriege. Von 1848 bis 1945 folgte ein Jahrhundert lang eine Zeit immer größerer Kriege. Bismarck war sich dessen bewußt, als er 1848 erklärte, Deutschland werde nicht durch verfassunggebende Versammlungen und Reden schwingende Professoren geeint, sondern durch Blut und Eisen. Es hat während des 1945 endenden Jahrhunderts durchaus Revolutionen gegeben, aber sie waren die Folge von Kriegen; so war die Russische Revolution von 1917 weitgehend die Folge eines unpopulären Krieges.

Das europäische Staatensystem und Gleichgewicht der Kräfte verwandelte sich um 1900 mit dem Auftreten der Vereinigten Staaten und Japans als Weltmächte in ein größeres, globales Gleichgewicht der Kräfte. (Politisch gesehen war die Welt bis 1900 noch nicht rund geworden, vierhundert Jahre nach der Entdeckung, daß die Erde geographisch eine Kugel ist.) Doch schon zuvor vollzog sich eine bedeutendere Entwicklung: die innere, nicht die äußere Transformation der Struktur der Staaten und ihrer Systeme. Der Rahmen der Staaten begann sich nach und nach – und schließlich mit wachsender Geschwindigkeit und Masse – mit einem Inhalt zu füllen, der aus ganzen Nationen bestand. Noch zu Beginn des neunzehnten Jahrhunderts gab es in weiten Teilen Europas keine nationalen Gefühle, wie wir sie heute kennen, außer hier und da bei den Mittelschichten – jedenfalls nicht bei den Bauern, die die Masse der Bevölkerung und die Masse der Infanterie stellten, wenn die Herrscher der Staaten sie brauchten. 1914 kämpften aber schon ganze Nationen gegeneinander. Der Erste Weltkrieg wurde zu einem Krieg nicht nur zwischen großen Staaten, sondern auch zwischen großen Nationen. Deshalb hat er so lange gedauert und soviel Blut gekostet.

Die erste Hälfte des zwanzigsten Jahrhunderts war geprägt durch die großen Weltkriege. Nach dem Zweiten Weltkrieg wurde die Geschichte der Welt durch eine andere, neue Phase geprägt. Fünfundvierzig Jahre lang haben wir keine großen Kriege erlebt. In der gleichen Zeit haben sich ganze Imperien und Staaten aufgelöst; dieses Phänomen setzt sich gerade jetzt fort, vor allem innerhalb der ehemaligen Sowjetunion, der Erbin des vormaligen Russischen Reiches.

Oft (aber nicht immer und nicht überall) war die Nation vor dem Staat da. Eine Zeitlang wurde sie beinahe identisch mit dem Staat. Für viele Menschen und vielerorts ist sie es noch immer. Doch diese Identität wird nicht ewig währen, vermutlich nicht einmal das ganze einundzwanzigste Jahrhundert hindurch. Nationen werden, gleichgültig, ob sie nationalistisch sind oder nicht, noch lange bestehen, aber was wird aus dem Staat werden?

Daß Nationen der Existenz jener Art von Staaten, die wir gewohnt sind, vorausgegangen sind und diese vermutlich überleben werden, ist eine ebenso wichtige Tatsache wie die derzeitige, fast unglaubliche Vermehrung kleiner National- oder Stammesstaaten. Doch noch immer sind die Beziehungen zwischen mächtigen Staaten der ausschlaggebende Faktor.

Wir (und vielleicht besonders die Amerikaner) neigen dazu, die Staaten Europas als alte Staaten zu betrachten. Doch die meisten der heutigen europäischen Nationen waren nicht in der Lage, ihre Eigenstaatlichkeit aus eigener Kraft zu erreichen. Ungeachtet ihres lautstarken Nationalismus waren sie auf die Intervention anderer, größerer Staaten und Mächte angewiesen. Sie benötigten fremde Hilfe, fremde Armeen (Freiwillige aus anderen Nationen reichten nicht aus). Dies gilt auch für Italien, dessen großer Staatsmann Cavour verkündet hatte, Italien werde es allein schaffen *(l'Italia farà da se)*; so kam es jedoch nicht. Die Einigung Italiens und die Vertreibung der Österreicher aus Norditalien wurde möglich durch die Hilfe französischer Armeen in Norditalien und durch die Niederlage, die Österreich außerhalb Italiens durch Preußen zugefügt wurde. In den hundert Jahren vor 1920 wurden Griechenland, Rumänien, Italien, Bulgarien und Albanien zu unabhängigen Staaten, doch sie waren nicht in der Lage gewesen, ihre Unabhängigkeit ohne fremde Hilfe zu erreichen. Man kann Finnland, Estland, Lettland, Litauen, die Tschechoslowakei, Ungarn und Polen hinzunehmen. Sie wurden nach 1918 zu unabhängigen Staaten. Das war nur möglich dank des Zerfalls des österreichischen und des Russischen Reiches (und im Falle Polens dank der Niederlage des Deutschen Reiches). Die meisten Balkanstaaten waren entstanden, weil sich zuvor das Osmanische Reich zurückgezogen und aufgelöst hatte.

Auch auf dem amerikanischen Kontinent war die Unabhängigkeit *aller* mittel- und südamerikanischen Staaten das Ergebnis der allmählichen Auflösung des spanischen und des portugiesischen Reiches (und im Falle Haitis des französischen Übersee-Imperiums) – die Herrscher des Mutterlandes waren außerstande oder nicht gewillt, dessen Souveränität jenseits des Atlantik durchzusetzen. Dies hing untrennbar mit der Weigerung Englands (und, zumindest indirekt, der Vereinigten Staaten) zusammen, Spanien zu unterstützen, und dem Bestreben, statt dessen die Unabhängigkeit der neuen mittel- und südamerikanischen Staaten zu fördern.

Daß bestimmte Nationen (und nicht nur ehemalige Kolonien) schließlich ihre Eigenstaatlichkeit erlangten, hing damit zusammen, daß in einem Zeitalter der Demokratie und des Liberalismus die imperialen Überzeugungen schwächer wurden. (So gewährte Schweden 1905 den Norwegern die Unabhängigkeit, und 1922 erteilten die Briten widerstrebend einem Irischen Freistaat ihre Zustimmung, auf Kosten der Teilung von »John Bulls anderer Insel«.)

Nach 1945 kam es zur Auflösung der noch verbliebenen großen Kolonialreiche. Am Ende des zwanzigsten Jahrhunderts besteht die große Mehrheit der unabhängigen Staaten aus ehemaligen Kolonien der Großmächte. Doch wie »unabhängig« sind sie, und wie »souverän«? (Sie sind alle Mitglieder der Vereinten Nationen. Doch der Name dieser »internationalen« Organisation ist falsch. Es ist eine Organisation von Staaten, nicht von Nationen.)

Die überwältigende Mehrheit der gegenwärtigen Staaten hat also ihre Unabhängigkeit erst während der letzten hundertsiebzig Jahre erklärt. In vielen Fällen folgten auf die Unabhängigkeit nicht Wohlstand oder auch nur Freiheit, sondern anhaltendes Elend und immer wieder neue innere Tyranneien.

Dies trifft zum Glück nicht auf die Vereinigten Staaten zu –

aus vielen Gründen. Nicht unbedingt dank ihrer Unabhängigkeitserklärung, die einige hochtrabende und ungenaue Wendungen enthält und inzwischen nicht mehr einzigartig ist – denn mittlerweile haben die meisten Staaten der Welt und praktisch alle ehemaligen Kolonialstaaten ihre eigenen Unabhängigkeitserklärungen verfaßt. Die Vereinigten Staaten verdanken ihre Freiheit und ihren Wohlstand weitgehend ihrer Verfassung. Doch selbst diese hervorragende Verfassung versagte 1861 – nicht wegen der Sklaverei, sondern wegen der Sezession. Hinsichtlich der Verfahrensweisen für die Aufnahme von Staaten in die Union war die Verfassung eindeutig, und das ist sie bis heute, doch was deren Recht auf freiwilligen Austritt aus der Union betrifft, war sie unklar.

Abraham Lincoln war ein liberaler amerikanischer Nationalist. Während seiner Präsidentschaft beschwor er immer häufiger die »Nation«. James McPherson hat festgestellt, daß Lincoln nach 1861 immer seltener von der »Union« und immer öfter von der »Nation« sprach. In seiner ersten Botschaft an den Kongreß (4. Juli 1861) benutzte Lincoln zweiunddreißigmal »Union«, dreimal »Nation«. In der Gettysburg-Rede (19. November 1863) benutzte er »Union« nicht einmal, »Nation« fünfmal. In seiner vielleicht größten Rede, seiner zweiten Antrittsrede (4. März 1865), sagte er, der Krieg habe begonnen, weil eine Seite bestrebt gewesen sei, die Union aufzulösen, und die andere Seite dafür gekämpft habe, die Nation zu erhalten. Das ist ganz richtig und sehr aufschlußreich. Und vielleicht steckt noch mehr dahinter. Es war Lincoln bewußt, daß die Südstaatler derselben, damals noch überwiegend englisch-keltisch-amerikanischen Nation angehörten. Was er nicht zulassen wollte, war die Entstehung nicht von zwei Nationen, sondern von zwei Staaten. Das wußten die Südstaatler. Bis auf den heutigen Tag sind sie überzeugte Verfechter der Volkssouveränität und des amerikanischen Nationalismus, doch nach dem Bürgerkrieg hat kein Südstaatler jemals wieder von Sezession gesprochen.

Die Souveränität des Staates und die Souveränität des Volkes sind zweierlei. Die erstere setzte sich zu Beginn der Neuzeit in einem raschen und heftigen Entstehungsprozeß durch; gegenwärtig befindet sie sich in einem sichtbaren und greifbaren Verfallsprozeß. Die letztere hat während der letzten hundert bis hundertfünfzig Jahre weltweite Anerkennung erlangt; gegenwärtig ist sie unanfechtbar, und daran wird sich auch nichts ändern.

Die Souveränität des Staates war gebunden an die Souveränität des Monarchen. (Darin bestand eine Differenz zum alten Patriotismus und zum demokratischen Nationalismus.) Vor genau vierhundert Jahren einte Heinrich IV. Frankreich zum ersten modernen, zentralisierten Staat. Eines seiner wichtigsten politischen Instrumente war die damals relativ seltene Verkündigung religiöser Toleranz. Durch Tolerierung der französischen Protestanten wollte er nicht nur eine Reihe von Religions- und Bürgerkriegen beenden, sondern den Staat einen und den Primat der Loyalität gegenüber dem zentralisierten Königreich herstellen.

Zufällig zollte im selben Jahr ein ganz anderer Monarch unter ganz anderen Bedingungen der Souveränität der Herrscher von Staaten seine Anerkennung. Papst Gregor XIV. wünschte die zahlreichen Mißbräuche zu beschränken und abzustellen, die mit dem aus dem Mittelalter überlieferten, von den Kirchen gewährten Asyl getrieben wurden, und verkündete 1591 in seiner Bulle *Inter Alia* die Aufhebung sämtlicher Asylrechte für »Straßenräuber, Verwüster von Feldern, Mörder und Verstümmeler, die an heiligen Stätten [Kirchen und Friedhöfe] töten und verstümmeln, *und Verräter an ihrem Souverän.*«* Die Hervorhebung stammt von mir.

Während des achtzehnten Jahrhunderts kamen Monar-

* Owen Chadwick: *The Popes and European Revolution,* Oxford 1981, S. 49. Wie weit wich das doch ab von den ersten Kirchenvätern, zum Beispiel Tertullian, der im dritten Jahrhundert erklärte, die Kirche sei die Antithese zum Staat. Aber das war vor Konstantin.

chen dahin, »sich nicht *als* der Staat zu betrachten – wie Ludwig XIV.* –, sondern *als der erste Diener des Staates* – wie Friedrich von Preußen«. Joseph II., der Anwärter auf den Habsburgerthron, schrieb gegen Ende des Jahrhunderts an seine Mutter, Kaiserin Maria Theresia, die ihn warnend darauf hingewiesen hatte, daß »Toleranz« gleichbedeutend sei mit Nachlässigkeit hinsichtlich der religiösen Wahrheit und daß sie die Religion schädigen und zerstören werde. Josephs Antwort ist bemerkenswert. Sie zeigt, daß der Staat für diesen frühen Liberalen und Prototyp eines aufgeklärten Monarchen über alles ging.**

Nochmals hundert Jahre später schrieb Nietzsche, der Staat sei ein »kaltes Monster«, das kälteste aller Monster. Daß im Namen des Staates viele Verbrechen begangen worden sind, daß von den Mächten des Staates viele persönliche Freiheiten unterdrückt worden sind, ist unbestreitbar. Dennoch hat es schon damals und seither viele Fälle gegeben, in denen die Autorität und die Gesetze der Zentralregierung des Staates (und oft eines Monarchen) diese Freiheiten geschützt haben, in denen die Herrschaft des Staates weniger hart war als provinzielle Mißregierung oder die Tyrannei von Nachbarn. Die Geschichte der Vereinigten Staaten liefert unzählige Beispiele dafür, ganz zu schweigen vom modernen Italien, wo im Süden Mafia, 'Ndrangheta und Camorra

* Wenn er es denn überhaupt gesagt hat. Die Entstehung dieses *mot* – gleichgültig, ob es *bon* oder *mauvais* ist – ist ebenso ungewiß wie seine Bedeutung. Zugeschriebene Äußerung vor dem Parlement de Paris, 1655.

** Zitiert nach: *Maria Theresia und Joseph II., ihre Correspondenz,* Wien 1867, 151 f. In ihr heißt es: »Die Auffassung des Wortes Toleranz hat allein das Mißverständnis verursacht. Sie haben es in einem ganz anderen Sinn genommen; Gott bewahre mich vor dem Gedanken, daß es gleichgültig sei, ob die Untertanen Protestanten würden oder Katholiken blieben, daß sie nicht gläubig wären oder den von ihren Vorfahren geerbten Glauben nicht bewahrten. Ich würde alles geben, was ich besitze, wenn alle Protestanten Ihrer Staaten katholisch werden könnten. – Toleranz will bei mir sagen, daß ich in den rein weltlichen Dingen, ohne Hinblick auf die Religion, alle die in ihrem Besitz und Beruf als Bürger ließe, die dazu fähig sind und Nutzen und Betriebsamkeit in die Staaten bringen.«

herrschen, wüten und gedeihen, weil die Zentralregierung nichts taugt.*

Doch im zwanzigsten Jahrhundert haben Regierungen sich nicht gescheut, mit Verbrechern zusammenzuarbeiten, wenn es ihren eigenen Zielen diente. Auch in den Vereinigten Staaten hat die CIA gelegentlich Verbrecher und ihre Organisationen benutzt, finanziert und bewaffnet, von der Mafia bis zu levantinischen, orientalischen und karibischen Drogenhändlern. Die von den Leitungen der Konzentrations- und Vernichtungslager des Dritten Reiches bevorzugten Insassen waren nichtpolitische, gewöhnliche Kriminelle, von denen viele als Kapos dienten, deren Kooperation für die Aufrechterhaltung der Ordnung unerläßlich war. In den Gefangenenlagern der Sowjetunion waren Kriminelle nicht nur unentbehrlich; in vielen Fällen wurden die Lager praktisch von ihnen selbst geleitet. Während der letzten dreißig Jahre der Sowjetunion war die Regierungspartei selbst kaum etwas anderes als eine Klasse von Mafiosi, die den Staat und seine Institutionen zum Zweck ihrer persönlichen Machtausübung und Bereicherung betrieben haben.

Die Idee des Totalitarismus (wieder so ein ungenauer und lückenhafter Ausdruck) hat das weitgehend vernebelt. »Totalitarismus« ist nicht völlig synonym mit Staatsherrschaft. Wohl stimmt es, daß alle modernen Diktaturen, besonders die des zwanzigsten Jahrhunderts, extreme polizeiliche Maßnahmen angewandt haben, um die Unterwerfung des einzelnen Bürgers unter den Staat sicherzustellen. Doch die Gewalt

* Im Juni 1992, während ich dieses schreibe, ein bemerkenswertes Phänomen. In Palermo demonstriert eine riesige Menge von Sizilianern für die Durchsetzung des Rechts, gegen die Mafia und gegen die Lahmheit der italienischen Regierung bei der Bekämpfung der Mafia. In New York demonstriert eine kleinere, aber gewalttätigere Menge von Italoamerikanern für den verurteilten Mafioso und Mörder John Gotti, *gegen* die Durchsetzung des Rechts und gegen die Autorität des Staates, der ihn angeklagt und verurteilt hat. Es gibt noch einen Unterschied: die italoamerikanischen Demonstranten in New York schwenken amerikanische Fahnen, überzeugt, daß sie wahren amerikanischen Nationalismus repräsentieren.

der faschistischen, nationalsozialistischen und selbst kommunistischen Staaten war nie total. Das lag zum einen daran, daß man nicht jeden einzelnen kontrollieren kann. Nicht einmal in Gefängnissen und Konzentrationslagern ist eine *totale* Kontrolle über jeden Mann und jede Frau möglich (was nicht heißt, daß die zu ihrer Durchsetzung angewandten Methoden nicht entsetzlich oder von grausamer Effektivität sind). Ein weiterer Grund war das Nebeneinander von Partei und Staat, die parallelen, sich in Wirklichkeit natürlich oft überschneidenden Befehlsstränge des Staatsapparats und des Apparats der einen regierenden Partei. Hitlers Drittes Reich war ein *Volksgenossenstaat*, zugleich aber ein *Beamtenstaat* und ein *Parteistaat*. Besonders in der Sowjetunion galt (allerdings nur in den ersten beiden Jahrzehnten ihres Bestehens), daß die Partei mit dem Staat identisch war und ihm gegenüber die Herrschaftsgewalt hatte; Gleiches galt unter Mussolini und Hitler.

Aber das war nicht alles. Hitler war möglicherweise mehr am Volk als am Staat gelegen; er war ein wirkungsvoller nationalistischer Demagoge; Stalin war ein gerissener kaukasischer Tyrann. Doch ihre erstaunlichen Erfolge und Eroberungen waren zum großen Teil der Tatsache zuzuschreiben, daß sie außerdem beträchtliche staatsmännische Fähigkeiten besaßen.

Über allen sonstigen politischen Dingen standen – auch im Zweiten Weltkrieg – die Beziehungen zwischen Staaten. Es war ein Krieg, der hauptsächlich von Staaten geführt wurde, nicht von Klassen und erst recht nicht von Ideologien. Es war ein Krieg, der von Deutschland und Polen und Frankreich und England und Italien und Rußland und den Vereinigten Staaten und Japan geführt wurde – nicht von der Demokratie und dem Kommunismus und dem »Faschismus«. Hitler, Mussolini, Stalin, Churchill, de Gaulle, Roosevelt und Tschiang Kai-schek waren in erster Linie Staatsmänner. Sie ordneten ihre philosophischen und politischen Präferenzen den Interessen ihrer Staaten unter, wie sie sie verstanden.

Dieser Primat der staatlichen Interessen tritt deutlich in der Geschichte der Sowjetunion zutage, eines Staates, von dem Millionen immer noch glauben, er sei ein Parteistaat gewesen, der zuallererst der utopischen Sache der Weltrevolution gedient habe. Stalins eigentliches Interesse war Sicherheit, nicht Revolution, Territorium, nicht Ideologie. Die Kommunisten in anderen Ländern waren diesem Tyrannen völlig schnuppe. Was sie für die Sowjetunion taten, einschließlich der Spionage, waren für ihn bloß nebensächliche Vorteile, die keine grundsätzliche Überlegung wert waren. Bisweilen waren es kaum mehr als eingebildete Vorteile, manchmal war es auch mehr als das, doch war Stalin sich darüber im klaren, daß er mit solchen Hilfstruppen Hitler (oder Churchill) nicht zu Fall bringen konnte. 1921 setzte Lenin alle Hebel in Bewegung, um eine Handvoll Amerikaner, die nach Rußland gefahren waren, um während einer Hungersnot große Mengen Lebensmittel zu verteilen, vom Volk fernzuhalten. 1941 ersuchte Stalin um britische und amerikanische Divisionen, die unter ihren eigenen Befehlshabern nach Rußland kommen sollten; wenn er seinen Staat nur um den Preis retten konnte, daß fremde imperialistische Armeen ins Land kamen, mit all den Möglichkeiten einer kapitalistischen Anstekkung, dann war es ihm recht.

So war das Leben nun einmal. Das schlug sich um 1939 auch in der offiziellen sowjetischen Sprachregelung nieder. Ausdrücke wie »staatliche Angelegenheiten«, »staatliche Verordnungen« und »Staatsinteressen« bekamen eine hoheitliche Aura und wurden mit der Pedanterie eines Parvenüs benutzt. Wenn Stalin oder Molotow sich ihrer bedienten, wußte man sofort, daß es um Angelegenheiten von höchster Bedeutung ging; sprachen sie vom Klassenkampf oder von der Sache der Revolution, dann ging es um angestaubte kommunistische Devotionalien.*

* Evelyn Waugh im Februar 1948 zu Diana Duff Cooper: »Churchill und Eden dachten in Jalta, daß Stalin bloß der leicht erkennbare alte Zar sei. Und es war dieser schreckliche Irrtum, der uns in Schwierigkeiten brachte [...]« usw. Aber

Während des Zweiten Weltkriegs blieb also die Autorität des Staates groß und unanfechtbar. Doch während der letzten fünfzig Jahre kam es überall zu einem allmählichen, oft freilich kaum wahrnehmbaren Wandel. Dies mag damit zusammenhängen, daß der unzweifelhafte und unbezweifelte Respekt vor der Autorität von Staaten im Grunde ein monarchisches und aristokratisches Phänomen ist, das sich bis in demokratische Zeiten erhalten hat. Doch in einer demokratischen Welt werden die Menschen die Nation mit dem Staat identifizieren oder verwechseln, und dadurch wird der unzweifelhafte und unbezweifelte Respekt vor dem primären Prinzip des Staates schwinden.

Wir haben gesehen, daß in der Sowjetunion das genaue Gegenteil dessen geschah, was Marx vorhergesagt hatte: Unzweifelhaft herrschten dort die Kommunisten, doch der Staat starb nicht ab. Dreißig Jahre nach Stalin wurde ein anderes Phänomen deutlich: Die Partei begann wegen ihrer Korruptheit zu verfallen. Andropow und Gorbatschow sahen das. Um das Land zu reformieren, wollten sie die Macht einer korrupten und verfallenden Partei beschneiden. Gorbatschow hat sehr große und bleibende historische Verdienste erworben. Was er jedoch nicht erkannte, waren die demokratischen und nationalistischen Gefahren für die Autorität des Staates; er sah außerdem nicht, in welchem Ausmaß die Autorität des Staates durch seine Verbindung mit der Partei während annähernd siebzig Jahren untergraben worden war. Daher die ironische Schlußpointe, in der sich Lenins dogmatische Kurzsichtigkeit offenbarte: Die Kommunistische Partei brach noch vor dem Staat zusammen; die Partei verfiel und zog den Staat mit sich.

Auch jetzt noch besteht das überragende Problem des ehemaligen Russischen Reiches nicht darin, welche Art von

selbstverständlich war Stalin ein leicht erkennbarer Zar. Nur nicht dieser schlurfende, stotternde, freundliche Nikolaus-II.-Typ mit seinem Spitzbart, der dem von Georg V. von England ähnelte, sondern ein leicht erkennbarer monströser Zar, ein neuer Iwan der Schreckliche.

Regierung dort entstehen wird, sondern welche Art von Staat. Das ist das zentrale Problem nicht nur der Völker Rußlands, sondern unserer ganzen Welt, und zwar nicht nur wegen der Atomwaffen, die über sein riesiges Territorium verteilt sind.

Ein anderes überragendes Problem ist die gegenwärtige Auflösung in Europa, die in seiner Geschichte ohne Beispiel ist. In politischer Hinsicht hat in Europa das Ende der Neuzeit begonnen. Gut fünfzig Jahre nach dem Ende des europäischen Staatensystems ist der moderne Staat, der vor fünfhundert Jahren in Europa entstanden war, in seiner Funktionsweise, seiner Autorität, vielleicht sogar seiner Existenz gefährdet.

In Westeuropa haben wir eine Entwicklung hin zu einer internationalen oder einer supranationalen (was nicht dasselbe ist) bürokratischen Organisation. Es gibt einen Gemeinsamen Markt, ein Europäisches Parlament, so etwas wie einen Europäischen Obersten Gerichtshof, eine Koordination von wirtschaftlichen, sozialen und finanziellen Maßnahmen, zu denen auch eine Vereinbarung gehört, bis zum Ende des kalendarischen Jahrhunderts eine gemeinsame westeuropäische Währung zu schaffen. Doch das Wichtigste fehlt. Ein Gemeinsamer Markt macht noch keinen Staat. Es gibt keinen europäischen Staat, und wenig deutet darauf hin, daß es in absehbarer Zukunft einen geben wird.

Die Staaten, aus denen sich die derzeitige europäische »Gemeinschaft« zusammensetzt, haben sich darauf geeinigt, einige der Attribute ihrer Souveränität an diesen undefinierbaren Pudding abzugeben, den die westeuropäische Gemeinschaft, überwiegend eine Wirtschaftsgemeinschaft, darstellt. Doch der Pudding bleibt formlos, da er nur einige wenige, obendrein nicht besonders wesentliche Attribute einer staatlichen Form hat, die ebenso real wie geschlossen sein müßte. Zum einen – und das ist vielleicht der wesentliche Mangel – gibt es keine Instanz, kein Instrument, das diesen Vereinbarungen, Gesetzen und Vorschriften Geltung verschaffen würde, wenn der eine oder andere Mitgliedsstaat es ablehnen oder sich weigern würde, ihnen Folge zu leisten. Solange das Prinzip und die Praxis der Volkssouveränität unbezweifelt und unzweifelhaft sind, besteht diese Möglichkeit, und sie wird weiterhin bestehen, da jede demokratische Regierung heute vom Willen ihres Volkes abhängt, der durch seine in Wahlen ermittelten Mehrheiten ausgedrückt wird.

In den nächsten Jahrzehnten wird in Westeuropa etwas Neues (und wahrscheinlich Unerwartetes) entstehen. Was es sein wird, weiß ich nicht. Dagegen weiß ich, daß, falls so etwas wie ein geeintes Europa zustande kommt, die Natur, der Charakter und die Grenzen seiner Souveränität – definiert beispielsweise durch seine Außengrenzen und seine Armee, also durch die handgreiflichen Beweise seiner Autorität – etwas ganz anderes sein werden als in der Vergangenheit und ganz anders als das, was die Menschen sich derzeit vorstellen. (Wenn sie sich denn überhaupt etwas vorstellen. Im Jahre 1992 ist die Begeisterung der Franzosen und der Deutschen, gar nicht zu reden von den Engländern und Engländerinnen, für eine neue europäische Union geringer als je zuvor.*)

* *Dezember 1991.* Ein Beispiel. Die deutsche Regierung erklärt, sie werde Kroatien und Slowenien in wenigen Wochen anerkennen, *gleichgültig, ob die anderen Mitglieder des Europarats damit einverstanden sind oder nicht.* Das ist aufschlußreich: ein Bruch zwischen den Deutschen (die von Österreich, Italien, Ungarn und anderen unterstützt werden) auf der einen Seite und Frankreich, England und den Vereinigten Staaten auf der anderen. Einige Tage später wird ein matter Kompromiß erreicht; die Deutschen geben ein bißchen nach, aber die anderen geben mehr nach: Die Anerkennung wird um rund drei Wochen hinausgeschoben, aber danach werden die Deutschen ihren Willen durchsetzen. Diese Entwicklung läßt Ungutes ahnen: Die Deutschen setzen in Osteuropa ihren Willen durch, wie in alten Zeiten. Gleichwohl wünschen die Deutschen noch keinen Alleingang. Das ist neu. Die Deutschen haben immer noch den Wunsch, weiterhin respektabel zu bleiben – eine psychische, verhaltenspraktische und politische Priorität, an die Westdeutschland sich seit Kriegsende gehalten hatte. Das ist alles ganz gut und schön, nur entspricht Kohls Entscheidung für die Kroaten und gegen die Serben starken, unter den Deutschen verbreiteten Tendenzen. Es könnte – mehr als fünfzig Jahre nach 1945 – eine

Unterdessen hat sich in Ostmitteleuropa, im Kaukasus und andernorts das Zischen und Klirren von Stammeskriegen erhoben. Die Reaktion der westlichen Mächte und Staaten ist ebenso lächerlich wie ärgerlich. Unverzüglich schreiten sie zur »Anerkennung« der »Unabhängigkeit« – das heißt der souveränen Staatlichkeit – von Bosnien-Herzegowina und Mazedonien und Aserbeidschan, so als wäre das ein Schritt in die richtige Richtung – was es in den meisten Fällen nicht ist. Es verschärft die Probleme, unter anderem, weil eine einmal ausgesprochene Anerkennung nur schwer wieder zurückgenommen werden kann. Diplomatische Anerkennung bedeutet Billigung und wurde deshalb in der Vergangenheit erst nach reiflicher Überlegung und Prüfung ausgesprochen; dadurch wurde sie zu einem bedeutenden Instrument der Einflußnahme, was jetzt kaum noch der Fall ist. Gleichzeitig ist die europäische »Gemeinschaft« beziehungsweise der Europarat außerstande, in irgendeiner Weise auf den Bürgerkrieg in Jugoslawien einzuwirken (für die russische Regierung gilt Gleiches im Hinblick auf die Stammeskriege im Kaukasus). Mir kommt der Gedanke in den Sinn, daß dies alles vielleicht noch einmal relativ gut ausgehen wird, daß eine neue Generation von Serben, Kroaten usw. eines Tages ihrer gegenseitigen Abhängigkeit vielleicht doch ein paar gute Seiten abgewinnen wird, wenn sie entdeckt, daß die rauchenden Trümmer ihrer zerstörten Dörfer und Städte den Legenden nationalistischer Idioten zu verdanken sind, die für eine »Unabhängigkeit« kämpften, die nichts bedeutet. Doch das ist alles andere als sicher.

Zwischendurch ein unheilvoller Gedanke: Sarajevo. 1914 wurde in dieser unglücklichen Balkanstadt der Funke gezün-

Zeit kommen, da der Wunsch nach Respektabilität bei ihren westlichen Nachbarn und Partnern für die Deutschen nicht mehr eine Priorität ihrer Außenpolitik ist. Möglicherweise kommt es ja zu einer einheitlichen politischen Oberinstanz Europas, an die sie gebunden sein werden, nicht sehr streng, aber vielleicht doch unentrinnbar. Andernfalls können sie machen, was sie wollen, auch deshalb, weil sie allerlei Verbündete haben werden, die Partei für sie ergreifen.

det, der zum Ersten Weltkrieg führte, zum Ende des größten und glücklichsten aller Jahrhunderte, des neunzehnten, zum Ende des europäischen Zeitalters. 1992 beginnt in Sarajevo das Ende der »europäischen« Idee. 1914 führte die Ermordung des österreichischen Erzherzogs durch einen Terroristen in Sarajevo zu einer fatalen Fehlkalkulation, die auf unverantwortliche Weise gefördert wurde von einem geckenhaften österreichischen Außenminister und von der aggressiven Willensbekundung einiger Männer in Wien, die eine weitere Schwächung der multinationalen österreichischen Monarchie fürchteten. 1992 liefern die mörderischen Ereignisse in Sarajevo den bestürzenden Beweis dafür, daß es an einem »europäischen« Willen fehlt, daß die Institutionen der europäischen »Gemeinschaft« unfähig sind, auf dem Balkan einzugreifen oder gar ihrem Willen Geltung zu verschaffen. (1913 besaßen die europäischen Großmächte – ungeachtet dessen, daß sie gegnerischen Allianzen angehörten – noch ein solches Prestige, daß sie nach zwei Balkankriegen einen Frieden erzwingen konnten. So groß war selbst damals der Einfluß von einzelnen Staaten.) Was heute in Jugoslawien geschieht oder vielmehr nicht geschieht, ist Ausdruck der Schwäche der europäischen »Gemeinschaft« (ja der europäischen »Idee«), die sich verhaspelt zwischen der unverantwortlichen Anerkennung von multinationalen (und dadurch kaum erkennbaren) neuen Ministaaten und der Unfähigkeit, irgend etwas zu tun, außer blutleere Erklärungen abzugeben. Sarajevo 1914, Sarajevo 1992 – das zeigt, daß die Geschichte nicht vorhersagbar ist, aber auch, daß Koinzidenzen nicht mehr sind als geistreiche Wortspiele und in diesem Fall unheilvolle Symbole.

Weiter östlich erklären und beschließen die Ukrainer (und andere), daß sie ihre Unabhängigkeit haben wollen, einschließlich einer Nationalfahne, eines nationalen Parlaments, einer nationalen Regierung und außerdem ihrer eigenen Armee, ihrer eigenen Währung (vermutlich ihrer eigenen nationalen Kirche) und ihrer eigenen Botschafter im Ausland und ausländischer Botschaften in Kiew. Einige, darunter vielleicht die Kasachen und die Usbeken, werden möglicherweise auf einige (keinesfalls aber auf alle) dieser Dinge verzichten. Doch niemand weiß – sie selbst wissen es nicht –, wo die Grenzen ihrer »Unabhängigkeit«, ihrer »Souveränität« liegen werden, wo die Sache zur Ruhe kommen wird, falls überhaupt (man denke nur an das geographische Problem ihrer vielfach umstrittenen Staatsgrenzen). Es ist natürlich nicht ausgeschlossen, daß sich innerhalb des ehemaligen Russischen Reiches etwas Neues und Beispielloses entwikkeln wird. Doch im Osten neigt die Geschichte dazu, sich häufiger zu wiederholen als anderswo. In Westeuropa und den Vereinigten Staaten konnten im neunzehnten Jahrhundert relativer Wohlstand und selbst nationaler Zusammenhalt mit den damals stark beschränkten Vollmachten einer Zentralregierung koexistieren. In der Geschichte Rußlands war das nie der Fall, und es ist unwahrscheinlich, daß es je dazu kommen wird.

1940 brüllte Molotow den litauischen Außenminister an: »Sie müssen realistisch sein und erkennen, daß die Zeit der kleinen Nationen vorüber ist.« Molotow war ein Dummkopf (für John Foster Dulles war er der gerissenste Diplomat, den dieser je kennengelernt hatte), aber er stand nicht allein. Standardisierung, Effizienz, Konsolidierung, Stromlinienförmigkeit, Regionalismus, Internationalismus, Weltwirtschaft, Weltföderation, Eine Welt und so weiter und so weiter – das alles sind Losungen des zwanzigsten Jahrhunderts. Ganz unterschiedliche Männer, deutsche Geopolitiker, englische Historiker, amerikanische Präsidentschaftskandidaten – Albrecht Haushofer, E. H. Carr, Wendell Wilkie, selbst George Orwell –, haben die unvermeidliche Entstehung riesiger kontinentaler Superstaaten und das Verschwinden kleinerer Staaten vorausgesagt. Keiner von ihnen hat dem Nationalismus hinreichende Beachtung geschenkt, ausgenommen Orwell (und auch er nicht in *1984*). Keiner von ihnen hat den

Zerfall ganzer Imperien in Zwergstaaten vorausgesagt, das Gegenteil ihrer scheinbar so rationalen Vorhersagen.

Dennoch könnten sie recht bekommen – aber erst in einer sehr fernen Zukunft, in der die internationale Anarchie einer internationalen Tyrannei ganz neuer Art wird weichen müssen, die wir uns heute nicht einmal vorstellen können.

Unterdessen vollzieht sich am Ende des zwanzigsten Jahrhunderts ein Niedergang in der Führung der zwischenstaatlichen Beziehungen. Wenn ich sehe oder höre oder lese, wie Außenminister und Botschafter sich ausdrücken und verhalten, erlebe ich einen enormen Niedergang, der nicht nur die Intelligenz betrifft, sondern auch die diplomatischen Formen (einschließlich der Etikette) und den gesunden Menschenverstand. Ich sage bewußt »enorm«, da wir von den Symptomen einer schwatzenden Barbarei umstellt sind. Das wird noch eine Weile so bleiben, aber nicht in alle Ewigkeit. Was darauf folgen könnte, ist die Herrschaft gröberer Barbaren, die nicht schwatzen werden, weil sie es nicht nötig haben.

Vor fünfzig Jahren gab es wenige Botschafter und wenige Botschaften. Die Mehrzahl der diplomatischen Vertretungen von Staaten in den Hauptstädten anderer Staaten bestand aus Gesandtschaften, an deren Spitze ein Gesandter stand. (Bis 1893 hatten die Vereinigten Staaten *nirgendwo* Botschafter.) Jetzt gibt es überall Botschafter und Botschaften – auch ein Zeichen dafür, daß das zwanzigste Jahrhundert alles aufbläht. Es ist lachhaft, wenn Venezuela in Litauen oder Bulgarien in Mexiko eine Botschaft unterhält. Man muß sich einmal klarmachen, was hundert Botschaften für den Haushalt eines kleinen Staates bedeuten. Doch überall gibt es ehrgeizige Leute, die es danach gelüstet, Botschafter zu werden. Es ist beinahe der begehrteste und angesehenste Posten, seltsam genug in einer Zeit, in der ein Botschafter fast nur noch zeremonielle Aufgaben zu erfüllen hat.

Das ist nur eine der Folgen der noch immer vorherrschenden staatlichen Gepflogenheiten. Die Erlangung und der

Besitz einer hohen Stellung innerhalb der staatlichen Hierarchie ist mit Vorteilen und Privilegien verbunden, die nur der Staat gewähren kann, zum Beispiel zeremonieller Aufwand, häufige Reisen, Staatsbankette, Dienstwagen und der nicht unwesentliche Vorteil eines garantierten Parkplatzes.*

In den neuen Staaten und Zwergstaaten sind das verlokkende Vergünstigungen für die Männer und Frauen der neuen regierenden Klasse, die fast durchweg der Regierungspartei angehören. Doch solche Eitelkeiten gibt es überall, und ich denke dabei nicht nur an den Wunsch reicher Männer, sich einen Botschafterposten zu kaufen. Während der letzten fünfzig Jahre hat die Präsidentschaft der Vereinigten Staaten zusehends einen imperialen Charakter angenommen. Zum Teil waren diese imperiale Rolle und ihre Funktionen natürlich nicht zu vermeiden, sie waren eine Folge davon, daß die Vereinigten Staaten während des Zweiten Weltkriegs zur größten Macht der Erde geworden waren. Doch das wahre Wesen dieser imperialen Eitelkeiten trat nicht unter Roosevelt, sondern erst dreißig Jahre später unter Nixon zutage. Einen gewissen Pomp hatte es schon vorher gegeben, doch war es Nixon, der 1971 plante, die Wache des Weißen Hauses in spezielle zeremonielle Uniformen zu stecken, die an die Uniformen von transsilvanischen oder bolivianischen

* Dies ist ein durchaus ernstzunehmender Punkt. Auch früher haben Staatsvertreter es sich als Privileg und Vorteil angerechnet, über einen Dienstwagen zu verfügen. Heute ersticken die Straßen der Hauptstädte am Verkehr, auch in Osteuropa. Der Dienstwagen kommt, von besonderen Anlässen abgesehen, nicht schneller vorwärts als alle anderen Autos. Doch dieser Dienstwagen ist sehr viel wertvoller geworden, als er es je war – wegen des Parkens. Der Vorzug des Autos ist es seit jeher, daß sein Benutzer Herr über die eigene Zeit ist; er ist nicht von Fahrplänen abhängig, er kann losfahren, wann und wo er will. In einer von Autos vollgestopften Stadt ist das nur noch jemandem möglich, der einen Fahrer hat. Während sich heutzutage immer weniger Geschäftsleute einen Chauffeur leisten können, wird dieser hohen Staatsbeamten zur Verfügung gestellt. Ihr Fahrer bringt sie zu ihrem Ziel und holt die Glücklichen ab, wann und wo sie wollen. Einen eigenen Wagen und eine eigene Garage zu haben wird immer unwichtiger. Wesentlich ist, daß heute nur hohe Staatsbeamte das Auto so nutzen können, wie es einmal gedacht war.

Palastwachen gemahnten, nachdem ihn der Anblick solcher Palasttruppen auf seinen Staatsbesuchen in anderen Ländern beeindruckt hatte. Zum Glück konnte man ihm das ausreden; die Uniformen, die schon zur Vorführung bereitlagen, wurden schließlich an eine High-School-Band verkauft, ich glaube, irgendwo in Wyoming. Aber diese Episode war bezeichnend. Sie ging Hand in Hand mit der von den Amerikanern gemachten Entdeckung, daß von staatlichen Zeremonien, auch solchen außenpolitischer Natur, eine große Attraktion ausgeht. Präsidenten wie Nixon und Reagan (und Bush) waren wohl die ersten in der Geschichte der Vereinigten Staaten, die in der Außenpolitik (oder, wie sie sagten, der »Führung der freien Welt«) ihre wichtigste Aufgabe sahen und das auch sagten, wichtiger als die Führung der inneren Angelegenheiten. Das Gepränge und das Zeremoniell, mit dem man dem Präsidenten in ausländischen Hauptstädten aufwartete, war nicht bloß ein vergnügliches Ereignis. Es war ungetrübt durch innenpolitische Sorgen und Geschäfte; es wurde dem Oberhaupt des amerikanischen Staates zuteil, dem eine größere und höhere Bedeutung zukam als dem Chef der Regierung des Landes.

Diese Vermengung von Staat und Regierung ist ein amerikanisches Phänomen. Besonders ausgeprägt ist sie bei Republikanern und »Konservativen«, die sich unablässig gegen »Big Government« wenden und zugleich die glühendsten Verfechter einer Ausweitung der staatlichen Befugnisse sind, auch derer des Weißen Hauses, der Streitkräfte, der Nachrichtendienste und ihrer heimlichen (und oft gesetzwidrigen) Aktivitäten.

Eine der sich daraus ergebenden Gefahren ist die allmähliche Ersetzung (oder vielmehr Unterordnung) von qualifizierten, unabhängigen Männern und Frauen in der staatlichen Bürokratie durch Leute, deren vornehmste Qualifikation darin besteht, daß sie der Regierungspartei ergeben sind und die Opposition verachten. Im sechsten Kapitel schrieb ich von den Gefahren einer neuartigen demokratischen Tyrannei in Osteuropa, wo der Staat zum Herrschaftsinstrument der Mehrheitspartei zu werden droht. Der Fall Watergate war eine geringfügige Affäre, auch wenn sie Präsident Nixon (durch die Fehler, die er selbst machte) am Ende zu Fall brachte. Beunruhigend daran war das Bemühen des Präsidenten und seiner Männer, die Sache dadurch zu verschleiern, daß sie die »nationale Sicherheit« als Argument vorschoben (und versuchten, sich der Unterstützung des nationalen Sicherheitsapparats zu versichern). Während der Präsidentschaft Reagans wurde vom Direktor und den Mitarbeitern der Central Intelligence Agency und des Nationalen Sicherheitsrats offen die restlose ideologische Ergebenheit gegenüber dem Präsidenten und seiner Partei verlangt. Sie dienten einem Parteienstaat. Sie wurden entdeckt, und die Gefahr wurde teilweise gebannt (natürlich werden solche Gefahren immer wieder entstehen, unter republikanischen genauso wie unter demokratischen Präsidenten), doch wurden CIA und Nationaler Sicherheitsrat dadurch so beeinträchtigt, daß sie mit all dem falschen und echten Gold, mit dem ganzen phantastischen Apparat und dem ganzen Geld und den Abhörgeräten, die ihnen zur Verfügung standen, die heraufziehende plötzliche Krise des Kommunismus in Osteuropa und in Rußland trotz der überall erkennbaren Anzeichen nicht vorhersahen (vielleicht, weil sie sie nicht vorhersehen wollten).

Demokratie und staatliche Interessen – oft ungenau als nationales Interesse bezeichnet – sind nicht zwangsläufig unvereinbar (Tocqueville hatte freilich vorausgesehen, daß eine Demokratie große, ihrer Natur innewohnende Schwierigkeiten in der Außenpolitik haben werde). Unvereinbar sind – nicht immer, aber jedenfalls langfristig – die Souveränität des Staates und die Souveränität des Volkes im Sinne der absoluten und unzweifelhaften Geltung der Mehrheitsherrschaft. Das hat vielerlei Gründe. Ein König oder ein Diktator, eine Aristokratie oder eine herrschende Minderheit kann irren, aber auch eine Mehrheit kann irren. Wenn die Mehrheit recht hat, dann nicht durch die Tatsache, daß sie die Mehrheit ist; wenn die Mehrheit irrt, sollte der Umstand, daß sie die Mehrheit ist, diese Tatsache nicht verschleiern. Eine weitere Schwierigkeit erwächst daraus, daß entgegen landläufiger Ansicht sowohl »das Volk« als auch »die Mehrheit« Abstraktionen sind. Popularität kann künstlich hergestellt und dadurch verfälscht werden, jedenfalls für kurze Zeit. Das, was »die Leute sagen«, »die Leute wollen«, »die Leute nicht wollen« usw., kann mit der Volksmeinung übereinstimmen oder auch nicht; eine Aussage »des Volkes« ist fast immer eine Aussage, die im Namen des Volkes getroffen wird – womit ein gewichtiger Schritt von der Realität fort getan wird. Was abstrakt ist, kann nicht Souverän sein. Das gilt noch mehr für »die Mehrheit«, abhängig wie sie ist von Wahlprozeduren und den unvermeidlich eingeschränkten Bedingungen von Umfragen, in denen die Popularität ermittelt wird.

Ich habe darüber an anderer Stelle geschrieben.* Hier muß ich mich auf das Problem der Autorität des Staates am Ende des zwanzigsten Jahrhunderts beschränken, zu einer Zeit, da sich eine andere Gefahr abzeichnet. Diese Gefahr liegt in der zunehmenden Ineffizienz der parlamentarischen Regierungsform, die dann zur Ungeduld mit dieser führt. Wir dürfen nicht vergessen, daß die parlamentarische Demokratie in erster Linie ein Produkt des Liberalismus des neunzehnten Jahrhunderts ist, dessen Prinzipien und Gepflogenheiten heute in weiten Teilen der Welt in einem Zustand der Auflösung sind. Eine Konsequenz dessen ist die oben erwähnte neue Form einer »Tyrannei der Mehrheit« in Gestalt des demokratischen Parteienstaats. Die andere, damit zusammenhängende Gefahr liegt in der Tendenz der regierenden Mehrheit, alles zu tun, um ihre Mehrheit zu erhalten – notfalls auch durch Übernahme von Phrasen und Forderungen extremistischer (meistens nationalistischer) Parteien, um nicht im Par-

* Siehe mein *Historical Consciousness*, S. 69–92.

lament oder bei der nächsten Wahl die Mehrheit an die Opposition zu verlieren. Wenn Demokratie nichts anderes bedeutet als Mehrheitsherrschaft, so ist das eine Sache; parlamentarische und liberale (auch konservative) Demokratie bedeutet jedoch oder sollte bedeuten, daß die Rechte von Minderheiten geachtet werden, auch die der Opposition zur Regierung, die das potentielle Recht hat, die regierende Partei irgendwann in der Regierung abzulösen. Damit stimmten die Väter der amerikanischen Verfassung weitgehend überein – weshalb ihr Beinahezeitgenosse, der extrem konservative Coleridge, um der Bewahrung der Freiheit willen den Primat der Autorität des Staates befürwortete. Die Gleichsetzung der Interessen der aus Parteien gebildeten Regierung mit den Interessen des Staates bringt nur Unklarheit in diese Frage. Kurz, das fraglose und unzweifelhafte Akzeptieren des Primats der Volkssouveränität kann gefährlicher sein als das Akzeptieren der Souveränität des Staates.

Inzwischen haben wir schon zweihundert oder mehr Staaten und Zwergstaaten auf der Welt. Der Tribalismus, der nach der Abdankung der Kolonialreiche in Afrika, Asien und Ozeanien zur Staatlichkeit gelangte, feiert derzeit in Osteuropa und im russischen Imperium Triumphe. (Das kann früher oder später auch Westeuropa und Kanada treffen* – wer weiß?) Befassen wir uns besser gar nicht erst mit der Absurdität, daß winzige Staaten, die aus ein oder zwei kleinen, mit Botschaften vollgepflasterten Inseln bestehen, in den Verein-

* Es kann, wie ich fürchte, im einundzwanzigsten Jahrhundert auch die Vereinigten Staaten treffen, wenn einige unserer südwestlichen Staaten (und vielleicht auch das südliche Florida) von überwältigenden hispanischen Mehrheiten bevölkert sein werden. Man muß bedenken, daß »die Vereinigten Staaten von Amerika« ein ungenauer Ausdruck ist (wie es auch »die Union der Sozialistischen Sowjetrepubliken« war). Bisweilen wage ich über die eventuellen Vorzüge einer »Nordamerikanischen Union« (oder Konföderation) zu spekulieren, welche die gegenwärtigen Vereinigten Staaten und ein Kanada ohne Quebec umfassen würde, wobei die Hauptstadt nach Minneapolis oder in eine ähnliche Stadt verlegt würde.

ten Nationen dasselbe Stimmgewicht haben wie etwa die Vereinigten Staaten.

Befassen wir uns statt dessen mit den derzeitigen Bedingungen der »Souveränität«, die für jeden Staat bereits durch das Flugzeug eingeschränkt ist. Kein Staat hat die Kontrolle über den Luftraum oberhalb seines Territoriums, jedenfalls nicht jenseits einer bestimmten Höhe. Hunderte von Satelliten umkreisen den Globus. Die einst sakrosankte Souveränität des Staats reicht nicht länger bis in den Himmel. Doch die territoriale Souveränität bleibt noch erhalten. Es kann keine Souveränität geben ohne die Kontrolle über das eigene Land. Es kann keine Unabhängigkeit geben ohne klare Grenzen zu Lande. Die Kontrolle über den eigenen Grund und Boden ist die Bedingung der Souveränität für einen Staat, ebenso wie sie die Bedingung der Privatsphäre und der Freiheit einer Familie oder einer Person ist.

Am Ende des zwanzigsten Jahrhunderts tauchen zwei neue Probleme auf. Über eines waren sich selbst während der schlimmsten Phase des kalten Krieges beide Seiten in Europa einig: die Unverletzlichkeit und den unveränderlichen Charakter der 1945, nach dem Zweiten Weltkrieg, errichteten Grenzen, die zum großen Teil 1918, nach dem Ersten Weltkrieg, errichtet worden waren. Doch dieses Jahrhundert – und die Landschaft einer nach den beiden Weltkriegen geformten Welt – ist jetzt vorüber. Die Zeit und die Menschen stehen nicht still. Es ist kurzsichtig und zwecklos zu glauben, daß die Grenzen von 1945, ja sogar die von 1918 für immer bestehenbleiben werden. In Jugoslawien und der ehemaligen Sowjetunion verändern sie sich bereits, und zwar einschneidend. Andernorts werden sie mit Gewalt in Frage gestellt. Niemand weiß, wie die politische Landkarte Osteuropas in fünfzig Jahren aussehen wird. Gleichzeitig geschieht etwas anderes, in Westeuropa, aber auch andernorts. Gewisse Grenzen werden »vergeistigt«, das heißt, sie verlieren ihre Bedeutung. Man kann von Frankreich nach Deutschland reisen, ohne an der Grenze anzuhalten, ohne Paß- oder

Zollkontrolle. Doch das alles muß eine Grenze haben. Staatsgrenzen dürfen nicht völlig verschwinden. Ihr vollständiges Verschwinden wäre gleichbedeutend mit dem vollständigen Verschwinden der Autorität des Staates. Ein Staat, der keine Kontrolle über seine Grenzen hat, ist nicht bloß ein schwacher Staat, sondern gar kein Staat – so wie ein Mann, der keine Kontrolle über die Eingangstür seines Hauses hat, ohne Schloß und ohne Glück ist; Besitzer seines Hauses ist er nur dem Namen nach, und auch das nicht für lange.

Am Ende der Neuzeit stehen wir vor einem neuen, seit vielen Jahrhunderten unbekannten Phänomen. Menschen wandern in großer Zahl über Grenzen. Während der zweiten Hälfte des zwanzigsten Jahrhunderts haben viele demokratische Regierungen so getan, als ergebe sich aus ihrem liberalen und demokratischen Wesen die Pflicht, alle möglichen fremden Einwanderer aufzunehmen, ob politische Flüchtlinge oder Arbeiter, ob befristet oder nicht. Diese Zeit ist jetzt überwiegend zu Ende, nur nicht für die Vereinigten Staaten. Während des entscheidenden zweiten Viertels des zwanzigsten Jahrhunderts (genauer: von 1921 bis etwa 1950) waren die Vereinigten Staaten die Großmacht mit einem der strengsten Einwanderungsgesetze. In den letzten dreißig Jahren hatten sie das großzügigste, und an der südwestlichen und südlichen Grenze findet praktisch überhaupt keine Kontrolle statt. Auch das kann und wird nicht mehr lange so bleiben. Nicht nur die Interessen des Staates, sondern auch die Forderungen der eingesessenen Bevölkerung werden die Regierung zwingen, die unkontrollierte Einwanderung einzuschränken.

So wird es also in den Vereinigten Staaten ebenso wie in Europa (und in anderen Teilen der Welt) zu den letzten, verzweifelten Bemühungen um eine Verstärkung der Staatsgrenzen zur gleichen Zeit kommen, in der sich die Bedeutung und die Voraussetzung dieser Grenzen – infolge vieler Umstände, darunter die Zunahme der Wanderungen – einschneidend verändert haben. Auf jeden Fall geht am Ende der Neuzeit das Zeitalter des souveränen Staates zu Ende.

Fünfhundert Jahre lang war die Armee das Hauptinstrument des Staates: um notfalls Recht und Ordnung aufrechtzuerhalten, um seine Grenzen ständig zu schützen und bei günstiger Gelegenheit zu erweitern. Auch das hat sich seit etwa fünfzig Jahren geändert. Während des Zweiten Weltkriegs entstanden allerlei bewaffnete Banden, die unabhängig von den nationalen Armeen im Felde umherstreiften und kämpften. Wieder liefert Jugoslawien ein frühes Beispiel. 1941 schlug die deutsche Wehrmacht die Armee des jugoslawischen Staates in weniger als vierzehn Tagen vernichtend. Doch das Volk eroberten die Deutschen nicht, und das ist nicht nur im geistigen Sinne gemeint. Der Staat Jugoslawien hörte auf zu existieren (während der deutschfreundliche Staat Kroatien entstand), doch bald bildeten sich bewaffnete Banden, die die Deutschen hier und da und auch einander gegenseitig unablässig bekämpften. Der meisten konnten die Deutschen nicht Herr werden. Kurz, zum ersten Mal nach Jahrhunderten kehrte der Guerillakrieg nach Europa zurück. Es hatte Vorläufer dieser Kräfte gegeben, darunter vor allem die spanischen Banden, die 1808 die Franzosen angriffen, nachdem eine von Napoleons Armeen Spanien erobert und die königliche spanische Armee vernichtet hatte. (Das war, wie man sich erinnern wird, die erste nationalistische Erhebung – nicht die von der Französischen Revolution erlassene begrenzte Mobilmachung.) Das Wort »Guerilla« selbst (»Kleinkrieg«) kam damals aus Spanien und ist in den Wortschatz vieler Sprachen eingegangen. Solche Guerillakriege, Stammeskriege, sind jetzt häufig und könnten in naher Zukunft noch häufiger werden, im Kaukasus, in Asien und in Südamerika.

Mittlerweile ist die einst klare und bestimmte Unterscheidung zwischen Armeen und Zivilisten, Kombattanten und Nichtkombattanten, weitgehend abhanden gekommen. Diese Unterscheidung und ihre Beachtung war eine der größten Errungenschaften fortschreitender Zivilität während der Neuzeit. Noch zu Beginn des zwanzigsten Jahrhunderts, im Ersten Weltkrieg, war sie gültig. Im Zweiten Weltkrieg wurden mehr Zivilisten (auch Frauen, alte Leute und unschuldige Kinder) als Soldaten getötet. Unter den kriegführenden Staaten des Zweiten Weltkriegs entging allein die Bevölkerung der Vereinigten Staaten diesem Schicksal. Das ist nicht länger der Fall. (Das einstmals stolze, in der Verfassung niedergelegte Recht des amerikanischen Volkes, Waffen zu besitzen und zu tragen, ist zu einer tödlichen Gefahr für Recht und Ordnung in Amerika geworden. Wie so viele institutionalisierte Errungenschaften des achtzehnten Jahrhunderts ist dieses Recht weitgehend seines Sinnes beraubt, und sein ursprünglicher Zweck hat sich gegen sich selbst gekehrt.)

Seit 1945 haben wir fast ein halbes Jahrhundert durchlebt, das weder durch große Kriege noch durch große Revolutionen geprägt war. Vieles deutet darauf hin, daß es auch künftig, möglicherweise für lange Zeit, keine großen Kriege und keine großen Revolutionen geben wird. Doch es taucht eine neue Frage auf, eine Frage, die angesichts der zunehmenden Beweise einer uns umgebenden Neuen Barbarei auf traurige Weise angemessen erscheint. Wenn das Leben in ständiger Gefahr ist, wenn jederzeit unberechenbare Ausbrüche von Barbarei, Stammeskämpfe oder Zusammenrottungen des Pöbels in das Alltagsleben einbrechen können, die nicht minder gefährlich sind als die Kriege, an die wir uns noch erinnern oder die wir uns vorstellen können, dann erhebt sich die Frage, ob diese Lebensweise einer Ära vorzuziehen ist, in der Kriege mit all ihren Gefahren und Greueln auf klar umschriebene Zeitspannen beschränkt waren, deren Anfang und Ende eindeutig erkennbar war, einer Ära, in der eine klare Unterscheidung zwischen Armeen und Zivilisten der eindeutigen Unterscheidung zwischen Krieg und Frieden entsprach. Es gibt noch keine Antwort auf diese Frage. Die Geschichte wiederholt sich nicht. Die neuen Barbaren gleichen nicht den Barbaren von vor sechzehnhundert Jahren (die letzteren hatten zumindest gewisse Tugenden, wohingegen die von heute… jedenfalls noch nicht), und die Vereinigten Staaten und/oder die westliche Welt am Ende des zwanzigsten Jahrhunderts haben keine Ähnlichkeit mit dem Römischen Reich. Die Geschichte wiederholt sich zwar nicht, doch gewisse historische Bedingungen kehren wieder. Die zusammenfassende These von Ramsay MacMullens wichtigem Buch *Soldier and Civilian in the Later Roman Empire* ist bedenkenswert, vielleicht besonders für Amerikaner: »Teils infolge der, aber mehr wegen der Gewalttätigkeit gegen Ende des Reiches mußten Zivilisten sich zu ihrem Selbstschutz bewaffnen. Aus dem Zivilisten wurde ein Soldat, aus dem Soldaten ein Zivilist, in einer Annäherung an einen mittleren Standpunkt von Verfall und Wirrwarr. Dabei kam es zu einer wechselseitigen Beeinflussung, doch eine Richtung des Einflusses, die Militarisierung der Zivilbevölkerung, war besonders markant und trug erheblich dazu bei, die Gesellschaft zu verändern.«

Doch findet sich mehr als nur ein gewisser Trost in einem der profundesten Kapitel von Tocquevilles *Demokratie in Amerika*, das die Überschrift trägt »Warum große Revolutionen künftig selten sein werden«. Der große Seher, der zugleich der Plato und der Aristoteles des heraufziehenden Zeitalters der Demokratie war, erkannte darin etwas, das das Gegenteil dessen war, was die aristokratischen und konservativen Kritiker der Demokratie fürchteten. Sie fürchteten, daß mit der Herrschaft der Demokratie eine unablässige radikale Agitation und eine nicht endende revolutionäre Unordnung kommen werde, da es im Wesen der Demokratie liege, von einem Extrem zum anderen zu pendeln. Nein, schrieb Tocqueville: In einem Zeitalter der Demokratie und der Gleichheit könnten viele Menschen Besitz erwerben; sie würden sich an gewisse materielle Standards gewöhnen, die vielleicht kleinlich und egoistisch seien, aber gerade das werde sie gegen radikale und revolutionäre Ideen immun machen. Das demokratische Zeitalter könne daher zu einer Mäßigung der Gemüter führen, zu einem geistigen und institutionellen Stillstand, der nur durch die unablässige, im Grunde aber oberflächliche Agitation engstirniger Geister und geringfügiger, von der Öffentlichkeit aufgerührter Angelegenheiten verschleiert werde. Die Kultur- und Geistesgeschichte des zwanzigsten Jahrhunderts belegt dies auf vielfältige Weise. In geistiger oder intellektueller Hinsicht mag dies unbefriedigend sein, aber so ist es.

Tocqueville sah außerdem vorher, daß die Demokratie bei aller scheinbaren Universalität nicht überall denselben Inhalt haben werde. »Mein Ziel war es, am Beispiel Amerikas zu zeigen, daß bestimmte Gesetze und insbesondere Sitten es einem demokratischen Volk ermöglichen können, frei zu bleiben. Aber ich bin sehr weit entfernt von der Idee, daß wir dem Beispiel der amerikanischen Demokratie folgen und die Methoden, mit denen sie dieses Ziel erreicht hat, nachahmen sollten, denn ich bin mir des Einflusses der Natur eines Landes und früherer Vorgänge auf die Institutionen sehr wohl bewußt, und ich würde es als ein großes Unglück für die Menschheit erachten, wenn die Freiheit überall und immer die gleichen Züge tragen müßte.« Als Tocqueville die *Demokratie in Amerika* verfaßte, existierte das Wort »Nationalismus« noch nicht, doch war er sich über unterschiedliche Nationalcharaktere und unterschiedliche nationale Tendenzen sehr wohl im klaren. Er wäre nicht überrascht gewesen (und daß er nicht überrascht war, können wir verschiedenen Passagen in seinen übrigen Schriften entnehmen) von ihrer zunehmenden Verbreitung, von dem, was geschehen würde, wenn Nationen den alten, knarrenden Rahmen von Staaten ausfüllen und dieser Rahmen Gefahr läuft, rissig zu werden und nachzugeben.

Wir haben gesehen, daß es in Rußland nicht der Staat war, sondern die Partei, die völlig dahinschwand, und daß der Zusammenbruch der Partei bald den Staat mit sich riß. In den Vereinigten Staaten ist etwas anderes passiert. Dort ist die Macht des Staates in den letzten fünfzig Jahren in einem Maße gewachsen, das über alle amerikanischen Traditionen und älteren Gepflogenheiten hinausgeht. Aufgrund der Verfassung und der eingefleischten Neigungen der amerikanischen Demokratie hatte die Zentralregierung, anders als in Europa, nur geringe, über lange Zeit sogar praktisch keine geheimdienstlichen und polizeilichen Befugnisse. Der Secret Service entstand erst im Jahre 1900, das FBI 1925, die CIA 1947. Das FBI benötigte allerdings nur wenige Jahre, um sehr populär zu werden. (Ähnlich erging es der CIA.) J. Edgar Hoover war um 1940 der mächtigste Polizist der Vereinigten Staaten, und er gebot über großen politischen Einfluß, von dem er gelegentlich recht ungeniert und ohne Gewissensbisse Gebrauch machte. Dennoch war sein Einfluß auf den Kurs des amerikanischen Staatsschiffes gering. Allen Dulles dagegen war bis 1955 zu einem der führenden Offiziere, wenn nicht sogar der führende Steuermann auf der Brücke dieses riesigen amerikanischen Schiffes geworden. Vor hundert Jahren galten bei den Amerikanern weder »national« noch »Sicherheit« als sonderlich verehrte patriotische Ausdrücke. Doch während der zweiten Hälfte des zwanzigsten Jahrhunderts wurde die »nationale Sicherheit« einschließlich ihrer Institutionen zu einem unangreifbaren Terminus. Die nationale Sicherheitsbehörde und die CIA wurden zu nicht bloß sekundären, sondern vorrangigen Instrumenten des Staates. Diese Instrumente des amerikanischen Staates – seine Verteidigungseinrichtungen, seine Rüstung und deren Lieferanten, seine Auslandsnachrichtendienste und seine inneren Behörden – haben riesige Ausmaße angenommen. Gleichzeitig sind sie ineffizienter und verletzlicher geworden, hauptsächlich wegen ihres bürokratischen (und politisierten) Charakters.

Am Ende des zwanzigsten Jahrhunderts sehen wir fast überall aufgeblähte und stark bürokratisierte Regierungen in schwankender Position über Gesellschaften thronen, deren Zusammenhalt sichtlich nachläßt, da der Kitt aus Bürgersinn, Moral, Common sense sowie Recht und Ordnung sich stellenweise auflöst und sie nicht mehr zusammenzuhalten vermag. Am Ende der Neuzeit wächst der Umfang des

Staates, während seine Autorität schwindet, weil der Respekt sinkt und die Effizienz seiner Behörden nachläßt.

18. Oktober 1990. *Diner im Weißen Haus. S. und ich sind Gäste eines offiziellen Diners, bei dem Smoking vorgeschrieben ist, zu Ehren des ungarischen Ministerpräsidenten Antall. Wir erscheinen als die armen Verwandten, nicht in einer Limousine, sondern im Taxi, dessen haitianischer Fahrer wiederholt die richtige Einfahrt zum Weißen Haus verpaßt, so daß wir zu spät kommen, als bereits der Cocktail gereicht wird.*

In den siebenundsechzig Jahren meines Lebens habe ich an einigen hohen Anlässen teilgenommen, doch ich habe den entschiedenen Eindruck, daß nirgendwo auf der Welt solch ein Prunk und Zeremoniell getrieben wird, solch eine förmliche Atmosphäre herrscht wie jetzt bei dem Staatsdiner im Weißen Haus. Der Buckingham-Palast und das Elysee machen bestimmt keine Ausnahme davon. Das Interieur des Weißen Hauses ist höchst beeindruckend und schön. Natürlich haben seine sukzessiven Bewohner fast zweihundert Jahre lang Gelegenheit gehabt, das Beste, was es an amerikanischem Mobiliar gibt, zusammenzutragen (wobei das meiste, was jetzt den gehobenen Stil der Inneneinrichtung prägt, allerdings erst in den letzten dreißig bis vierzig Jahren hinzugekommen ist). Das Essen und die Weine sind exzellent und tadellos. (Sehr viel besser als beim Staatsbankett für Antall, bei dem ich vor einigen Tagen im Four Seasons in New York zugegen war – dort nahmen zweiunddreißig Personen teil, hier hundertsechzig. Die Kellner wirken allerdings ein bißchen mitgenommen, wie immer bei Banketten.) Musik hervorragend. Nach dem Essen gab es ein Hauskonzert, Van Cliburn spielte – ein wenig zu theatralisch, aber lassen wir das. Anschließend spielte die Marine Band zum Tanz auf.

Mrs. Bush empfing die Gäste; ausgezeichnete amerikanische Manieren. Ihr Mann größer, als ich ihn mir vorgestellt hatte. S. wurde ans Kopfende neben Barbara Bush plaziert, mit einem unbesetzten Stuhl zwischen ihnen; sie plaudern sehr angenehm. Ich sitze neben Brent Scowcroft, der gedankenreich und intelligent ist und, wie ich erfreut zur Kenntnis nehme, Humor besitzt. Als wir in der Reihe der Gäste anstanden, bekam er mit, wie ich sagte, daß ich unbedingt einen Drink bräuchte, und brachte mir unverzüglich einen. Ich benehme mich, glaube ich, gut und erlaube mir nur eine boshafte Bemerkung, als jemand auf das Ekel Edward Teller am Nachbartisch aufmerksam macht. »Die Zsa Zsa Gabor der Physik«, sage ich (und nicht einmal leise).

Doch bei alledem – und ich habe mich wirklich gut amüsiert – ein tiefes Gefühl der Traurigkeit,

media de fonte leporum
surgit amari aliqid quod in ipsis floribus angat
(Denn mitten vom Strudel der Freuden erhebt sich
Plötzlich ein Wermutstropfen, der unter den Blumen ihn ängstet – Lukrez).

Ich habe das Gefühl, daß diese ganze Üppigkeit nicht zu dem Niedergang, und zwar gerade dem Niedergang des Zusammenhalts der Vereinigten Staaten, paßt. Die Gäste, besonders die Ungarn, wissen davon natürlich nichts. Edith J. ist geblendet, ihre hübschen Augen strahlen. »Wenn die Kinder das doch nur sehen könnten«, sagt sie zu mir. Es ist ein großer Tag, ein Höhepunkt ihres Lebens. Doch am Ende des zwanzigsten Jahrhunderts sind die Vereinigten Staaten nicht länger die führende Macht der Welt, nicht mehr im Zenit ihrer Geschichte. So mag es bei einem Staatsdiner im Palast des römischen Kaisers im dritten oder vierten Jahrhundert, nicht im ersten oder zweiten, zugegangen sein. Die Fanfaren, die starke Präsenz des Militärs – so viele nette junge Marinesoldaten, männliche und weibliche, in ihren beeindruckenden Uniformen mit den vielen goldenen Tressen. Das jetzt geltende Protokoll, diese Art von personeller Ausstattung und die Grundzüge dieser Art von Staatsdiner, das hat größtenteils in der Eisenhower- und Kennedyzeit angefangen. Ganz anders muß es in den Amtsjahren von Roosevelt und Truman zugegangen sein, obwohl damals die amerikanische Republik an die Spitze der ganzen Welt aufgestiegen und Washington zur Hauptstadt des ganzen Erdballs geworden war.

X
DAS ENDE DER NEUZEIT

Das zwanzigste Jahrhundert war das amerikanische Jahrhundert. Kurz vor seinem kalendarischen Beginn beschlossen das amerikanische Volk und seine Politiker, daß die Vereinigten Staaten zur Weltmacht werden sollten. Es genügte ihnen nicht mehr, die größte Macht auf dem amerikanischen Kontinent zu sein. Im Jahre 1898 eroberten die Vereinigten Staaten Kuba und Puerto Rico und sprangen über den Pazifik. Das war ein isoliertes Vorspiel zum Ersten Weltkrieg, aber eben doch ein Vorspiel. 1917 traten die Vereinigten Staaten, verbündet mit England und Frankreich, in den Ersten Weltkrieg ein und halfen, Deutschland zu besiegen. Keine fünfundzwanzig Jahre später traten die Vereinigten Staaten, verbündet mit England und Rußland, in den Zweiten Weltkrieg ein und halfen, Deutschland zu bezwingen, während sie Japan fast allein bezwangen. 1945 herrschte die auf amerikanischen Kriegsschiffen flatternde amerikanische Fahne auf allen Meeren, von der Bucht von Tokio bis zum Bosporus. Es folgte die Konfrontation mit Rußland über die Beute des Zweiten Weltkriegs. Gelegentlich fühlten sich die Führer Amerikas und Rußlands genötigt, diese Konfrontation zu dämpfen, bis die Russen in den achtziger Jahren beschlossen, sie gänzlich aufzugeben und ihre europäischen Eroberungen fahrenzulassen.

Das zwanzigste Jahrhundert war das amerikanische Jahrhundert nicht nur wegen der überwältigenden Macht der Vereinigten Staaten, sondern auch wegen des überwältigenden Einflusses und Prestiges alles Amerikanischen. Der amerikanische Dollar wurde zur weltweiten Standardwährung. Viele der wertvollsten europäischen Kunstobjekte und viele der bedeutendsten europäischen Künstler kamen über den Atlantik in die Vereinigten Staaten. Amerikanische Universitäten wurden zu weltweiten Zentren von Forschung und Lehre. Amerikanischen Sitten, amerikanischen Gebräuchen, amerikanischer Musik und amerikanischer Popkultur wurde in den entlegensten Winkeln der Erde nachgeeifert. Schon 1925 kannten Millionen in Europa die Namen und Gesichter amerikanischer Filmstars, während ihnen der Name ihres eigenen Ministerpräsidenten unbekannt war. Manches davon dauert bis heute an. Doch viele dieser Verschiebungen – Verschiebungen der Macht, des Prestiges, der Präsenz – finden nicht mehr statt. Es scheint, daß das einundzwanzigste Jahrhundert kein amerikanisches Jahrhundert sein wird. An dieser Aussicht ist nichts, was ausgesprochen bedenklich wäre – bedenklich für die Amerikaner. Bedenklich ist aber, daß das Ende des zwanzigsten Jahrhunderts, das Ende des amerikanischen Jahrhunderts, zugleich das Ende der gesamten Neuzeit ist.

Am 31. Juli 1898 starb Bismarck in Friedrichsruh, und am selben Tag ging mit dem Eintreffen der Waffenstillstands- und Friedensangebote praktisch der amerikanische Krieg gegen Spanien zu Ende. Bismarck hatte eine Vorahnung von dem kommenden Jahrhundert. Einige Jahre vor seinem Tod soll er gesagt haben, im kommenden Jahrhundert werde es eine wesentliche Tatsache sein, daß die Amerikaner Englisch sprechen. Was er damit meinte, war klar. Eine Übereinstimmung zwischen den englischsprachigen Nationen, vielleicht sogar ein Bündnis zwischen den Vereinigten Staaten und Großbritannien, könnte zur größten Macht der Welt werden. Andere, ganz verschiedene Männer und Frauen sahen um diese Zeit etwas Ähnliches: Rudyard Kipling, Admiral Mahan, Theodore Roosevelt, W. T. Stead, Andrew Carnegie und Kardinal Gibbons gehörten zu ihnen, aber auch russische

Journalisten, französische Diplomaten und spanische Intellektuelle. Kaiser Wilhelm II., Bismarcks neidischer Gebieter, begriff das nicht hinreichend, so wie er auch nicht hinreichend Bismarcks Warnungen in anderen Dingen beachtete, was ihn schließlich ins Verderben führte. Im Jahre 1900 begann das kalendarische Jahrhundert mit der unerwarteten Entwicklung eines deutsch-englischen Antagonismus, der in der Geschichte dieser beiden großen Nationen ohne Beispiel war. Dieser Antagonismus war nicht entscheidend für den Ausbruch des Krieges im Jahre 1914, aber er war entscheidend dafür, daß der Krieg zu einem Weltkrieg eskalierte. Der Ausdruck »Weltkrieg« als solcher tauchte erstmals 1915 im amerikanischen Sprachgebrauch auf. Rund ein Jahr später ging den Amerikanern und ihrer Regierung auf, daß ein eventueller Sieg Deutschlands über England für die Vereinigten Staaten eine unmittelbare, vielleicht sogar tödliche Bedrohung mit sich brächte. Im großen und ganzen war dies auch ihre Ansicht in den Jahren 1940–41, obwohl der Kaiser und Hitler sehr unterschiedliche Männer waren.

Es gab in dieser weltgeschichtlichen Entwicklung ein Element, das allen Erwägungen der globalen Strategie und der politischen Macht zugrunde lag. Der Groll und Argwohn der Amerikaner gegenüber England, der zum Unabhängigkeitskrieg und zum Krieg von 1812 geführt hatte, war bis zum Jahre 1900 weitgehend geschwunden, von gewissen Minderheiten einmal abgesehen. Die Mehrheit des amerikanischen Volkes bestand um 1900 nicht mehr aus Männern und Frauen englischer, walisischer, schottischer und schottisch-irischer Abstammung, doch die politische, gesellschaftliche, finanzielle, intellektuelle und kulturelle Führungsschicht bestand immer noch überwiegend aus solchen Menschen. Im zwanzigsten Jahrhundert und besonders in seiner zweiten Hälfte gingen die Präsenz, der Anteil und der Einfluß dieser Führungsschicht zurück. Als in den sechziger Jahren das alberne Akronym »WASP« geprägt wurde, änderte sich der Ton in der amerikanischen Gesellschaft und Kultur auf vielleicht unwiderrufliche Weise. Winston Churchill hatte das nicht hinreichend verstanden. Er hätte Bismarck zugestimmt, dessen Leben in ebendem Jahr endete, in dem Churchills politische Karriere begann: Churchill hatte während dieser ganzen, langen Karriere die Vision, daß die englischsprachigen Völker der Welt schließlich eine Konföderation, wenn nicht gar eine Union bilden würden, die den meisten Völkern der Welt einen langen sonnigen Nachmittag des Friedens sichern würde, ein wenig wie Rom im Zeitalter der Antonine (wie Churchill selbst einmal sagte). Doch das sollte nicht sein.

Man darf nicht glauben, der Niedergang der amerikanischen Macht sei nur durch den Niedergang ihrer einst überwiegenden ethnischen Komponente eingetreten. Der Niedergang war vermutlich vorgezeichnet durch den Niedergang des Zeitalters der Supermächte, der Superstaaten.

Im Zweiten Weltkrieg bestand das Hauptinstrument zur Niederwerfung Deutschlands in der russischen Armee. Das Hauptinstrument zur Niederwerfung Japans war die amerikanische Kriegsmarine. Am Ende des zwanzigsten Jahrhunderts haben die Russen sich aus Osteuropa zurückgezogen, und der amerikanische Rückzug aus dem westlichen Pazifik hat begonnen.

Heißt das, daß Deutschland und Japan wiederaufsteigen? Ja und nein. Die Ära des Wohlwollens in den amerikanisch-japanischen Beziehungen ist vorüber. Das hat beunruhigende Folgen. Dabei ist Japan, ein wirtschaftlicher Riese, immer noch ein politischer und militärischer Zwerg, und es ist ungewiß, ob die Japaner in der Lage (oder auch nur willens) sein werden, ihre wirtschaftliche Macht in politische und militärische Expansion umzusetzen. Das Problem Deutschlands in Europa ist ähnlich, aber nicht identisch. Solange nicht der schließliche Zusammenbruch der gegenwärtigen Regierung in China zu jener Schwächung und jenem Chaos führt, das China in der ersten Hälfte des zwanzigsten Jahrhunderts erlebt hat, wird es im Fernen Osten kein Machtvakuum geben, das Japan ausnutzen könnte, um projapanische Regierungen auf dem ostasiatischen Festland zu installieren. Ein solches Vakuum besteht in Osteuropa, wo bereits Staaten und Regierungen existieren, die eher Deutschland als den Vereinigten Staaten oder England oder anderen westeuropäischen Staaten zu Dank verpflichtet sind oder sein werden. (Wir sollten bedenken, daß Hitler während des Dritten Reiches mehr daran gelegen war, sich die Vasallenschaft gewisser Regierungen und Staaten zu sichern, als Territorien von ihnen zu erwerben. Unter »Vasallenschaft« verstehe ich Staaten, die nominell »unabhängig« sind, ohne aber eine eigene, unabhängige Politik zu betreiben.)

Doch die derzeitige deutsche Regierung und das deutsche Volk sind nicht bloße Fortsetzungen des Dritten Reiches. Die deutsche Regierung und das deutsche Volk lehnen stärker als die anderen, die neben ihnen den Krieg verloren haben, stärker als die Japaner und stärker als die Italiener ihre Führung und ihr eigenes Verhalten während des Zweiten Weltkriegs ab. Ihre Regierungen haben amtlich und feierlich den Verlust großer, früher überwiegend von Deutschen bewohnter Territorien an andere Staaten in Mittel- und Osteuropa anerkannt. Sie haben an Personen, die vom Dritten Reich geschädigt und enteignet wurden, erhebliche Summen als Wiedergutmachung gezahlt. Ihre Verfassung und ihre Institutionen sind in ungewöhnlichem Maße demokratisch. Sie sind weiterhin Mitglied in europäischen Organisationen und darüber hinaus bereit, ein entschiedener Partner und Teil eines schließlich geeinten Europa zu sein. Was die Stellung Deutschlands in der Welt angeht, weisen Anfang und Ende des zwanzigsten Jahrhunderts eine sonderbare, freilich begrenzte Ähnlichkeit auf. Um das Jahr 1900 setzte bei den Deutschen der Entschluß (man kann auch sagen, die Neigung) ein, den Status einer Weltmacht einzunehmen. Deutschland wurde in einem Weltkrieg besiegt und stieg wieder auf. Zu diesem Aufstieg wäre es auch dann gekommen, wenn es keinen Hitler gegeben hätte, der diesen Aufstieg mit phantastischem Erfolg beschleunigte, bis er große Teile der Welt gegen sich hatte, und dann wurde sein Deutschland insgesamt besetzt. Doch im Gegensatz zu verbreiteten Vorstellungen hatte Hitler keine Welteroberungspläne. Er wollte den größten Teil des europäischen Kontinents und das europäische Rußland beherrschen. Heute denkt niemand in Deutschland an so etwas. Allerdings wird es zu einem gewissen deutschen Übergewicht in Europa, besonders in Osteuropa, kommen. Die Frage wird sein, welches Ausmaß dieses Übergewicht haben wird und welcher Art es sein wird.

Dem allmählichen Rückzug der Vereinigten Staaten aus dem fernen Westpazifik wird ihr Rückzug aus Westeuropa, auch aus Deutschland, folgen. (Die Disneylands, die man dort jetzt baut, werden das nicht aufwiegen.) Dem Rückzug der Russen aus Osteuropa, auch aus Deutschland, wird ihr Rückzug aus dem Fernen Osten folgen. Er hat bereits begonnen, und die Mongolei (dieser Staat war eine russische und sowjetische Schöpfung des zwanzigsten Jahrhunderts) ist praktisch unabhängig von Moskau geworden. Unterdessen ist der russische Einfluß in China fast auf Null geschrumpft. Ob die Russen die vier kleinen Inseln, die sie 1945 besetzt haben, den Japanern zurückgeben werden, wird von wesentlicher Bedeutung sein, nicht wegen des geringfügigen Territoriums dieser Inseln, sondern weil es den Ausgang einer Willensprobe zwischen Rußland und Japan anzeigen wird.

Fast zehn Jahre ist es her, daß ich ein Buch mit der folgenden Passage beschloß: »Nach der Gründung der Vereinigten Staaten betrachteten sich die Amerikaner über hundert Jahre lang als das Gegenteil der Alten Welt und ihrer Sünden. Rund hundert Jahre später wandelte sich diese Vision nach und nach: Aus den Vereinigten Staaten wurde das fortgeschrittene Modell der Alten Welt [...] und vielleicht der ganzen Welt. Heute haben diese beiden Visionen keinen Sinn mehr. Wird das amerikanische Volk die innere Kraft haben, die Überzeugung zu bekräftigen und aufrechtzuerhalten, daß seine Zivilisation nicht von der sogenannten Alten, sondern von der sogenannten dritten Welt abweicht – und nicht bloß deren fortgeschrittenes Modell ist? Am Beginn des dritten Jahrhunderts der amerikanischen Unabhängigkeit ist dies oder sollte dies vielmehr die Frage sein.«* Am Ende eines anderen Buches schrieb ich vor über dreißig Jahren: »Gegen Ende des letzten Jahrhunderts sagte Bismarck, der wichtigste Faktor im nächsten Jahrhundert werde die Tatsache sein, daß die Amerikaner letztlich Englisch sprechen. Der wichtigste Faktor in der zweiten Hälfte dieses Jahrhunderts könnte die Tatsache sein, daß die Russen letztendlich Weiße sind.«** Vielleicht nicht in der zweiten Hälfte des zwanzigsten Jahrhunderts, aber vermutlich im einundzwanzigsten.

Es ist ein sonderbarer Zufall, daß die letzten zehn bis zwölf Jahre jedes der letzten fünf Jahrhunderte von einschneidenden, ja monumentalen Veränderungen geprägt waren.

Am Ende des fünfzehnten Jahrhunderts entdeckte Kolumbus Amerika, und Vasco da Gama umsegelte Afrika, um Indien zu entdecken. Die Expansion Europas begann. Die mediterrane Epoche der Weltgeschichte ging zu Ende. Fünftausend Jahre lang war das Mittelmeer der Hauptschauplatz der Geschichte gewesen. Zweitausend Jahre lang war die italienische Halbinsel ihr Mittelpunkt gewesen. Doch 1494 drangen die Franzosen in Italien ein, und 1492 bezwangen die Spanier das letzte maurische Königreich auf der Iberischen Halbinsel. Es begann der Aufstieg der großen atlantischen Mächte: Spanien, Frankreich und dann England. Die an den Atlantik grenzenden Nationen wurden die Hauptakteure und der Atlantik der Hauptschauplatz der Geschichte der Welt.

Zwölf Jahre vor dem Ende des sechzehnten Jahrhunderts zerstörten die Engländer die spanische Armada. Eine der

* In: *Outgrowing Democracy: A History of the United States in the Twentieth Century*, S. 404.

** *A History of the Cold War*, S. 268.

Folgen davon war der Aufstieg Hollands, einer weiteren Seemacht an den östlichen Gestaden des Atlantik. 1590 wurde Frankreich unter Heinrich IV. zum ersten geeinten modernen Staat. Es begann der langwierige Niedergang dieses einst erstaunlichen und gewaltigen spanisch-atlantischen und westeuropäischen Imperiums (dessen Aufstieg in der letzten Dekade des vorangegangenen Jahrhunderts begonnen hatte).

In den letzten zwölf Jahren des siebzehnten Jahrhunderts kam es zu einer weiteren ungeheuren Koinzidenz großer Ereignisse. Im Jahre 1688 schuf die Glorreiche Revolution in England eine neue Regierungsform, der mindestens während der nächsten zwei Jahrhunderte in anderen Teilen der Welt nachgeeifert wurde: die konstitutionelle Monarchie mit ihrer vertraglichen Festlegung der Bürgerrechte. Gleichzeitig begann zwischen England und Frankreich, die zu den beiden größten Mächten der Welt geworden waren, der Kampf um die Herrschaft über den Atlantik, das heißt um die Hinterlassenschaft des geschwächten (und bankrotten) spanischen Imperiums. 1689 ließen England und Frankreich sich auf eine Reihe von Weltkriegen ein, die mit Waterloo enden sollte. Im selben Jahr wurde Peter der Große Zar von Rußland. In den 1690er Jahren begannen der Aufstieg Rußlands und der Rückzug des Osmanischen Reiches in Osteuropa, eine weitere Entwicklung von größter Tragweite.

Die Glorreiche Revolution (in Irland und Schottland war sie nicht so glorreich) fiel zeitlich zusammen mit dem glorifizierten Höhepunkt der sogenannten wissenschaftlichen Revolution und entsprach ihm. Was Kopernikus, Kepler, Galilei und Descartes begonnen hatten, vollendete Newton 1687 mit der Veröffentlichung seiner *Principia*. Daß die Erde rund war und daß das Universum sehr groß war und daß die Erde um die Sonne kreiste, war einigen Gelehrten bekannt, war aber für das Leben der Menschen nicht von Bedeutung. Von Bedeutung war dagegen, daß Newtons System nicht nur zeitlich mit dem neuen System von 1688 zusammenfiel, sondern ihm auch in gewisser Weise entsprach: Es machte Gott zum konstitutionellen Monarchen des Universums, dessen Gesetze nicht so sehr von einer auf Glauben beruhenden göttlichen Regel abhingen, sondern von mathematischen Überlegungen. Dieses Newtonsche System erschien abgeschlossen und fehlerfrei, und die technischen Fortschritte, Funktionen und Denkprozesse beruhen bis heute auf ihm – wobei wir im zwanzigsten Jahrhundert freilich wissen (oder wissen sollten), daß es weder fehlerfrei noch abgeschlossen oder auch nur abschließbar ist.

Elf Jahre vor dem Ende des achtzehnten Jahrhunderts kam es 1789 zur Französischen Revolution. Im gleichen Augenblick (genaugenommen fünf Tage bevor die französische Nationalversammlung in Versailles zusammentrat, um sich an die Zerschlagung der alten Monarchie zu machen) wurde George Washington in New York als erster Präsident der Vereinigten Staaten von Amerika in sein Amt eingeführt. Während der letzten elf Jahre des achtzehnten Jahrhunderts beschleunigte sich das Tempo der Weltereignisse, in Kriegen und Gesellschaften, in der Staatskunst und der Kunst, in Ideen und Stilen kam es zu großen Veränderungen.

Die 1790er Jahre waren durchaus eine Art Fin de siècle. Doch damals dachte niemand an ein Fin de siècle, weder in Paris noch anderwärts. Exakt im Jahre 1890, am Ende des neunzehnten Jahrhunderts, tauchte der Ausdruck erstmals auf, in Paris. Im *Oxford English Dictionary* heißt es: »1890. [Fr.] Eine als Adjektiv benutzte Wendung: Charakteristisch für das Ende des [neunzehnten] Jahrhunderts: fortschrittlich, modern; auch dekadent.« Das trifft es ziemlich genau. In den 1890er Jahren setzte die überfällige Reaktion auf die viktorianische Zeit ein, bestimmt in Paris, aber auch in London und anderswo. »Avantgardistisch und dekadent«: das letztere Adjektiv war vielleicht anfechtbar, aber nur aus späterer Sicht. *Unser* Fin de siècle in den 1990er Jahren hat einen breiteren Umfang und eine andere Bedeutung. Es ist antidekadent, aber vielleicht verdeckt seine Antidekadenz nur eine

Dekadenz einer anderen, tieferen Tendenz. Das Fin de siècle der 1890er Jahre war antibürgerlich, neoaristokratisch und bohemienhaft-elitär, zumindest seinen Absichten nach. Unser Fin de siècle ist, äußerlich betrachtet, konservativ und populistisch. Doch in einem gewichtigeren Sinne ist unser Fin de siècle bereits vorüber, denn das zwanzigste Jahrhundert endete – nur nicht kalendarisch – mit den Ereignissen von 1989.

Wir dürfen einer lediglich zeitlichen Koinzidenz keine funktionale Bedeutung beimessen. So wie die (am Beginn der Neuzeit erfundene) mechanische Uhr war auch das genau hundert Jahre dauernde Jahrhundert eine neuzeitliche Idee, eine Erfindung des Menschen. So wie im Leben eines Menschen sind auch im geschichtlichen Leben einer Nation, einer Rasse, eines Kontinents oder einer ganzen Zivilisation die zeitlichen Markierungen des Endes eines Jahres, eines Jahrzehnts oder eines Jahrhunderts lediglich Meilensteine. Die entscheidenden Ereignisse, die Wendepunkte in ihrem Leben stimmen nicht mit arithmetischen Markierungen überein. Warum wir in der Geschichte der westlichen Welt diese Koinzidenzen großer Veränderungen zehn oder zwölf Jahre vor dem jeweiligen kalendarischen Ende eines Jahrhunderts hatten, wissen wir nicht. Mehr können wir nicht sagen. Alles andere ist Astrologie – oder nicht einmal das.

Auch das Jahrtausend ist ein arithmetischer Ausdruck, der freilich eine stark metaphorische Bedeutung hat. Am Ende der ersten tausend Jahre nach Christus wurden viele Menschen in Europa von einer mystischen Furcht gepackt. Wenn das Jahr 2000 kommt, wird eine solche Reaktion unter den Völkern der Welt vermutlich ausbleiben.

Doch die Geschichte der Welt (und besonders der westlichen Zivilisation) um das Jahr 2000 ist bereits von einem Sachverhalt geprägt, der im Jahre 1000 noch nicht im Bewußtsein der Menschen existierte. Im Jahre 1000 – und noch Jahrhunderte danach – wußten die Menschen nicht, daß sie im Mittelalter lebten. Das ist heute anders. Wir sind uns der geschichtlichen Zeit stärker bewußt als jede frühere Generation in der Geschichte der Menschheit. Das kommt daher, daß sich ein Geschichtsbewußtsein entwickelt hat, eine der wichtigsten und dabei kaum erkannten Entwicklungen der Neuzeit.

Die Tatsache, daß wir wissen, daß wir nicht nur am Ende eines Jahrhunderts leben, sondern in einer Zeit großer Wendepunkte, ist relativ neu und durchaus bemerkenswert. Doch wir sollten wissen, daß wir in einer Zeit leben, die etwas mit sich bringt, das noch bedeutender und vielleicht noch bedenklicher ist, in einer Zeit, da eine große geschichtliche Epoche vergeht, die Neuzeit.

Daß wir nach vorn leben, aber nur zurückdenken können, ist eine seit jeher bestehende Tatsache unserer Existenz. Aber das Bewußtsein dieser Tatsache hat sich im Laufe der Menschheitsgeschichte geändert. Während des Mittelalters wußte niemand, daß er im Mittelalter lebte. Wir wissen – seit über zweihundert Jahren –, daß wir in der Neuzeit leben, doch es wird nicht mehr genügen, wenn wir diesen Terminus weiterhin gelten lassen oder verwenden.

»Die Neuzeit« oder »die Moderne« ist eine falsche Bezeichnung. Das Mittelalter verging allmählich. Auch unsere Epoche vergeht allmählich. Es gibt kein Einzelereignis und keine Häufung von Ereignissen, an der exakt das Ende eines Zeitalters abzulesen wäre, denn eine geschichtliche Epoche verschwindet nicht völlig. Ein Zeitalter beginnt früher zu Ende zu gehen und dauert länger, als ein einziges Merkzeichen anzuzeigen vermag. Wenn seine Institutionen, seine Gesellschaftsstrukturen, seine Bräuche, seine Ausdrücke und Vorstellungen und Denkweisen und Anschauungen nach und nach aufgegeben werden, so entwickeln sich gleichzeitig neue Institutionen, neue Strukturen, neue Denkweisen und Anschauungen. In Westeuropa waren die zweihundert Jahre von etwa 1490 bis 1690 eine solche Zeit des Übergangs. Solche Übergänge sind durchtränkt mit Gewalt, weil es den meisten Menschen schwerer fällt, ihre gewohnten Denkweisen als ihre materiellen Besitztümer zu ändern oder aufzugeben. Das ist nicht neu. Relativ neu ist die feine Differenz in den geistigen Tendenzen der Menschen von heute und derer von vor fünfhundert Jahren. Wir oder zumindest einige von uns wissen und spüren, daß ein ganzes Zeitalter zu Ende geht. Im fünfzehnten Jahrhundert wußte niemand, daß »das Mittelalter« zu Ende ging. Es wurde erst erkannt, als diese Ära fast vorüber war, als die Vorstellung von den drei Zeitaltern, dem Altertum, dem Mittelalter und der Moderne, sich zusammen mit der Erkenntnis zu verbreiten begann, daß »das Mittelalter« (das man damals fälschlich als ein langes dunkles Tal auffaßte, welches die strahlende ideale Vergangenheit der Antike vom lockenden Hochland der Moderne trennt) definitiv vorüber war. »Modern« bedeutet sowohl im ursprünglichen lateinischen wie im übertragenen Sinne »von heute«, »gegenwärtig«. In diesem Sinne begann man den Terminus um 1580 zu verwenden. Doch seine Übertragung auf die Geschichte, die sich rund ein Jahrhundert später herausbildete, war ungenau, weil darin mitschwang, daß diese neue, gegenwärtige Zeit uns immer erhalten bleiben würde: ein neues, aufgeklärtes Zeitalter, das unvorhersehbar lange dauern würde, vielleicht ewig.

Das beruhte nicht nur auf Kurzsichtigkeit, wenngleich der historische Optimismus (der nicht so dominierend war, wie vielfach angenommen wird) der Aufklärung, eines Zeitalters der Vernunft, dabei eine Rolle spielte. Ein Beispiel ist Edward Gibbon, der große Schriftsteller des achtzehnten Jahrhunderts, in dessen Werk, Stil und Vision ein damals relativ neues Geschichtsbewußtsein Blüten trieb. Die Idee, ein Buch über den Verfall und Untergang des Römischen Reiches zu schreiben, kam ihm in Rom an einem Oktobertag des Jahres 1764, als er auf den grasüberwachsenen Ruinen des Forum Romanum saß. (Die Archäologie, das andere Nebenprodukt eines wachsenden Geschichtsbewußtseins, begann erst um jene Zeit und war noch nicht bis zum Forum vorgedrungen.)

Dieser Tag in Rom löste bei Gibbon den Einfall aus, nicht nur über eine große imperiale Stadt bzw. einen solchen Staat, sondern über eine ganze Zivilisation zu schreiben. Mehrere Jahre später, in der Mitte seines Werkes, schrieb Gibbon das Kapitel »Allgemeine Bemerkungen über den Fall des Römischen Reiches im Westen«. *Wir* sollten nicht besorgt sein, schrieb er. »Wir können nicht bestimmen, zu welcher Höhe das Menschengeschlecht in seinen Fortschritten zur Vollkommenheit gelangen möge, dürfen aber mit Zuversicht annehmen, daß kein Volk, außer das Antlitz der Natur erhielte eine Umgestaltung, wieder in seine ursprüngliche Barbarei zurückfallen werde [...] Wir mögen uns daher mit der freudigen Gewißheit beruhigen, daß jedes Zeitalter der Welt den wirklichen Reichtum, das Glück, die Kenntnisse und vielleicht auch die Tugend des menschlichen Geschlechts vermehrt habe und noch fortwährend vermehre.« (Bei sorgfältiger Lektüre dieser beredten Passage fallen die näheren Bestimmungen auf, mit denen Gibbon seine Wendungen versieht: »seine *ursprüngliche* Barbarei« oder »*vielleicht* auch die Tugend«.) Doch diese Art von Optimismus haben wir nicht mehr. Gibbons moderner Glaube an die moderne Idee des Fortschritts erscheint uns naiv. Natürlich schrieb er im achtzehnten Jahrhundert, kurz vor dem Zenit der Moderne. Wir haben weniger Illusionen, falls überhaupt. Er dachte jedenfalls nur an die Gefahr, daß Barbaren von außen einbrechen könnten. Das ist heute möglich, tatsächlich sogar eher möglich als vor fünfzig Jahren. Doch was Gibbon sich nicht vorstellen konnte, ist das, was das Wesen dessen bedroht, was noch von unserer Zivilisation übrig ist, aber auch unser Leben selbst. Es ist die wachsende Präsenz und die steigende Gefahr der Barbarei und von Barbaren in unseren eigenen Städten und Ländern, es sind interne Angriffe der Wildheit auf unsere Häuslichkeit, inspiriert und gezüchtet durch gewisse Züge und Institutionen und die populäre Kultur unserer Zivilisation selbst.

In den heutigen neunziger Jahren wissen wir also auch, was

die Menschen vor fünfhundert Jahren nicht wußten: daß wir uns dem Ende einer ganzen geschichtlichen Ära nähern. Dieses Buch handelt vom Ende des zwanzigsten Jahrhunderts, nicht vom Ende der Neuzeit, das noch nicht da ist. Aber viele der wesentlichen Merkmale der Neuzeit, die um 1500 begann, haben ihr Ende gefunden – oder doch beinahe. Die Expansion Europas. Die Eroberungen der weißen Rasse. Die Kolonialreiche. Der Atlantik im Mittelpunkt der Geschichte. Das Übergewicht der Seemacht. Liberalismus. Humanismus. Bürgerliche Kultur. Das Überwiegen der städtischen und urbanen Zivilisation. Der dauerhafte Wohnsitz. Die Respektierung der Privatsphäre. Das Newtonsche Bild des Universums und der physikalischen Realität. Das Ideal der wissenschaftlichen Objektivität. Das Zeitalter des Buches.* Viele dieser Gegebenheiten und Ideale sind inzwischen abgeschwächt. Einige sind gänzlich verschwunden. Keines hat sich als unvergänglich oder fehlerfrei erwiesen. Sie wurden geschaffen von und verkörpert durch Institutionen, die noch existieren und funktionieren, aber auf eine zunehmend divergierende Weise und für divergierende Ziele; und viele sind antiquiert und sklerotisch geworden.

Bezeichnend ist, daß das Wort »modern« irgendwann nach der Mitte des zwanzigsten Jahrhunderts seinen Glanz verloren hat. Noch vor sechzig Jahren war »modern« ein unzweifelhaft positives Adjektiv, besonders in Amerika. Es hat heute seinen Reiz weitgehend eingebüßt, in allen Bereichen und auf allen Ebenen des Lebens, auch in der Kunst. (Das derzeit übliche Adjektiv »postmodern« ist bloß ein unzulängliches Beispiel für diese Entwicklung.) In der Architektur, im Möbelbau, in Malerei, Literatur, Bildhauerei und Musik waren die zwanziger Jahre dieses Jahrhunderts tatsächlich das letzte

* Usw. usw. Ich muß hinzufügen: der allmählich wachsende Respekt vor den Frauen seit etwa 1500. Auch das scheint mir ein Ende gefunden zu haben – oder es ist in eine Sackgasse geraten, denn die Ausweitung von gesetzlichen und sexuellen »Rechten« auf Frauen hat kaum etwas zu tun mit den tieferen und wichtigeren Qualitäten des ihnen geschuldeten Respekts und Schutzes.

(und in gewisser Hinsicht vielleicht das einzige) »moderne« Jahrzehnt. Die Lieferanten und Veranstalter von »moderner« Kunst leben seitdem von ihren immer mehr zerfallenden und zerbröckelnden Formen.

Dieses Zurneigegehen einer ganzen Epoche ist in den letzten Jahrzehnten immer deutlicher geworden. Noch sind wir nicht am Ende eines Zeitalters angelangt. Doch wir befinden uns bereits mitten im Übergang zu einer neuen Epoche, der unsere Nachkommen irgendwann einmal einen neuen Namen geben werden.

Neben den historischen Kategorien Altertum, Mittelalter und Moderne gibt es eine andere Sicht auf die Geschichte, die wir anerkennen müssen, weil es eine großartige Sichtweise ist und weil sie im Rahmen dieses Buches ihren Platz hat. Es ist die Sichtweise, mehr noch, die leitende Idee von Alexis de Tocqueville, der vor allem als Autor des Buches *Die Demokratie in Amerika* bekannt und als politischer und sozialer Denker anerkannt ist. Tatsächlich waren die geistigen Interessen Tocquevilles weiter gespannt, reichten sie höher und zugleich tiefer.

Tocqueville stellte die Dreiteilung in Altertum, Mittelalter und Neuzeit nicht in Frage. Doch für ihn war die Geschichte der Menschheit geprägt von einem gewaltigen, schicksalhaften und einstweilen zum größten Teil nicht beschreibbaren Übergang von aristokratischen Epochen zu einem demokratischen Zeitalter. Einem Übergang von Epochen, in denen die Welt fast durchweg regiert und beherrscht wurde von Minderheiten, von zahlenmäßig geringen Klassen Privilegierter, zu einer neuen Zeit, in der die egalitären Ideale der Demokratie ein solches Übergewicht erhalten würden, daß sich gegen ihr ozeanisches Vordringen nichts würde behaupten können.

Am Ende des zwanzigsten Jahrhunderts, fast hundertfünfzig Jahre nach dem Tode Tocquevilles, triumphiert die Demokratie weltweit. Was wir in den fünf Jahrhunderten der Neuzeit beobachten (oder doch sehen sollten), ist ein Fortschreiten zur Demokratie hin, ein monumentaler Wandel, den kein anständiger (oder religiöser) Mensch beklagen sollte – bis zur Gegenwart, in der die Demokratie so allgegenwärtig wie bedrückend geworden ist, weil die Herrschaft der Popularität, die sich oft auf den kleinsten gemeinsamen Nenner stützt, unangefochten akzeptiert wird, in der die Popularität selbst manipuliert wird und vom Apparat der Werbung sogar künstlich erzeugt werden kann. In den Vereinigten Staaten zum Beispiel sind die Wahlverfahren des Republikanismus nach dem Tode der Gründer der Republik (gerade zu jener Zeit, als Tocqueville die Vereinigten Staaten besuchte) heruntergekommen zu demokratischen Popularitätswettbewerben. Doch im zwanzigsten Jahrhundert hat diese Entartung eine tückischere Seite entwickelt. Aus Popularitätswettbewerben wurden Reklameschlachten. Ein Niedergang des guten Geschmacks und des Urteilsvermögens, der Wahrhaftigkeit und der Vernunft war nicht zu trennen von dieser Entartung* – und zugleich verschwanden die letzten Reste aristokratischer Werte und Normen.**

Die Errungenschaften der letzten fünfhundert Jahre waren die einer Zivilisation, in der Aristokratie und Demokratie koexistierten, wenn auch nicht immer friedlich und nicht immer segensreich. Diese Mischung – ursprünglich eine Ver-

* Diese Entartung findet natürlich ihre Entsprechungen in vielen Bereichen jenseits der Politik; so ist das damals relativ neue und noble Ideal der Allgemeinbildung (ebenfalls ein Produkt der frühen Neuzeit) heruntergekommen zu der im neunzehnten Jahrhundert eingeführten allgemeinen Schulpflicht, die schließlich, besonders in den Vereinigten Staaten, so weit degenerierte, daß aus Schulen für Jugendliche in erster Linie Verwahranstalten geworden sind, in denen junge Männer und Frauen sitzen, die in den Zwanzigern sind und von denen man, nachdem sie *zwanzig* Jahre lang verschiedene Schulen durchlaufen haben, mehrheitlich nicht mehr erwarten kann, daß sie einigermaßen lesen und schreiben können.

** Zu Beginn des zwanzigsten Jahrhunderts konnte Edith Warton noch über die patrizische Gesellschaft des alten New York schreiben, die Flasche sei inzwischen leer, doch habe sich an windgeschützten Stellen noch etwas von dem Aroma erhalten. Am Ende des Jahrhunderts ist davon nichts mehr geblieben.

bindung, wurde es zunehmend zu einer Mischung – aus Aristokratie und Demokratie war die Voraussetzung der fortschreitenden Zivilisierung. Als die Macht, der Reichtum und die Überzeugung der Aristokratien schwanden, kam es immer häufiger zu physischen, sozialen, politischen und geistigen Heiraten mit den aufsteigenden Klassen unter ihnen. Das war, wie auch die Zusammensetzung der Aristokratien, von Land zu Land verschieden. Viele Mitglieder aristokratischer Gesellschaften erwiesen sich als ihrer Privilegien nicht würdig. Doch im weitesten (und zwangsläufig ungenauen) Sinne war die Vorherrschaft gewisser aristokratischer Maßstäbe und der Respekt vor ihnen der Aufrechterhaltung und Entwicklung der Zivilisation förderlich. Diese Maßstäbe bedeuteten mehr als ausgezeichnete Manieren und mehr als eine hochzivilisierte Lebensweise. Sie waren der lebende Beweis des Edelmuts und einer hohen Gesinnung. Sie beinhalteten den Primat des Ehrgefühls vor der Ruhmsucht. Daß sie nicht unbedingt von einem herrschenden oder auch nur von einem landbesitzenden Adel verkörpert werden mußten, beweist die Tatsache, daß schon vor mehr als zweihundert Jahren in ganz Europa dem Ideal des englischen »Gentlemans« nachgeeifert wurde, in Worten wie im Verhalten. Der Gentleman war nicht notwendigerweise Träger eines Adelstitels. In Amerika gab es keine Aristokratie: George Washington konnte man nur durch Überdehnung des Begriffs als Aristokraten bezeichnen; die Adams' und Roosevelts waren bürgerliche Patrizier, Lincoln und Truman nicht einmal das; doch jeder dieser Männer besaß einige Wesenszüge eines amerikanischen Gentlemans, weil es tatsächlich so etwas wie einen amerikanischen Gentleman gab.

Im zwanzigsten Jahrhundert waren einige leuchtende Beispiele staatsmännischer Kunst die Verteidiger der westlichen Zivilisation: demokratische Aristokraten wie Churchill in England, ein Mannerheim in Finnland, die deutschen Adligen, die Hitler zu stürzen versuchten. »Demokratisch« bedeutet hier nicht, daß sie ihr Erbe und ihre Überzeugungen aufs

Spiel setzten, indem sie sich in die Unvermeidlichkeit volkstümlicher Maßstäbe und der Volksherrschaft fügten. Indem sie ihre Nationen verteidigten, verteidigten diese großen Patrioten etwas, das sie tiefer bewegte: die Traditionen der westlichen Zivilisation in den Jahrhunderten der Neuzeit. Im Juni 1940 sprach Churchill in seiner Rede von der »größten Stunde« nicht von der drohenden Aussicht, daß man wieder ins Mittelalter zurückfallen könne, sondern davon, daß man in ein neues dunkles Zeitalter hineintaumeln könne. Während Hitler ein Visionär einer neuen heroischen, heidnischen und wissenschaftlichen Welt war, verteidigte Churchill die traditionellen und zunehmend antiquierten, aber immer noch gültigen Maßstäbe der Neuzeit. Er war kein Verfechter des Fortschritts, sondern ein Verteidiger der westlichen Zivilisation.

Man sollte wissen, daß es die Ausdrücke »zivil«, »zivilisiert« und »Zivilisation« im Mittelalter nicht gegeben hat. Diese Wörter und ihre Bedeutungen kamen erst im siebzehnten und achtzehnten Jahrhundert auf. *Civilize* taucht im Englischen erstmals im Jahre 1601 auf in der Bedeutung »zivil machen; aus einem Zustand der Barbarei herausholen; in den Künsten des Lebens unterweisen; aufklären und verfeinern«. Ein Jahrhundert später (1704) erscheint das Wort »Zivilisation«.

»Aus einem Zustand der Barbarei herausholen«: das war dem Beginn der Neuzeit angemessen. Gegen Ende der Neuzeit stellt sich uns eine andere Aufgabe, stellen sich uns andere Probleme: daß man sich nicht mit dem Absinken in eine Neue Barbarei abfindet. Wir wissen etwas, das die Menschen sich am Beginn des zwanzigsten Jahrhunderts nicht einmal vorstellen konnten: daß der Fortschritt der Technik und die Barbarei nicht mehr unvereinbar miteinander sind. Goebbels erkannte das schon 1939: »Der Nationalsozialismus hat es verstanden, der Technik den seelenlosen Rahmen zu nehmen und ihn mit dem Rhythmus und den heißen Impulsen*

* Ich kann nicht umhin, hier ein verwirrendes Symptom zu erwähnen. »Der Rhythmus und die heißen Impulse«: Die neuen Barbaren, zu denen die Neona-

unserer Zeit zu füllen.« Nicht der Nationalsozialismus, sondern die neuen Barbaren, von denen die Nazis bloß eine Spielart von Vorläufern waren.

Vor zweihundert Jahren schrieb der glänzende Antirevolutionär Rivarol: »Les peuples les plus civilisés sont aussi voisins de la barbarie que le fer plus poli l'est de la rouille« – die zivilisiertesten Völker sind der Barbarei ebenso nahe wie das glänzendste Metall dem Rost. Doch das ist eine allgemeingültige Maxime, die nicht recht auf unsere Zeit paßt, in der reichlich Anlaß für die Befürchtung besteht, daß das Wort »zivilisiert« mit dem Vergehen der Neuzeit bald seine Bedeutung verlieren könnte. Überall gibt es bereits Horden junger Leute, denen das Wort unbekannt und seine Bedeutung unverständlich ist. Doch es ist an der Zeit, hier aufzuhören, aus vielen Gründen, darunter auch dem, daß der Verfasser Historiker ist und nicht Prophet.

Jedenfalls habe ich in meiner Eigenschaft als Historiker vor drei Jahren geschrieben: »Gegen Ende des zwanzigsten Jahrhunderts, ja gegen Ende der sogenannten Neuzeit bedrohen zwei gefährliche Umstände die Welt. Der eine ist der institutionalisierte Drang nach materiellem und wirtschaftlichem ›Wachstum‹, der jeglicher Stabilität zuwiderläuft und die Natur schlechthin bedroht. Der andere ist die Existenz der populistischen Neigungen des Nationalismus, der einem größeren und besseren Verständnis zwischen den Völkern zuwiderläuft und oft in Barbarei mündet. Der eine ist der Drang nach wachsendem Reichtum, der andere nach Stammesmacht. Der eine geht von der Voraussetzung aus, daß das grundlegende Motiv der Menschen die Habgier sei, der andere, daß es die Macht sei. Zu glauben, das erstere sei dem letzteren moralisch überlegen, ist zumindest fragwürdig, aber zu glauben, der Fortschritt der Geschichte bestehe im

zis und die »Skinheads« zählen, sind glühende Fanatiker der Rockmusik. Während des Zweiten Weltkriegs bekundeten in Deutschland und anderswo diejenigen, die die Nazis verachteten, ihre Ablehnung des Nationalsozialismus durch ihre Vorliebe für amerikanische Musik.

Triumph des Geldes über die Gewalt, ist unvorstellbar dumm.«

Auf jeden Fall besteht hier ein großer Unterschied. Vor fünfhundert Jahren (und noch Jahrhunderte danach, denn die Wiederentdeckung der Errungenschaften des Mittelalters setzte erst vor etwa zweihundert Jahren ein) blickten denkende Menschen voller Verachtung auf das Mittelalter zurück. Ihr Blick war auf eine fernere Vergangenheit gerichtet. Ihre Bewunderung galt Rom und Griechenland, den Vorbildern der Renaissance, die Maßstäbe setzten, die sie, wie sie meinten, nie würden erreichen können. (Sie haben sie übertroffen.) Sie verliehen dem klassischen Altertum Attribute der Vollkommenheit, eines Goldenen Zeitalters. Das war historisch und unhistorisch zugleich. Unsere Sehnsucht nach früheren Zeiten und unser Respekt vor ihren Errungenschaften sind anders. Wir lehnen das Denken und die Errungenschaften des neunzehnten oder achtzehnten Jahrhunderts nicht ab, im Gegenteil. Unsere Sehnsucht wird geweckt von dem kreativen Geist, der Verläßlichkeit der Institutionen, der Musik und Kunst und Literatur, der Sprache und Kultur einer Zeit, die für uns noch sichtbar und spürbar in greifbarer Nähe ist. Einer der Gründe ist, daß wir ein Geschichtsbewußtsein entwickelt haben, wie es unsere Vorfahren vor fünfhundert Jahren nicht besaßen. Der andere Grund ist, daß die letzten fünfhundert Jahre in der Tat den vielleicht größten, bestimmt aber den verbreitetsten Fortschritt in der Geschichte der Menschheit verkörpert haben. Deshalb kann sich das Vergehen der Neuzeit noch über eine sehr lange Zeit hinziehen, und deshalb wird, in dem Maße, wie sie vergeht, der Respekt vor ihrer Kultur und Zivilisation unter denkenden Männern und Frauen weiterhin wachsen.*

Und jetzt ist es wirklich Zeit aufzuhören, aus dem Grunde,

* Und das ist der Grund, warum die ungläubigen Thomasse – ein Hobbes im siebzehnten und ein Carlyle im neunzehnten Jahrhundert – nur teilweise recht hatten und warum einige der großen Geister des letzten Fin de siècle, die sich

den La Rochefoucauld in einer seiner Maximen so ausgedrückt hat: daß die Dinge nie so schlimm – oder so gut – sind, wie sie scheinen. Gar nicht davon zu reden, daß die Verzweiflung nicht nur eine Sünde ist, sie ist auch zwecklos – und falsch. Verzweiflung bedeutet, daß man das Vertrauen auf Gott, auf Seine Vorsehung aufgibt. Sie bedeutet aber auch, daß wir den Glauben an uns selbst aufgeben – daß wir die Bedeutung unserer eigenen Existenz unterschätzen. Am Anfang der Demokratie mag eine Überschätzung der menschlichen Natur gestanden haben, aber das war der gegenwärtigen Gefahr unendlich vorzuziehen, sie nämlich im Gegenteil zu unterschätzen (was an vielen Dingen deutlich wird, zum Beispiel unseren Erziehungsmethoden). Wenn die Geschichte uns etwas lehrt, dann dies, daß die Kontinuität ebenso wirksam ist wie der Wandel, weil die menschliche Natur sich nicht ändert. Darin steckt nicht nur der Unterschied zwischen Evolution und Geschichte, sondern auch die Erkenntnis der Realität und der Verantwortung, die jeder Mensch hat und die er nicht aufgeben wird und – was wichtiger ist – nicht aufgeben darf.

1989–1992

gegen das Philistertum und den Liberalismus des bürgerlichen neunzehnten Jahrhunderts wandten – ein Hamsun oder ein Nietzsche –, heute nicht viel mehr als Zeiterscheinungen sind: radikale Propheten, rebellische Stimmen, die in einer bestimmten Zeit stark und klar klangen, die uns heute aber wenig zu sagen haben – denjenigen unter uns, die wissen, daß wir in einer Welt am Rande der sich ihrem Ende zuneigenden Neuzeit leben, nun, da all die wirklichen bürgerlichen Tugenden, ihre Innerlichkeit und ihre Redlichkeit, sich erhalten haben, echt, liebenswert, bewundernswert, wie ein altes Möbelstück der Familie, das schöner und solider ist, als wir einst dachten, ein Erbstück, das an Wert gewinnt, je weiter wir von seiner Entstehungszeit fortgerissen werden. Um die Wahrheit zu sagen, unser einziges *greifbares* Erbe.

Alan Palmer

Verfall und Untergang des Osmanischen Reiches

448 Seiten incl. 12seitigem Bildteil, gebunden mit Schutzumschlag

Um 1300 gegründet, entfaltete das osmanische Reich sich die nächsten 300 Jahre, blieb ein Jahrhundert lang im Gleichgewicht und begann Ende des 17. Jahrhunderts zunehmende Verfallserscheinungen zu entwikkeln. Zu Beginn unseres Jahrhunderts gewannen die osmanischen Gebiete im Mittleren Osten neue Bedeutung durch das Erdöl, und die politische Entwicklung der letzten Jahre hat die Probleme wiedererstehen lassen, mit denen sich die letzten Sultane konfrontiert sahen – vom Palästina- und Libanonkonflikt über den Kampf der Kurden um das Überleben und den der Armenier um die Unabhängigkeit bis zur gegenseitigen Zerfleischung der Völker des ehemaligen Jugoslawien.

Alan Palmers Buch bietet einen fesselnden Abriß des langsamen Verfalls dieses Imperiums, der 1683 nach dem Scheitern vor Wien einsetzte und 1922 in der Abschaffung des Sultanats durch Mustafa Kemal gipfelte.